体育教师职业道德规范与法律素养

吴向明◎主编

人民体育出版社

图书在版编目（CIP）数据

体育教师职业道德规范与法律素养 / 吴向明主编. —北京：人民体育出版社，2024
　ISBN 978-7-5009-6437-7

　Ⅰ.①体… Ⅱ.①吴… Ⅲ.①体育教师-职业道德-研究 Ⅳ.①G807

中国国家版本馆 CIP 数据核字（2024）第 060971 号

*

人 民 体 育 出 版 社 出 版 发 行
北京中献拓方科技发展有限公司印刷
新　华　书　店　经　销

*

710×1000　16 开本　13.75 印张　251 千字
2024 年 7 月第 1 版　2024 年 7 月第 1 次印刷

*

ISBN 978-7-5009-6437-7
定价：75.00 元

社址：北京市东城区体育馆路 8 号（天坛公园东门）
电话：67151482（发行部）　　邮编：100061
传真：67151483　　　　　　　邮购：67118491
网址：www.psphpress.com

（购买本社图书，如遇有缺损页可与邮购部联系）

本书编写组

主　编：吴向明

成　员（以姓氏拼音为序）：

　　胡　楠　刘宇洋　潘靖轩　赵　韦

前言

在新时代的背景下，道德观念与职业道德的重要性日益凸显。教育工作者作为培育未来社会精英的重要力量，具备良好的职业道德素养显得尤为关键。体育教师不仅在传授体育知识和技能方面发挥着重要作用，还在塑造学生健全人格和价值观方面担负着重要责任。因此，体育教师必须具有较高水平的职业道德和法律素养。提高体育教师职业道德规范与法律素养是体育教育事业发展的关键，是体育发展的保证。基于此，本书对体育教师职业道德规范与法律素养进行深入解读，旨在为提升体育教师的职业道德规范和法律素养提供理论支持。

本书共分为体育教师职业道德规范和体育教师法律素养两篇。

上篇首先从道德与职业道德的基本概念入手，对体育教师职业道德的内涵、特征与功能进行深入剖析，从而探究体育教师职业的独特之处；其次，对体育教师职业道德的核心规范进行阐述，明确体育教师应遵循的行为原则与价值取向；再次，进一步探讨体育教师职业道德规范的内化过程，分析如何将道德理念融入体育教育实践；最后，关注体育教师的道德品质、行为品质和个性心理品质的培育，强调体育教师内在品质的提升对于职业素养的重要性。

下篇首先深入解读法律、体育教师法律意识与法律素养的内涵与特征，深入探讨体育教师法律意识与法律素养的重要性，阐释合法权益与义务的平衡关系；其次，着重讲述体育教师法律责任与风险防范策略，为体育教师在工作中规避风险提供指导，探讨体育教师如何在道德、法律与社会责任方面取得平衡；最后，以依法执教为基本准则，为体育教师在实际工作中更好地应对各种问题提供指导和启示。

本书由成都体育学院体育教育学院院长吴向明担任主编，负责全书的策划与专业指导。其中，第一章、第二章和第五章由吴向明与刘宇洋编写，第三章和第四章由吴向明与胡楠编写，第六章、第七章和第八章由吴向明与赵韦编写，第九章和第十章由吴向明与潘靖轩编写。

希望本书的深入研究，能够使体育教师充分认识到职业道德的重要性，提高自身的道德素养和法律意识，确保在教学实践中严格遵循法律法规，为学生提供一个健康、安全的教育环境。同时，本书亦旨在为教育工作者、学者、学生等提供一个全面了解体育教师职业道德的理论框架，激发他们对职业道德和法律素养的深入思考，进而推动教育事业的繁荣与发展。

目 录

上篇 体育教师职业道德规范

第一章 体育教师的道德与职业道德 2

第一节 道德与职业道德的内涵与特征 2
一、道德的内涵与特征 2
二、职业道德的内涵与特征 4

第二节 体育教师职业道德的内涵、特征与功能 6
一、体育教师职业道德的内涵 6
二、体育教师职业道德的特征 6
三、体育教师职业道德的功能 11

第三节 体育教师职业道德的原则 12
一、体育教师职业道德原则的含义 12
二、体育教师职业道德原则的特征 13
三、体育教师职业道德原则的地位 14
四、体育教师职业道德原则的作用 15

第二章 体育教师职业道德的独特之处 17

第一节 体育教师职业的社会价值与独特性 17
一、体育教师职业的社会价值 17
二、体育教师职业的独特性 19

第二节 体育教师职业道德的特色 21
一、不断提升体育教学质量 21
二、认真贯彻落实安全教育 22
三、积极开展课外体育活动 22
四、全面开展国家体质测试 23

第三节 体育教师职业道德的基本要素 23
一、传道之人，践行道德品质 23

二、博采兼纳，提升教学能力 ··· 25
         三、热爱学生，树立人格示范 ··· 28
         四、教书育人，争做思想先锋 ··· 29
         五、团结互助，做友爱的表率 ··· 31
         六、人道主义，共同迈进新发展 ······································ 34

第三章 体育教师职业道德的核心规范 ·· 37

   第一节 体育教师职业中的道德规范 ·· 37
         一、热爱岗位，乐于奉献 ··· 37
         二、尽职尽责，传授技能 ··· 38
         三、精通业务，提高教学 ··· 39
         四、以身立教，德识统一 ··· 40
         五、热爱体育，甘于奉献 ··· 42

   第二节 体育教师人际关系中的道德规范 ······································ 42
         一、体育教师在与学生关系中的道德规范 ··························· 42
         二、体育教师在其他人际关系中的道德规范 ······················· 53

   第三节 体育教师个人言行举止中的道德规范 ································ 61
         一、体育教师的语言要求 ··· 61
         二、体育教师的仪表要求 ··· 62
         三、体育教师的风度要求 ··· 64

第四章 体育教师职业道德规范的内化 ·· 66

   第一节 体育教师职业道德规范内化的意义 ··································· 66
         一、体育教师职业道德由他律走向自律的需要 ····················· 66
         二、体育教师道德人格完善的需要 ··································· 67
         三、实现体育教师现代化的需要 ······································ 67

   第二节 体育教师职业道德规范内化的过程 ··································· 68
         一、提高体育教师的职业道德规范认识 ····························· 68
         二、培养体育教师的职业道德规范情感 ····························· 68
         三、坚定体育教师的职业道德规范信念 ····························· 69
         四、砥砺体育教师的职业道德规范意志 ····························· 70
         五、养成体育教师的职业道德规范行为习惯 ······················· 71

   第三节 体育教师职业道德规范内化的条件 ··································· 72

- 一、社会道德教育 ……………………………………………… 72
- 二、体育教师个人道德修养 ……………………………………… 73
- 三、体育教师职业道德评价 ……………………………………… 74

第四节 良心、义务在体育教师职业道德规范内化中的作用 …… 75
- 一、良心在体育教师职业道德规范内化中的作用 ……………… 75
- 二、义务在体育教师职业道德规范内化中的作用 ……………… 77

第五节 体育教师职业道德规范的行为选择 …………………………… 77
- 一、体育教师职业道德行为选择的含义 ………………………… 78
- 二、体育教师职业道德行为选择的价值冲突 …………………… 79
- 三、体育教师职业道德行为选择的原则 ………………………… 80

第六节 体育教师职业道德规范的实现途径和方法 …………………… 82
- 一、勤学 …………………………………………………………… 82
- 二、自省 …………………………………………………………… 82
- 三、慎独 …………………………………………………………… 83
- 四、力行 …………………………………………………………… 84

第五章 体育教师的道德品质、行为品质及个性心理品质 ………… 85

第一节 体育教师的道德品质 …………………………………………… 85
- 一、爱岗敬业，释放品德魅力 …………………………………… 85
- 二、关爱学生，彼此相互尊重 …………………………………… 86
- 三、获取信任，以成功为导向 …………………………………… 86
- 四、提升技能，获得学生敬佩 …………………………………… 87

第二节 体育教师的行为品质 …………………………………………… 87
- 一、热爱 …………………………………………………………… 87
- 二、激励 …………………………………………………………… 88
- 三、愉悦 …………………………………………………………… 89
- 四、宽容 …………………………………………………………… 89

第三节 体育教师的个性心理品质 ……………………………………… 90
- 一、良好的个性倾向 ……………………………………………… 91
- 二、健康的情感价值 ……………………………………………… 92
- 三、广泛的兴趣爱好 ……………………………………………… 92
- 四、坚强的意志品质 ……………………………………………… 92
- 五、敏锐的观察能力 ……………………………………………… 93

六、勇于开拓的创新精神 ………………………………………………………… 93

下篇 体育教师法律素养

第六章 体育教师的法律意识与法律素养 ………………………………………… 96

第一节 法律的内涵与特征 ………………………………………………… 96
一、法律的内涵 ………………………………………………………… 96
二、法律的特征 ………………………………………………………… 97

第二节 体育教师法律意识的内涵与特征 ………………………………… 98
一、体育教师法律意识的内涵 ………………………………………… 98
二、体育教师法律意识的特征 ………………………………………… 99

第三节 体育教师法律素养的意义与价值 ………………………………… 101
一、体育教师法律素养提升的意义 …………………………………… 101
二、体育教师法律素养的价值 ………………………………………… 104

第七章 体育教师相关法律法规 ………………………………………………… 106

第一节 体育教育相关法律法规 …………………………………………… 106
一、法律 ………………………………………………………………… 106
二、行政法规 …………………………………………………………… 115
三、其他规范性文件 …………………………………………………… 119

第二节 学校体育安全法律法规 …………………………………………… 126
一、《民法典》 ………………………………………………………… 126
二、《教育法》 ………………………………………………………… 128
三、《教师法》 ………………………………………………………… 129
四、《未成年人保护法》 ……………………………………………… 130
五、《预防未成年人犯罪法》 ………………………………………… 131
六、《学生伤害事故处理办法》 ……………………………………… 133

第三节 体育教师权益保障法律法规 ……………………………………… 134
一、《教师法》的内涵 ………………………………………………… 134
二、《教育法》《教师法》中关于教师的权利 ……………………… 135

第八章 体育教师法律责任与风险防范 ………………………………………… 138

第一节 体育教师法律责任的诠释 ………………………………………… 138

一、法律责任的内涵 ……………………………………………… 138
　　二、体育教师法律责任认定 ……………………………………… 138
第二节　体育教师法律风险防范策略 …………………………………… 139
　　一、体育教育教学管理过程中存在的安全风险 ………………… 139
　　二、规范体育教育教学安全风险法律法规 ……………………… 141
　　三、体育教育教学过程中的安全风险防范 ……………………… 148

第九章　体育教师与其他主体之间的法律关系 …………………………… 150

第一节　体育教师的法律地位 …………………………………………… 150
　　一、体育教师法律地位的内涵 …………………………………… 150
　　二、体育教师法律地位的分析基础 ……………………………… 151
　　三、以公共性和自主性保障为目标，确立体育教师的权利义务 … 154
第二节　体育教师与教育行政机关的法律关系 ………………………… 156
　　一、教育行政机关法律地位的含义 ……………………………… 156
　　二、教育行政机关法律地位的特点 ……………………………… 156
　　三、教育行政机关的管理权限 …………………………………… 157
　　四、体育教师与教育行政机关法律关系的阐释 ………………… 158
第三节　体育教师与学校的法律关系 …………………………………… 158
　　一、学校法律地位的含义 ………………………………………… 158
　　二、学校法律地位的特点 ………………………………………… 159
　　三、学校的权利和义务 …………………………………………… 161
　　四、体育教师与学校法律关系的阐释 …………………………… 165
第四节　体育教师与学生的法律关系 …………………………………… 174
　　一、学生法律地位的含义 ………………………………………… 174
　　二、学生法律地位的基础界定 …………………………………… 174
　　三、体育教师与学生法律关系的阐释 …………………………… 178
第五节　体育教师与学生家长的法律关系 ……………………………… 179
　　一、学生家长的义务 ……………………………………………… 179
　　二、其他相关法律中有关学生家长的相关规定 ………………… 183
　　三、体育教师与学生家长法律关系的阐释 ……………………… 185

第十章　体育教师依法执教的能力 ………………………………………… 187

第一节　依法执教概述 …………………………………………………… 187

一、依法执教的含义 ·· 187
　　二、依法执教的特点 ·· 187
　　三、依法执教的意义 ·· 189
第二节　依法执教是当代体育教师的必然要求 ·························· 192
　　一、我国教育法制建设的逐步完善 ································ 192
　　二、我国公民法律意识的不断增强 ································ 194
　　三、体育教师法律素养的亟待提高 ································ 196
　　四、体育教师以德执教的必然要求 ································ 197
　　五、体育教师依法维权的迫切需要 ································ 198
第三节　加强当代体育教师依法执教能力 ······························ 199
　　一、将法治思维贯穿体育课堂教学活动始终 ························ 199
　　二、定期组织体育教师进行相关法律知识学习 ······················ 200
　　三、注重培养和提高依法分析与解决问题的能力和水平 ·············· 201
　　四、完善体育教师的评价与奖惩机制 ······························ 202

参考文献 ·· 204

上 篇
体育教师职业道德规范

第一章　体育教师的道德与职业道德

国家的繁荣兴盛得益于教育的不断发展，而教育的发展则得益于教师。习近平总书记2018年5月2日在北京大学师生座谈会上的讲话中指出："人才培养，关键在教师。"教师是学校教育的施教主体，而体育教师是促进体育发展和学生个人发展的重要主体。党的二十大报告中也明确指出2035年要建成教育强国和体育强国的目标任务，提出要加强青少年体育工作、加强学校体育工作，深化体教融合促进青少年健康发展，培养德智体美劳全面发展的社会主义建设者和接班人。体育教师是学校体育教育的中坚力量，推进体教融合必须大力培养体育教师与教练员队伍，逐步使青少年养成热爱体育、享受体育、终身体育的良好习惯。因此，体育教师这一职业及其职业道德的规范就显得至关重要。

第一节　道德与职业道德的内涵与特征

一、道德的内涵与特征

（一）道德的内涵

"道德"一词是道和德的合成词，道是方向、方法、技术的总称；德是素养、品性、品质的总称。道德是社会意识形态范畴之一，是以一定社会物质生活条件为基础而在人们的观念中产生的关于善与恶、正义与非正义、光荣与耻辱、公正与偏私等原则、观点和规范的总和，也是一种社会现象，是人们共同生活及其行动的准则、规范。它作为一种社会意识形态、一种观念性的规范体系，广泛地存在于我们的社会生活中。

（二）道德的特征

1. 规范性

道德具有规范性。"规范性"一词的英文为"Norm"，后来进一步引申为人在从事某项活动时为了达到一定目的必须遵守的标准。在日常生活中，我们常常会被告诫：一个公民应当遵守道德规范、法律规范；一个学生应当遵守学校的规章制度；一个工人应当遵守操作规程。这些规范、规章制度和规程基本上给我们提供了一种标准，对我们的行动进行了指示和约束。据此，规范性就是调控人们行为并具有不同程度普适性的指示或者指示系统。通常，我们可以把道德的规范性直接理解为道德原则、道德规范、道德要求，它本身具有一定程度的约束力。因此，道德的规范性是人们行为活动中不可替代的指南。

2. 历史共通性与文化继承性

道德具有历史共通性与文化继承性。社会不断进步和发展，作为意识形态的道德观念也存在着历史共通性与文化继承性。例如，社会公德是社会各界人士共同遵守的行为准则。首先，同一个时代对社会各阶层有着相同的要求，因为在同一时代的社会里，各阶层都处于社会统一体中，有着相同的历史背景与经济发展模式，全社会成员就必须遵守某些共同的生活准则，这也就决定了各阶层的道德有某些共同之处，因此道德在历史中具有共通性。其次，在同一历史背景下社会不同的发展阶段，道德具有文化继承性的特征，人们在共同的文化熏陶中，意识形态中已逐步渗透了带有本国传统文化色彩的道德观念。最后，在社会和谐中，不同的国家虽有不同的历史背景和文化积淀，但也会有相同的道德准则。国家之间的交往如同人与人之间的交往，只有遵守共同的准则，才能保证社会的和谐发展和人际交往的顺利进行。因此，我们对待不同的文化及文化道德遗产既不能全盘否定，也不能全盘接收，而是要随着社会的进步与发展，不断取其精华，去其糟粕。

3. 多层次性和广泛的社会性

道德具有多层次性和广泛的社会性。在社会生活中，人们社会关系的多层次性必然促成道德关系的多层次性、人们对道德要求的多层次性，因而道德体系也呈现出多层次性。在社会各阶层的道德体系中，除有表示远大目标的、示范性的道德理想外，还有一些体现眼前道德要求的具体道德规范。由此，道德体系中崇高的道德规范与一般的具体道德规范构成了道德多层次性的特征。同时，道德还有广泛的社会性。道德广泛的社会性主要表现在道德与人类社会共始终，渗透于各种社会关系、人们的一切思想行为中。

4. 相对稳定性

道德具有相对稳定性。相对稳定性是指道德教育内容具有稳定性的特点，道德与其他社会意识形态一样，随着社会经济关系的变化而变化，具有历史发展性。同时，它又有不同于其他社会意识形态的特殊稳定性。遵循道德相对稳定性的原则是不断丰富和完善生态道德教育内容。人类素质的提高需要一个相对稳定的知识体系，没有稳定的内容就难以实施有计划、有组织的教育活动，就会出现教育的盲目性和随意性。人类发展中道德教育内容的理论来源既有西方优秀的传统道德文化，又有中国优秀的传统道德文化；既有生态道德观念，又有生态道德规范，由此决定了道德具有相对稳定性的特征，这并不是昙花一现的，也不是朝令夕改的。只有具有相对稳定性的道德发展，并经过人类的反复实践和长期坚持，才能最终内化于道德内容，使人类自觉践履道德要求，提高人类道德素质。

5. 实践性

道德具有实践性。实践是道德的基础，也是道德的目的和归宿。它是同人们的行为联系在一起的，道德规范转化为外在的效果，必然通过社会实践。道德的实践本质决定了道德教育具有强烈的实践性特征。通过实践可以加深对道德规则的理解，为道德的真正获得提供依据。任何道德都以一定的规则、原则的方式客观地呈现着，它蕴含着人与人、人与社会之间应有的关系，以及人在社会中应有的地位的基本要求。要真正认识和理解这些要求并在此基础上转化为个人的需求，只有通过不断实践社会中的各种关系才能实现。道德的实践性本质也决定了任何一种知识性或理论性的道德教育方式要想发挥作用，最终达到影响个体德性的目的，都必须转化为主体的活动或实践，只有通过实践才能产生教育的效果，因此道德具有实践性的特征。

二、职业道德的内涵与特征

（一）职业道德的内涵

职业道德实际上仍属于道德的范畴，是从业者在职业活动中应该遵循的符合自身职业特点的职业行为规范，是人们通过学习与实践形成的优良职业品质。因此，职业道德是从具体的职业规定性出发的内在性规范。它是具体的，须根据职业的特殊内涵来加以具体化，在整个社会道德体系中占有重要地位。正如恩格斯所说："实际上，每一个阶级，甚至每一个行业，都各有各的道德。"①

（二）职业道德的特征

1. 稳定性与连续性

职业道德具有稳定性与连续性的特征。由于职业分工的相对稳定性，同时由于职业道德并不反映社会或阶级道德的要求，而是着重反映本职业特殊的利益和要求，所以职业道德往往表现为一种该职业特有的道德习惯、道德心理和道德品质。这种道德习惯、道德心理、道德品质并不随着社会经济关系的变更而改变，而是世代相袭，从而表现出职业道德内容上的稳定性和连续性，这是职业道德的本质特征。职业道德的特点在于每种职业都有其特殊的道德内容。职业道德的内容往往表现为某一职业所特有的道德传统和道德准则。不同民族有着各具特色的职业生活方式，从事特定职业的人也有其特定的职业生活方式。这种由不同职业、不同生活方式长期积累而形成的相对稳定的职业心理、道德传统、道德观念及道德规范、道德品质，使职业道德具有相对连续性和稳定性的特征。

2. 专业性和有限性

职业道德具有专业性和有限性的特征。道德是调节人与人之间关系的一种价值体系。鉴于职业的特点，职业道德调节的范围主要限于本职业的成员，而对于从事其他职业的人就不一定适用。这就是说，职业道德调节的主要是从事同一职业的人员的内部关系，以及本行业从业人员同其服务对象之间的关系。

3. 多样性和适用性

职业道德具有多样性和适用性的特征。由于职业道德是依据本职业的业务内容、活动条件、交往范围及从业人员的承受能力而制定的行为规范、道德准则，所以职业道德是多种多样的，有多少种职业就有多少种职业道德。同时，每种职业道德又具有具体、灵活、多样、明确的特点，以便职工记忆、接受和执行。

---

① 马克思，恩格斯. 马克思恩格斯全集（第四卷）[M]. 中共中央马克思恩格斯列宁斯大林著作编译局，编译. 北京：人民出版社，1958.

第二节 体育教师职业道德的内涵、特征与功能

体育教师职业道德指教师职业的道德而非教师本身的道德。《国家中长期教育改革和发展规划纲要（2010—2020年）》在"加强师德建设"的条目中指出，要"加强教师职业理想和职业道德教育，增强广大教师教书育人的责任感和使命感"。体育教师的职业道德，是体育教师在从事课堂教育教学活动时所应遵循的行为规范和必备品德。

一、体育教师职业道德的内涵

体育教师职业道德是由体育教师、职业和道德三个概念有机结合而成的，是体育教师职业和职业道德的有机统一。它简称师德，是更加细化的职业道德分支，是体育教师和一切教育工作者在从事教育活动中必须遵守的道德规范和行为准则。它对体育教师在实际教学和训练过程中的行为做出了具体的规范，并明确了体育教师应具备的品德，规定了体育教师应以什么样的教学思想、以什么样的情感态度、以怎样的方式方法进行教学和训练活动。

体育教师职业道德由两部分因素复合而成：一部分是教授体育课堂活动的基本素养，另一部分是履行教师职业的特殊素养。教师职业的特点和性质决定了体育教师在授课过程中也必须做到为人之楷模，因为师德不仅是对个人行为的规范要求，还起着以身立教的作用。陶行知先生所说"捧着一颗心来，不带半根草去"的师德修养的光辉思想，在新时期仍有着重要的借鉴价值和极强的指导意义，这种奉献精神应该发扬光大。在实施"科教兴国""以德治国"方略过程中，广大体育教师辛勤耕耘、无私奉献，为我国体育教育事业做出了很大贡献。

二、体育教师职业道德的特征

（一）先进性

体育教师职业道德具有先进性。体育教师上课的专业技能水平是提高授课水平的重要因素之一，体育教师的思想境界是端正体育课堂教学方向的保障。体育教师同其他科目教师一样，担负着培养人才的重任，在向学生教授体育项目、体

育活动的同时，应对他们进行思想品德教育，积极落实课程思政，将体育与思想政治更好地融合。体育教师还应培养他们树立正确的人生观、世界观、价值观，让他们掌握无产阶级的唯物史观，学会运用马克思列宁主义、毛泽东思想、邓小平理论、"三个代表"重要思想、科学发展观、习近平新时代中国特色社会主义思想的基本立场、观点和方法去分析问题、解决问题。可以说，体育教师乃至教师这一行业自身的人生观、世界观、价值观在某种意义上直接影响一个学生、一代人，甚至是一个国家的未来。从此种意义上看，社会对师德的要求比对其他职业在道德内容上的要求更高。

（二）专业性

体育教师职业道德具有专业性。体育教师的专业性作为一种不可替代的道德规范，其内容渗透于体育教师专业工作的具体领域和具体活动中。例如，对于体育教师教育教学工作，教师专业道德应具体到教师课前备课，课堂的教学管理、教授技能，课后制定相应的体育作业；对于体育教师对学生的管理与培育工作，教师专业道德应渗透于课堂中、学校里及学校外等场域，在其过程中不断增加与学生的交流互动；对于体育教师人际交往方面，教师专业道德应具体到教师怎样以符合自己专业身份的方式待人接物。体育教师专业道德的每条内容都应简单、具体，便于理解和执行，这就避免了教师职业道德因规定过于复杂、模糊而最终流于形式的尴尬。体育教师职业道德的专业性不仅体现在内容的专业性上，还体现在监督、评价的专业性上。一方面，对于教师专业道德实施情况的监督应由教师专业组织负责，对教师在学校或其他社会场域中的道德表现进行监督，及时对教师道德表现进行反馈，使教师能及时调整自身的道德行为，使其符合教师专业道德规范的要求，同时教师专业组织还会定期对教师进行培训，使教师的道德观念、道德品质、道德情操得到提升；另一方面，教师专业道德的评价采用量化评价与质性评价相结合的方式，改变过去完全依赖外部评价的方式，使师德规范不再仅仅是教师评奖评优的工具，而是督促教师养成良好德行的有效工具。

现代体育教师的工作分工细致，内外部工作相得益彰，其工作和生活不断朝着专业化迈进，专业生活需要专业道德的保障，同时体育教师在专业生活中的道德表现也体现了专业性。若不从专业层面对师德做出适当界定，教师就会受到非专业人士的无理指责，从而影响教师专业生活的质量，阻碍教师专业伦理的发展。与此同时，教育作为一种文化事业，体育教师也同样承担着维护最高伦理标准的责任。与此责任相匹配的教师专业道德体现了教师的专业要求、专业发展目标，以及专业生活的成就感和幸福感。再者，体育教育劳动的教育性、劳动主体与工具的同一性、教育劳动关系的复杂性，以及教育劳动过程评估与管理的困难性等特性，使教师逐渐成为关系最为复杂的社会群体，需要处理各种复杂的关系，面临各种利益取舍，体育教师专业道德的不可替代性不仅体现在教师在专业生活中不断丰富和提升自己，还体现在教师在各种复杂的利益关系面前能够做出正确的选择。因此，体育教师专业道德已不仅仅是一般的职业道德，而是一种不可替代的具有专业性的道德规范。

（三）典范性

体育教师职业道德具有典范性，学生一般具有向师性的特点。教师不单单是知识的传递者，更是道德品性的展示者、道德行为的践行者、道德成长的引路人。马丁·布伯将师生关系形容为一种"我与你"的人格对话和交往的关系。在师生交往的过程中，教师的一言一行、一举一动，尤其是教师的道德行为都对学生有着鲜明的教育意义。教师与其他职业不同，其工作对象是活生生的人，并且是处于人生观、价值观、世界观形成期的具有巨大可塑性的学生，他们正处在不断完善、提升自我的重要阶段，教师作为学生的"重要他人"，对学生有着不容忽视的榜样作用。

不管教师是否愿意、是否有意，教师在教育教学活动、班级管理及师生交往过程中体现的教师专业道德都对学生起着潜移默化的教育作用，进而影响学生的道德发展。例如，藤野先生正是凭借自己在教学过程中所展现出的道德魅力使鲁迅先生折服，他将藤野先生称为"最伟大的教师"，同时藤野先生的良好的道德品质也对鲁迅先生此后的发展产生了深远的影响。可见，教师专业道德对于学生的成长和发展有着非常大的教育作用。只有具备崇高道德品质的教师才能使学生亲其师而信其道，最终实现良好的教育效果。体育教师在特殊场域下，其任何言语或行为举止都对学生起着潜移默化的作用，体育教师在授课中的行为往往是学生日后在体育活动中行为的先导。因此，体育教师职业道德具有典范性特征。

（四）自觉性

体育教师职业道德具有自觉性。随着体育教师职业道德的不断发展，体育教师对自己的专业有了较为深刻的认识，对教师专业道德就易产生理解和认同，从而愿意自觉遵守和执行教师专业道德，实现专业道德的自觉性。叶圣陶曾说："身教最为贵，知行不可分。"[①]体育教师应为人师表，在体育课堂活动中起到一定的表率作用。体育教师的表率作用具体表现为：无论是在体育场内或操场内还是在公共场所，无论是在学生面前还是在面对陌生人时，体育教师都必须遵守公共秩序，讲究道德。要求学生所做到的，体育教师自己也要做到。此外，体育教师也应有更高的思想境界和道德品质，要有对体育课堂知识学而不厌、诲人不倦的精神。体育教师严于律己、以身作则的品质，体现了当代体育教师职业道德的自觉性。

体育教师的自觉性由他律转向了自律，由外在强制转向了内在自觉，由原本的"知"转向了"行"，正是这些转变使体育教师在面对复杂的道德情境时能够自觉践行道德行为，不断检测、调节自己奉行的道德规范，坚定道德意志，从而使自身的专业道德与专业发展同步。教师劳动的特殊性，以及教师劳动时间和空间上的广延性，使教师的公共生活和私人生活有着极大的重合，教师的言行举止都暴露在公众视野中，受到来自社会各界的监督，包括家长的监督、学校的监督、学生的监督及社会群体的监督。因此，体育教师的自觉性能够激发体育教师的责任感，唤起体育教师内在道德意识的觉醒，从而使这些外在的监督转化为体育教师的自我监督，使来自外界社会的监督真正发挥作用。因此，体育教师对工作是否负责，对学生是否关心，对同事是否团结，在教学和管理活动中是积极负责还是敷衍了事，在道德行为的选择上是崇尚高尚还是趋附于低俗，都源于体育教师对于道德的自觉性。

（五）德福一致性

体育教师职业道德具有德福一致性。传统的教师职业道德往往过于强调教师的责任和义务，以及教师对学生的付出。对任何一类教师"春蚕""红烛"这种近乎苛刻的道德要求，使我们忘记了教师作为一个现实生活中的人所具有的丰富性。我们不能以牺牲教师的利益来换取学生的发展，我们在要求教师履行义务的同时也应保障教师基本权利的实现，更应关注教师的成就感、幸福感和愉悦感，不断形成德福一致性的特征。

（1）体育教师职业道德标准的设定保证了教师作为一名公民的基本利益，以及作为一名教育教学工作参与者的基本权利，将体育教师道德规范的建立回归到

---

① 张锡勤. 中国传统道德举要[M]. 哈尔滨：黑龙江大学出版社，2009.

现实世界，给予教师更多的人文关怀，从而确立切实可行的专业道德理论规范，使之真正发挥调控教师道德行为的作用，不断改变过去将注意力聚焦在教师职业外在的价值（教师为学生奉献了多少心血，为国家做出了多大的贡献），而忽视教师感受、教师价值、教师生命意义的窘境。

（2）体育教师在生活中扮演着多重角色，教师只是其中的一个角色，也有其他的生活角色。因此，从这个意义上来说，体育教师职业道德特定的适用范围使对教师的约束仅限于教师这一专业身份下的各种活动，不能将其随意泛化，用专门评判"教师"道德行为的规范来评判"教师"其余活动的一切行为。

（3）体育教师职业道德的建构不是对过往崇高教师道德的复归，而是在厘清和重新审视教师身份所承担的社会责任义务和权利基础上的重建。体育教师作为普通人，其道德不必要承诺比其他人具有更高水平，社会也不应鼓吹教师道德上的优越性。毕竟人人都是道德上的学习者，教师也不是道德完人，因此，只有体育教师职业道德拥有德福一致性，才能更好地推进体育教师职业的发展。

（六）发展性

体育教师职业道德具有发展性。从体育教师职业道德外部形成来看，不管是教师职业道德氛围的形成、教师对于自身职业身份的认识，还是教师对职业道德的认同、对职业道德规范的建设及职业道德评价机制的形成，都是一个动态发展的过程；从体育教师职业道德内部结构来看，它是一个涉及教师与学生、教师与社会、教师与学校、教师与自身发展四部分的完整结构，其各部分之间不是一成不变的，而是动态发展的。就体育教师与学生的关系而言，教师不应只是在课堂上做到爱护学生，还应根据社会上发生的师生冲突事件对自身提出新的要求，不断完善教师道德的内容；就体育教师与社会的关系而言，体育教师应不断满足快速发展的社会的要求。对体育教师进行评价和监督体现了以人为本的原则，也体现了对不同发展阶段教师的生活质量和专业幸福感的关注。

当然，教师职业道德的发展性不只是教师职业道德内容的丰富和结构的调整，更是内涵的提升。体育教师职业道德是随着教师职业发展而发展的，其道德内涵也随着教师职业的发展而不断提升。

处于职业发展入职期的教师面临着从学生到教师的角色转变，缺乏对教师职业性的认识，帮助新任职教师实现从学生到教师的角色转变，加深其对教师职业特性的认识，加强对新任职教师的人文关怀，缓解其心理压力，帮助其树立职业自信心，坚定其职业信念，帮助其顺利度过入职期是教师职业道德应有的义务。经过任职期的磨合与调整，教师的职业角色渐趋成熟，职业信心逐步增强，教师开始追求形成自己的职业风格，处于职业发展稳定期的教师职业道德已从入职期的教师职业道德对"知"的关注转移到对"行"的关注，引导教师自觉地将道德规范转化为道德行动，增强道德实践能力，从而实现教师职业道德的"知行合一"。

经过前两个阶段的稳定发展，教师开始对自身职业产生倦怠感，从而进入教师职业发展的高原期，这一时期教师职业道德应关注教师职业发展动机的激发和职业信心的树立，以帮助教师顺利度过职业发展的高原期。随着教师职业高原期的度过、教师工作年限的不断增长，教师逐渐面临退休或离职，处于教师发展退出阶段的教师，其工作热情和工作积极性明显下降，因而教师职业道德应调动教师职业发展的积极性，激发体育教师的道德意识和道德责任感，引导体育教师向着终身学习的职业理想迈进，保持其教师职业道德水平，以及原有的对教师道德的认同和内化程度，延缓教师的职业衰退。因此，体育教师的职业道德具有一定的发展性。

三、体育教师职业道德的功能

体育教师职业道德对体育教师工作有着动力、调节、教育等功能，对受教育对象则有着重要的教育作用。当体育教师按照体育教师职业道德行动时，道德要求就会变得具体化、人格化，学生也会因此受到启迪和教育，潜移默化地形成体育教师所期望的良好思想品德。这样，在课堂上体育教师也会增强教育的可信度、吸引力和有效性，发挥对体育教师修养的引导作用和对社会文明的示范作用。

（一）动力功能

体育教师职业道德具有动力功能。体育教师职业道德的动力功能体现在两个方面：一是体育教师以体育教师职业道德规范为准则，通过在体育课堂中树立榜样等方式，塑造理想的职业人格，从而为追求并实现高尚的职业品质而努力，推动自身向社会所要求的方向发展；二是体育教师职业道德理想为教师的职业行为提供道德价值的追求目标，向体育教师展示完善的职业道德人格应具有的精神风貌。

（二）调节功能

体育教师职业道德具有调节功能。首先，体育教师职业道德的调节功能是通过社会舆论的道德评价来实现的。体育教师的职责是通过体育教学向学生传授体育知识和技能，帮助学生形成正确的体育观，培养学生的体育实践能力及终身体育的意识和习惯。然而，如何教授体育知识，在体育课堂中把学生培养成什么样的人，教授什么体育活动，不是教师根据自己的意愿随意而为的，而是必须按社会的要求和学生身心发展规律来进行的。因此，体育教师的职业行为必须接受社会的监督。当体育教师的行为符合教师职业道德要求并产生良好的社会效果时，就会受到社会舆论肯定的评价，这种肯定的评价会让体育教师体验到光荣、美好、愉快等心理感受，从而对体育教师起到鼓励、鞭策的作用，促使体育教师继续坚持选择良好的道德行为方式。其次，体育教师职业道德的调节功能还要通过体育教师个体内在精神力量的作用得以实现。在社会舆论的长期、反复作用下，体育教师职业道德逐渐由对教师的外在要求转化为教师个体的内在需要，成为体育教师人格的一部分。这是体育教师职业道德通过教师的责任感、义务感等来调节教师的个体行为的过程。

（三）教育功能

体育教师职业道德具有教育功能。中国古代教育家孔子在谈到教师职业行为对学生的影响时说："其身正，不令而行；其身不正，虽令不从。"这说明教师的行为符合道德规范——身正，就会对学生产生教育作用。在体育技能方面，体育教师可以传授给学生体育相关的活动内容与知识；而在思想品德、行为习惯等方面，体育教师对学生的教育仅停留在体育活动上是不够的，还必须在某种程度上成为学生学习的榜样。学生可以从体育教师的道德、思想品行中学到为人处世的方式及方法，当体育教师按照教师职业道德严格要求自己，即体育教师将对学生的抽象规范和要求具体化为自己的行为时，体育教师形象性、人格化的榜样力量会使学生受到启迪和教育，从而增强教育的可信度、吸引力和有效性。

第三节　体育教师职业道德的原则

一、体育教师职业道德原则的含义

体育教师职业道德原则是一定阶层和社会对体育教师职业道德行为提出的根

本要求，是体育教师在授课活动中处理各种关系、调节和评价一切道德行为的根本规则。体育教师职业道德原则是根据社会或阶层对教师职业道德的基本要求和教师职业的实际需要提出的，是对体育教师职业道德要求的高度概括。

体育教师职业道德原则是体育教师职业中最根本、最具普遍性的道德规则，对建立和评价体育教师职业道德规范具有重要的指导意义。同时，体育教师职业道德原则是体育教师在授课活动中处理和解决各种问题必须遵循的主要规则，对体育教师职业道德行为具有广泛的引导功能和规范功能。体育教师职业道德原则不同于一般的社会道德基本原则，也不同于其他职业道德基本原则，是教师这一职业所特有的。教师职业道德与社会公共道德有着密切的联系，教师职业道德虽然反映不少社会公共道德原则和价值观，但它不是原样不动地体现社会公共道德原则，而是将其与教师职业的特有问题相结合，体现它特有的面貌。

二、体育教师职业道德原则的特征

体育教师职业道德原则必须反映体育教师职业活动的根本特点。体育教师职业活动的特点有很多，其最主要的特点在于它是一种培养人参与体育、爱上体育的特殊社会实践活动。为了实现培养人的目标，体育教师在其职业活动中要处理好方方面面、各种各样的关系，而核心关系就是师生关系。教育家苏霍姆林斯基认为，教育劳动的对象不是一堆无生命的自然物质，也不是一般的动物，而是具有一定的自觉意识、有情感、有理智、有意志、有思维的作为社会整体一员的活生生的人[1]。因为每个学生都是有主体意识的个体，他们都有自己的特点，所以每个学生可能获得的发展需要和发展潜力都有所不同，每个学生可能获得的发展也会不同。教师职业道德原则是对教师正确处理师生关系要求的概括。体育教师的劳动不只是"单一"地传授体育知识，还要从培养人的目的出发，全面贯彻党和国家的教育方针与政策，不但要授课，而且要育人，这就要求教师要处理好和不同学生个体之间的关系。这是教师职业区别于其他职业的特点，而体育教师职业道德原则必须体现这个特点。

体育教师职业道德原则同其余教师职业一样都必须符合一般社会道德原则的基本要求。马克思主义哲学认为，社会存在决定社会意识，社会意识是社会存在的反映；社会存在的变化决定社会意识的变化。职业道德是社会公共生活中最一

---

[1] 常蓉. 试论苏霍姆林斯基的劳动教育思想[J]. 湖南人文科技学院学报，2013（2）：83-86.

般、最普遍的行业规范和标准，它是社会道德的重要组成部分，作为一种社会意识形态，它是由社会存在决定的，并随着社会存在的变化而变化。从这个意义上来说，体育教师职业道德作为社会道德的一个组成部分，必须从自身的特定角度来反映社会存在的变化。社会主义教师职业道德原则必须符合社会主义道德原则的要求和方向，反映社会主义道德对教师行为的基本要求。我国已经初步确立了社会主义市场经济体制，社会主义市场经济是主体性经济，社会主义市场经济的这种主体性特征要求作为市场主体的人具有独立性、自主性和自由性。这就要求体育教师在授课活动中既要充分发挥和尊重学生的主体性，也要遵循教育人道主义原则。总之，在社会主义条件下，体育教师职业道德原则必须符合社会主义方向。

体育教师职业道德原则在体育教师职业道德规范体系中占据主导地位。道德原则是一定社会或阶层用以调整人们之间利益关系的根本性指导原则，它反映了一定社会最根本的道德要求。体育教师职业道德原则是对一定社会教师职业道德行为本质属性的概括，最集中地反映了对体育教师授课活动的根本要求，表明了体育教师职业道德体系的本质要求和体育教师行为的基本方向，在体育教师职业道德体系中居主导地位，对体育教师的职业活动行为具有普遍的指导性和严格的约束性。我国体育教师职业道德原则体现了体育教师职业所具有的最一般、最普遍的根本要求，是体育教师在教育活动中处理各种关系、调节和评价教师一切教育行为的根本准则，对体育教师的思想、言论和行为具有普遍的导向功能。

三、体育教师职业道德原则的地位

体育教师职业道德原则是体育教师职业中最根本、最具普遍性的道德规则，对建立和评价教师职业道德规范具有重要的指导意义，是体育教师职业道德体系的核心。体育教师职业道德原则在体育教师职业道德体系中的核心地位表现在以下三个方面。

（一）体育教师职业道德原则具有基准性

体育教师职业道德原则具有基准性。体育教师职业道德原则是调整教师在教育实践活动中的一切道德行为的根本性指导原则，起着主导作用，是道德总纲和精髓，体育教师道德的其他规范、范畴及道德关系特殊方面的要求等，都是从教师职业道德基本原则派生出来的，都是教师道德基本原则的具体体现、展开或补充。它贯穿教师职业道德活动的始终，是衡量和判断教师行为善恶的最高道德标准，对体育教师职业道德行为具有广泛的引导功能和规范功能。

（二）体育教师职业道德原则具有本质性

体育教师职业道德原则具有本质性。体育教师职业道德原则以最普遍的形式反映着一定社会、一定阶层对教师道德提出的最根本要求，代表着该社会、该阶层在教育领域的最根本利益。体育教师职业道德原则不同于一般的社会道德原则，也不同于其他职业道德原则，它是教师这一职业所特有的，是教师职业道德区别于其他不同类型道德最根本、最显著的标志。

（三）体育教师职业道德原则具有稳定性

体育教师职业道德原则具有稳定性。作为体育教师道德理论和实践的概括和总结，体育教师职业道德原则具有普遍性、相对稳定性和一贯性的特点。与教师职业道德规范相比，它是比较抽象、稳定的。一般来说，经济基础、阶级关系不发生根本性变革，体育教师职业道德原则是不变的。但随着社会经济、政治和体育文化活动的发展，以及体育教师职业活动环境的变化，体育教师职业道德规范的具体要求也会有所调整、有所变化，而体育教师职业道德原则是相对稳定的。

四、体育教师职业道德原则的作用

（一）指导作用

体育教师职业道德原则具有指导作用。体育教师职业道德原则规定了体育教师道德行为总的方向和性质，贯穿体育教师道德发展的全过程和教师道德活动的各个领域，因而它的指导性和约束力是最普遍的。这种最普遍的指导性和约束力，使体育教师职业道德原则不同于一般的道德规范，它决定着整个体育教师职业道德体系的发展方向，在整个体育教师道德规范体系中占主导地位，起指导作用。

（二）统帅作用

体育教师职业道德原则具有统帅作用。体育教师职业道德原则是体育教师调整个人与他人、社会关系的根本指导原则，起统帅、核心作用，对体育教师的职业责任、职业态度、职业情感、职业行为品质、职业情操、职业形象等方面提出了基本要求。在体育教师职业范围内，这些要求都起作用，并且具有共同性，它们是对所有体育教师的共同要求，是所有体育教师都应遵守的。

（三）裁决作用

体育教师职业道德原则具有裁决作用。体育教师职业道德原则对整个体育教师体系中的一切具体规范和范畴都具有约束力，是评价体育教师道德行为的最高道德准则。体育教师职业道德原则对于体育教师的道德行为具有最高裁决作用。

第二章　体育教师职业道德的独特之处

体育教师是整个教师队伍中的一个重要组成部分，与其他学科教师有共同之处，但也有着独特之处。体育教师主要通过各种身体练习与思维活动方式进行授课，承担了培养学生身体素质的重要任务。学生在校期间正是身体发育最关键的时刻，是他们的肌肉、骨骼及神经系统的发育一生中最快的时期，体育教师要求学生在学校进行体育锻炼，在体育课堂中做到"动中求学""练中求道"，这对学生身体发育具有促进作用。因此，体育教师在学校体育教育过程中起着具体实施和操作的独特作用。

第一节　体育教师职业的社会价值与独特性

一、体育教师职业的社会价值

"社会价值"一词的内涵体现在个人所从事某项工作的社会意义，以及他对从事该项工作所表现出来的精神状态、品德修养、素质程度。学校体育教师这一职业的工作是学校教育的重要组成部分，体育教师和其他教师一样肩负着为国家培养德、智、体、美、劳全面发展的社会主义建设者的重任。在当今人类社会需要大力发展体育的时代，在为实现提高中华民族健康水平的战略中，在一大批优秀的体育工作者不断涌现的今天，体育教师的社会价值得到了充分的体现。

从我国体育事业曲折发展的过程中可知体育教师所呈现的社会价值的重要性。建国初期的十多年，党和国家重视体育事业的发展，在中小学教学大纲中规定体育课从每周1课时增加到每周2课时的教学时间，同时还强调让学生加强课外体育锻炼，积极组织参加校内外举办的各种体育比赛，保证每天每个学生的体育活动时间不少于1个小时。近年来，国家还规定在中小学毕业生中体育考试不合格者不能参加升学考试。1995年，国家颁布实施《中华人民共和国体育法》（以下简称《体育法》）。《体育法》的实施把体育纳入法制建设的轨道，发展体育事业有法可依。1966—1976年，学校以劳动代替体育教学，导致社会生活混乱、学校教学秩序一团糟、学生体质严重下降。众所周知，体育活动与劳动是有区别的，并不能互相代替。体育是以身体练习为基本手段，以增强体质、促进人的全面发展、丰富社会文化生活和促进精神文明为目的的一种全面的、有意识的、有组织的社会活动；而劳动是人类为了满足自身需要的身体活动。两者不能同日而语。在召开十一届三中全会后的20年内，我国体育事业快速发展，体育工作得到加强，学校的体育教学质量不断提高。体育教师深知，为提高中华民族健康水平，提升体育教师职业社会价值是非常重要的。体育教师的面向群体是青少年学生，学校体育的发展水平是我国群众体育普及水平的重要标志，具有良好的体育锻炼习惯的毕业生步入社会之后可能会成为体育事业的骨干力量，从而推进我国群众性体育运动的开展。

体育教师对学生的教育影响是广泛和深远的，具有相应的社会价值。在同等条件下，体育教师的教育劳动比其他学科教师的教育劳动产生更多的教育效应。一般来说，高校体育教师的劳动范围大大超过高校其他学科教师的劳动范围。他们除了组织校内的体育课、训练、课外体育活动、各类比赛和集体活动，还承担校外的各类体育竞赛、交流、辅导等工作。仅就校内部分来看，有统计分析结果显示，他们的劳动范围比一般学科教师大15%~20%。从体育教师劳动的作用深度来看也是如此。高校体育教师在工作中表现出的勇敢顽强、坚韧不拔、吃苦耐劳、机敏果断、乐观活泼、为集体高度负责等优秀道德、意志品质，以及娴熟的运动技巧、健美的体格姿态等，都将成为一种无形而深沉的教育力量，潜移默化地在学生身上发挥巨大的作用。尤其是体育本身所固有的特点，如它的竞技性、娱乐性与集体的协调性，都是与青少年的心理特点相吻合的，这既是体育引起他们注意和追求的原因，也是体育教师劳动的作用深度能够深化的原因。所有这些对学生的作用和意义都将是深远的，也正是这些因素的扩展增强和提升了体育教师的客观效应与社会价值。

体育教师的社会价值是通过他们的面向群体——学生来具体表现的。体育教学和体育锻炼使学生的体格发育匀称，运动能力提高，抵抗疾病和适应各种外界环境的能力增强，使学生养成了良好的体育锻炼习惯等，这些都是体育教师社会劳动在学生身上的价值体现。这类可观察可具体测量的被称为有形的价值。同时，高校体育教师的社会劳动还创造了大量的潜在价值，如学生的组织纪律性、集体主义精神、勇敢、乐观的人生态度及健康意识、体育意识等。这一切丰富了他们的思想，陶冶了他们的情操，为他们健康的一生做好了准备，最终为他们成为新时代社会主义接班人奠定了坚实的基础。

二、体育教师职业的独特性

体育教师职业的独特性是体育教师在教学活动中区别于其他教师的主要标志。人自身的独特性来源于文化体系和价值观念。任何一位优秀的体育教师,他们成功的主要原因都包括在教学上具有一定的独特之处。每名体育教师都有不同的生活经历、不同的个性特征、不同的知识结构、不同的爱好、不同的习惯等,这种主体自身的独特性决定了教学风格的独特性。

(一)增强学生的体质

体育教师通过体育教学可以增强学生的体质。由于体育教学的独特性,体育教师在课堂上需要教授体育运动项目,在授课过程中可以增强学生体育锻炼,这是可观察到的,是室外的,是有形的,是其余学科教师不可体现出的,这是体育教师具有独特性的体现。

(二)培养学生的德育能力

体育教师通过体育教学可以培养学生的德育能力。在体育教学过程中,由于体育场域及项目的特殊性,体育精神能够提高学生的思想品德修养,且能够更好地与体育思政相融合,它是以意识和能力等形态作为特殊的表现形式的。体育教师在体育课堂上可以培养学生的组织纪律观念,集体荣誉感,爱国主义精神,勇敢顽强、克服困难的人生态度,这些是无形的潜移默化的力量,彰显着体育课堂及教师的独特性。例如,体育教师在集体项目中的篮球、排球等教学比赛中,可以培养学生团结协作的集体主义精神;在个人项目长跑中,可以培养学生克服"极点"、克服困难的意志品质;在体育教学理论课中,可以组织学生一同观看国际大型体育比赛,看中国健儿们勇夺金牌,在比赛现场升国旗、奏国歌,对其进行爱国主义教育,通过体育课奠定学生的爱国主义思想。

(三)提升学生的运动技能

体育教师通过体育教学可发展学生的速度、耐力、力量、柔韧性、灵敏度等基本运动素质。同时,学生通过学习田径、篮球、足球等运动项目的技战术,具备一定的运动技能,从中对某些项目感兴趣,自觉地进行锻炼,使其成为终生体育锻炼的运动项目。

（四）提升学生的劳动技能

体育教师通过体育教学可以培养学生顽强的意志品质，而这种顽强的意志品质正和劳动技能所需要的品质相似。体育是以实践为途径的，学生可以在实践中得到认识和提高，劳动也需要实践。学生通过体育锻炼可以达到强身健体的目的，健康强壮的身体能为参与各项劳动奠定基础。

（五）培养学生的智力素质

体育教师通过体育教学可以培养学生的智力素质。在体育教学过程中，体育教师不仅通过学生体质的增强而间接发掘他们的智力潜能，还对他们的智力发展产生良好的影响；通过参与体育活动，学生可以加快机体新陈代谢，促进大脑发育，改善心脑血管、呼吸系统及其他内脏器官的功能，为从事智力活动打下扎实的基础，对记忆力、判断力和创新能力等智力因素的提高也有极大的帮助。

（六）培养学生的美育素质

体育教师通过体育教学可以培养学生的美育素质。体育教学中的体育舞蹈、健美操、艺术体操、武术等课程，以其优美、和谐、富有韵律的动作给予学生以强烈的艺术美感和美的享受。学生通过学习这些课程，不仅可以塑造形体美、姿态美，还可以提高审美能力、审美认知，形成对"美"的正确认识。

（七）促进学生的心理发展

体育教师通过体育教学可以促进学生的心理发展。体育教学在一定条件下对学生的心理疗愈方面有着积极的促进作用。有研究显示，在体育运动过程中会产生快乐因子多巴胺，它有缓解压力、调节情绪的作用，可以使学生更加健康快乐地成长。通过体育的教学、训练、竞赛，学生可以通过自己的努力克服生理和心理的困难与障碍，并且为每一步的前进都付出极大的意志和努力，最终克服困难取得成功。学生通过这样的心理体验，可以培养勇敢、顽强的意志品质，以及勇于战胜困难和"胜不骄、败不馁"的性格。

（八）传播体育文化知识

体育教师通过体育理论的教学不但让学生了解了体育锻炼对身体发育、机能

第二章 体育教师职业道德的独特之处

发展的促进作用,而且向学生传播了科学健身、自我保健等知识,使他们在学生时代就具有丰富的现代健身理论和方法,并对体育的本质和价值有充分的理解,为终身体育打下坚实的理论基础。

第二节 体育教师职业道德的特色

体育教师职业道德作为文化软实力,是中国体育走在国际前列的保障,也是构筑"体育强国梦"的有力支撑。体育教师职业道德的特色是指体育教师在指导实践工作过程中,不同于其他科目教师职业道德的内容,在教学过程中不断约束和规范自己的行为。体育教师职业道德的特色可以推进体育教学质量的发展和提升教师职业道德。

体育教师的职业道德是指从事体育教育这个职业,对体育教师的特殊道德要求。它是体育教师从事体育教育这个职业的行为规范。体育教师职业道德的基础要求是热爱本职工作,对体育专业精益求精,能够增强青少年的体质。每名体育教师都应自觉地遵守和维护体育教师职业的道德规范,指导体育工作实践,约束和规范自己的行为。

一、不断提升体育教学质量

(1) 体育教师的核心职业道德观念是要上好每节体育课,体育教师要有对体育教育事业的热情,认真对待每节课,制订学年计划、学期计划、单元计划、课时计划,认真备课、写教案,不断改进教学方法,在教学中根据实际情况不断创新,提高学生的学习兴趣。

(2) 体育教师要认真钻研教材,积极参与教研活动,经常参与听课、评课活动;加强理论知识的学习,不断提高业务水平;熟练掌握所教内容的技术动作、技术要领、错误动作及纠正方法、保护与帮助措施。

(3) 体育教师在安排本堂课的教学任务、重点、难点时要结合教材、学生特点设计辅助性练习内容,促进学生顺利掌握重点,攻克难点;体育教师要结合本校场地器材确定较好的教学组织、教学方法。

(4) 体育教师在体育课中要重视对学生进行思想教育,不能体罚或变相体罚学生。学校体育工作以体育教学为主，明确体育学科在学校教育中的地位和作用，摆正体育课与"达标"之间的关系。

（5）体育教师要定期组织体育竞赛，一年组织一次校体育运动会；认真做好学生体育课成绩的考核工作，填写好学生体育考核成绩。

二、认真贯彻落实安全教育

（1）体育教师要以积极的态度去预见和预防安全事故，采取有效的方法去减少事故发生的次数；要具有高度的安全意识及责任和义务意识，教育学生树立"安全第一"的思想，做到时时提醒、随时教育。

（2）体育教师要增强对课上容易出现的安全事故的提早预见性并加以针对性的防范；做好准备活动及专门性练习，防止伤害事故发生；在教案中要体现安全教育的环节，要保证场地器械的安全性，场地器材安全是最基本的安全预防，在上课前必须仔细做好场地和器材的安全检查。学生、教师都要着便于运动的服装进行体育运动。如果有安全隐患，则应及时排除后再进行组织教学。

（3）体育教师要掌握一些运动医学常识及常见的损伤急救和处理方法，如拉伤、脱臼等情况的应急处理。这样可以及时采取正确的方法进行急救处理或治疗，减少和防止事故发生。

（4）在体育教学中，体育教师要配合医务室人员对学生进行必要的体育卫生常识教育，并在学校组织下建立、健全体检手册。

三、积极开展课外体育活动

（1）全国亿万学生阳光体育活动开展以来，在学校领导的高度重视下，学校不断创新课外体育活动，要求学生每天锻炼1小时，体育教师要积极组织课外体育活动。

（2）体育教师要不断提高自身的素质和修养，及时更新自己的知识，自觉、积极、努力钻研，提高自身业务水平，加强自身修养。

（3）体育教师要培养学生的体育兴趣，促进学生自觉参与体育活动，培养学生终身体育意识。只有激发和保持学生的运动兴趣，才能使学生自觉、积极地进行体育锻炼。学生只有通过课外体育活动，在课堂上所学的技术和技能才能得到锻炼、掌握、巩固和提高，才会培养体育兴趣。

（4）体育教师要积极组织体育竞赛活动，让学生在活动中增强自信心，发挥自己的特长。在体育活动中加强体育骨干的培养，体育骨干是体育教师上好体育课的得力助手，也是开展课外体育活动不可缺少的助手，他们自身的素质直接影响学校课外体育活动的开展。

（5）为培养学生锻炼身体的意识、锻炼的习惯、自我锻炼的能力，促进学生身体素质的发展，体育教师要吸引和鼓励学生参与课外体育活动，让学生在活动中终身受益。

四、全面开展国家体质测试

（1）为认真贯彻落实《中共中央、国务院关于加强青少年体育增强青少年体质的意见》，全面实施教育部、国家体育总局颁布的《国家学生体质健康标准》（以下简称《标准》），进一步加强学校体育工作，体育教师要促进学生积极参加体育锻炼，使学生养成良好的锻炼习惯，提高学生的体质健康水平。

（2）体育教师要通过知识讲解、图片展示等广泛宣传实施《标准》的重要意义，使广大师生明确《标准》的具体要求和规定。

（3）体育教师在测试过程中要配合学校组织具体实施工作，负责指导学生锻炼。依据《标准》进行测试、统计测试数据、分析研究和上报工作。

（4）体育教师在测试前要检查和了解学生的身体健康状况，有需要见习或身体不适的学生，要暂缓参加测试，符合规定的可以不参加测试。测试前要检查场地器材是否符合安全要求，同时要给学生厘清测试细则和安全事项，引起学生重视。

（5）体育教师在测试过程中要认真做好学生体质监测工作，确保数据真实有效，不弄虚作假。

第三节　体育教师职业道德的基本要素

一、传道之人，践行道德品质

传道之人，必须闻道在先。塑造他人灵魂的人，自己首先必须具备高尚的道德品质和精神境界。人民教师是人类灵魂的工程师，因此必须具备高尚的道德品质和精神境界。体育教师的"传道意识"应界定为体育教育者有意识地自觉地体现在课程内容、教学态度、教学行为中的能够对学生的思想品德产生积极作用的影响，它应该是一种规范体育教师行为、指导体育教学实践的精神导向，是一种只有通过教育者的意志努力才能更好地实现的对学生健全人格塑造的可能性。体育教师的传道意识，既应体现在教学准备阶段，即教师在分析教学内容及学生特点基础上的有意设计，又应体现在教学实施阶段，即教师在体育知识和技能教学过程中的有机渗透，以及课堂上出现一些随机事件时对其中教育性因素的把握与运用。

把"传道"作为体育教师第一位的责任和使命，是落实立德树人根本任务，培养中国特色社会主义合格建设者和可靠接班人重大使命的需要。在中国古代，"传道"一直被视为教育的核心功能、教学的首要内容、教师的第一职责。教师总是被视为"礼"的形象、"仁"的化身、"道"的载体。唐代思想家韩愈在总结以往教师工作的基础上，对教师职责做了精辟的概括："师者，所以传道、授业、解惑也。"[①]一名优秀的体育教师既要精于传道意识，又要自觉担当起传道的责任与使命。之所以强调"传道"的重要性，主要是因为体育教师"传什么道、如何传道"关乎"培养什么人、怎样培养人"这一根本问题，关乎立德树人这一根本任务，关乎培养中国特色社会主义合格建设者和可靠接班人这一重大使命。当前，世界格局深刻变化、意识形态斗争复杂、社会思潮相互激荡，部分学生受新自由主义、历史虚无主义、宪政民主、普世价值等错误思潮和观念的影响与侵染，理想信念淡漠，人生观、价值观扭曲，是非、曲直、善恶、义利、得失、美丑界限混淆，拜金主义、享乐主义、极端个人主义有所滋长。高校是知识传播创新的主要机构，同时也是意识形态工作的前沿阵地、社会思潮交锋的重要场域。教师作为身处一线的知识传授者、信仰引导者和思想解惑者，若能坚持不懈用中国特色社会主义理论体系武装自身头脑；坚持不懈用马克思主义的立场、观点、方法给学生讲清讲透中国特色社会主义伟大实践、揭露批判各种错误思潮观念的本质用意；坚持不懈巩固共同理想、壮大主流舆论、灌注核心价值，荡涤精神污浊，为中国特色社会主义事业培养合格建设者和可靠接班人，则将具有重要而深远的意义。

把"传道"作为体育教师第一位的责任和使命，也是学生批判继承和大力弘扬中华优秀传统文化、准确理解和积极践履时代精神价值的需要。教育在继承和

---

① 韩愈. 韩愈全集[M]. 钱仲联，马茂元，校点. 上海：上海古籍出版社，1997.

创新优秀传统文化、培育和弘扬时代精神价值中具有基础性、先导性的作用。习近平总书记2014年9月24日于北京在纪念孔子诞辰2565周年国际学术研讨会暨国际儒学联合会第五届会员大会开幕会上的讲话中指出："优秀传统文化是一个国家、一个民族传承和发展的根本。""中国人民的理想和奋斗，中国人民的价值观和精神世界，是始终深深植根于中国优秀传统文化沃土之中的。"中国传统文化博大精深，学习和掌握其中的各种思想精华，对树立正确的世界观、人生观、价值观很有益处。因此，把"传道"作为教师第一位的责任和使命，既是教师传承中华文明、弘扬中国精神的责任和使命，又是学生继承和弘扬优秀传统文化的需要。一个国家的教育不仅仅要传承优秀的传统文化，更要根据国家需要、时代精神去谋合和创造新的文化价值。习近平总书记2014年9月9日在同北京师范大学师生代表座谈时的讲话中指出："今天的学生就是未来实现中华民族伟大复兴中国梦的主力军，广大教师就是打造这支中华民族'梦之队'的筑梦人。"这就要求广大体育教师要胸怀大局、把握大势、着眼大事，肩负起国家使命和社会责任，向学生积极传播正能量，主动弘扬主旋律，在体育活动中激活学生朝气蓬勃的向上精神与爱国主义精神，激发学生团结奋进的强大力量，引导学生更加全面客观地认识当代中国、看待外部世界，引导学生更加积极主动地认清历史使命、担当历史责任，引导学生更加自觉地践行社会主义核心价值观。

体育教师的传道解惑、无私奉献，表现在工作上是严肃认真、不辞辛苦，在教学上是精益求精、一丝不苟。这是体育教师忠于党、热爱祖国的具体表现，也是衡量一名体育教师道德水平高低的标志。爱岗敬业不但要求教师要有无私奉献的崇高道德品质，而且要求教师要以自己的实际行动表现出来。体育教师与其他学科教师相比既有共性，也有其特殊性，这是由体育教师工作的任务对象和教学过程决定的，体育教师不仅要上理论课，还要上身体练习课，因此他们既是体力劳动者，又是脑力劳动者。另外，体育教师除了担任繁重的教学任务，还要担任大量的课余训练和群体竞赛工作。许多优秀体育教师的经验证明，热爱本职工作，具有牢固的专业思想是他们取得优异成绩的主要因素。因此，作为一名体育教师，只有忠于党，热爱自己的专业，具备高尚的道德品质和吃苦耐劳的献身精神，才可能出色地完成任务，这也是体育教师所应具备的首要素养与道德品质。

二、博采兼纳，提升教学能力

体育教师教学能力是体育教师在体育学科教学活动中表现出来的一种特殊能

力，是体育教师顺利完成体育教学工作的基础。在新课程改革形势下，体育教师面对教学内容选择要求合理、课堂教学组织要求有效、教学评价手段要求多样等特点，应提高对新体育课程标准（以下简称新课标）的理解、加工体育教材、创新教学设计、强化课堂组织管理、教学评价科学化等能力。

体育教学以其特有的运动手段和固有的教学形式来达到培养和教育人的目的。它是由师生共同参与、共同作用的双边活动。教师除了向学生传授体育理论知识，还担负着指导学生科学锻炼身体、掌握运动技术、提高身体素质的使命。体育教师除了具备扎实全面的专业理论知识，博采兼纳相关知识，还必须掌握全面的运动技术和技能，精于某一项或几项，使自身具备教育、教学、训练和科研能力，以及宣传组织能力和指导能力，只有这样才能满足学生的求知欲，激发学生练习的兴趣和积极性，进一步提升教学效果。在科学技术迅猛发展的今天，知识更新的周期越来越短，各学科之间的横向联系日趋密切，学生的求知欲强烈，个性突出，体育教师要做好体育教学就不能限于所教专业的狭窄范围，只有将各门知识综合起来，努力提高自己的专业水平，拥有广博和前沿性的科学知识，不断完善自身的知识结构，拓宽知识面，及时把新知识、新成果、新方法介绍给学生，才能培养出时代需要的人才。

（1）体育教师在宏观层面要拓宽对体育教学的理解，体育教师的教学能力应该包括体育教学认知能力和体育教学操作能力。体育教学认知能力主要是指体育教师对体育教学目标、学生特点、教学方法与策略及教学情境的分析判断能力。体育教学操作能力主要是指体育教师在实现教学目标过程中解决教学问题的能力。这种能力主要包括呈现体育教材的能力、课堂组织管理能力、体育教学评价能力等。

（2）体育教师要了解新体育课程教学的特点。第一，教学内容选择要求合理，新课标首先强调新体育课程教学是以"健康第一"为指导思想的。在教学内容上直接体现为要包含营养、安全、环境等方面的健康知识；在各课程目标中除"运动参与""运动技能"外，教师要熟悉"身体健康""心理健康""社会适应"等方面的教学内容。新课标在所要求的目标上给教师创造、发展留有充分的空间。新课标在各个年龄段都是"五个目标""六个不同层次水平"的目标要求。第二，保证体育课堂教学组织的有效性，新课标下的体育教学强调发展学生学习兴趣和开展探究性学习，教师要把握好教学中培养学生兴趣、发展学生主体性的度。教师一方面要保证自身在课堂上的主导地位，另一方面要强调学生自主探究学习。第三，使用的教学评价手段应多种多样，新课标力求教学评价突破"注重终结性评价而忽视过程评价"的状态，强调评价的激励、发展等功能，主张既评价最终成绩，又评价学习过程和进步度，还有自我评价、相互评价等。新课标中关于教学评价手段最突出的变动是体育教师可采用一些定性的评价。

（3）体育教师要了解体育课程的特点对体育教师教学能力的要求。第一，体育教师要加强对新课标的理解。新课程改革将以往的教学大纲改为课程标准，过去的教学大纲对教学内容、教学进度、教学评价都有较严格的规定，教师的自主性得不到充分的展示。新课标实施后，体育教师只能在课程目标的指导下，在课程内容、课程组织、课程评价较开放的前提下来开展教学，课程资源的提出也让教师感到体育课的教学内容可以在丰富的素材资源和条件资源中加以选择。这就使许多体育教师感到体育教学失去依托和方向，无所适从。因为体育教学大纲让很多体育教师所产生的照本宣科的惯性在短时间内还不会消失。新形势下的体育教师要认真学习和理解新课标。第二，体育教师要注重体育教材的选用，一种教材统一全国的局面已经过去，教材多样化成为主流。多样化的教材给学生提供了各种可能的组合，学生可以根据自己的情况（如能力、需求、兴趣、已有的知识基础等）选取不同的组合以适应自身发展的需要。新课标着重体现了"健康"，这种健康不限于学校阶段。在选择教材上，我们要考虑如何使学生把在校所学知识与生活联系起来。因此，体育教材还要选择一些适合终身学习的体育知识、技术和技能，重视教材与社会、生活的联系。第三，体育教材结构要在横向上保持协调，就要以学生发展的整体性、顺序性、阶段性、不均衡性为依据，不断提高学生身心健康水平和促进学生全面发展。体育课程标准的目标的实现，需要一个实实在在的"载体"和"途径"，而体育课程的运动技能技术和运动技能技术教学就是这个"载体"和"途径"。第四，体育教师要加强教学设计的创新，教学设计是体育课堂教学的蓝图，体育课的顺利实施离不开紧凑有效的教学设计，体育教师可以根据自己的特长、学生的特点采用多种多样的教学组织形式。国家课程、地方课程、校本课程的三级管理方式使教师在选择教学内容上可以考虑本地、本校的特色；目标统领课程的体系下，教学方法也可以多种多样，教学设计不应死板和过分程序化。第五，体育教师要增强课堂组织管理能力，在课堂上要担当组织管理者的角色。体育教师首先要思考怎样调动学生主动学习的积极性，怎样使枯燥的课堂变得活跃起来，同时还不能忽视教师的决定性作用；课堂的开放不是无秩序的，而是需要更稳定的秩序；学生的主体性学习、兴趣学习应是在教师指导下的自主、独立的学习。第六，体育教师要注重体育教学评价的科学化呈现。实践证明，过程对结果有着指向作用。体育教师除采用新的教学评价手段外，还不能抛弃结果性评价。只有让学生感受到自己身体技能和体能、技术等在不同程度上确实有了一定的发展和提高，才能真正激发学生对体育课的兴趣和爱好。因此，课堂教学评价应以学生的练习强度、练习密度和掌握技能技术的评价为主，同时注重对学生的态度、心理和行动的评价，使教学评价走上科学化轨道，促进学生健康的真正发展。

总之，体育教师应博采兼纳，不断提高自我教学能力，因为体育课程始终是一门以身体活动为载体、以促进学生发展为本质功能的课程。本质功能决定了体育课程要以学生为本，要充分考虑学生，也决定了体育教师教学能力的发展是以学生的利益为导向的。

三、热爱学生，树立人格示范

体育教师是贯彻党的教育方针的执行者，在工作或生活实践中，首先要热爱学生，与学生建立融洽的、真诚的、和谐的师生关系，只有热爱学生，教师才能精心培养学生，搞好教育事业。体育教师要全面了解学生，关心爱护学生，努力成为学生的知心朋友，通过轻松愉快的体育活动来感染、教育学生。同时，体育教师对学生要一视同仁，不能只喜欢爱好体育运动和某些体育项目技术好的学生，或者只关心自己训练的体育代表队，而应关心全体学生的学习，在体育教学或体育活动中，对违反体育纪律和体育道德行为的学生，应以教育为主，以批评为辅，要尊重学生的人格和自尊心，严禁以粗暴的态度和武断的作风对待学生，要以理服人，真正从思想上解决学生存在的问题。教师必须严于律己，要热爱学生。由于教师的思想品格、情感意志、举目风度等常常为学生所观察和模仿，教师的言谈举止都会在学生的心灵深处留下痕迹，对学生起着耳濡目染、潜移默化的作用。因此，教师要自觉在思想品德、知识才能、语言行为等方面为学生做出榜样，努力使自己成为人之师表。

在体育教学过程中，人格示范也是一种教育力量。俄罗斯教育家乌申斯基认为，固然许多事有赖于学校的一般规章，但是最重要的东西永远取决于与学生面对面交往的教师的个性，教师的个性对年轻的心灵的影响所形成的那种教育力量，无论是靠教科书，还是靠道德说教，抑或是靠奖惩制度都无法取代。决定学生对教师建立进一步关系的，是教师的工作作风和人格品质。教师良好的人格是对学生有着直接影响的教育因素。乌申斯基认为，只有人格才能够影响人格的发展。英国教育家斯宾塞认为："野蛮产生野蛮，仁爱产生仁爱，这就是真理。对待儿童没有同情，他们就变得没有同情；而以应有的友情对待他们，就是培养他们友情的手段。"研究表明，学生具有向师性和模仿性的特点。所谓向师性，是指学生尊重、崇敬教师，乐于接受教师教导的自然倾向，希望得到教师的注意、重视、关怀和鼓励，教师热情而认真负责地教育学生的特点。对于幼儿和初入小学的儿童来说，这种向师性表现为对教师的情感依赖，之后逐渐发展为对满足求知欲和人格完善的需要。

人格魅力对学生的影响是其他任何品质都难以比拟的。习近平总书记 2014 年 9 月 9 日在同北京师范大学师生代表座谈时的讲话中指出："做好老师，要有道德情操……老师对学生的影响，离不开老师的学识和能力，更离不开老师为人处世、于国于民、于公于私所持的价值观。"他进一步指出："一个老师如果在是非、曲直、善恶、义利、得失等方面老出问题，怎么能担起立德树人的责任？"广大体育教师必须率先垂范、以身作则，引导和帮助学生把握好人生方向，特别是引导和帮助青少年学生扣好人生的第一颗扣子。一名优秀的体育教师应该执着于对学校体育事业做出一定的贡献。我们常说"干一行爱一行"，如果身在学校心却在商场或官场，在金钱、物欲、名利同人格的较量中把握不住自己，那是当不好教师的。

四、教书育人，争做思想先锋

教书育人，简而言之，就是指传授知识，培养人才。作为教师职业道德的一个基本原则，教书育人要求教师在其职业活动中既要努力教授学生知识，又要培育学生成人成才，要把两者有机地结合在一起，更好地实现教育目的。在我国，教书育人原则就是要求教师按照党和国家的教育方针，在传授专业知识的同时，坚持育人为本、德育为先，把立德树人作为教育的根本任务，努力把学生培养成德、智、体、美、劳全面发展的社会主义建设者和接班人。

教书育人反映了体育教师这一行业的本质特征，它昭告人们，教师这一行业是育人的行业，教书育人是教师的基本职责。只要为师从教，就必须履行这一职责，不认真履行这一职责或不履行这一职责，就不是一名称职的教师或不配做一名教师。可见，作为一名体育教师，如果只注重传授体育知识，不注重培养学生如何做人，就没有尽到教师的责任。自古以来，教书育人一直是衡量和判断教师工作优劣的根本准绳。

教书育人是教师的天职，这是古今中外思想家、教育家的共识。《礼记》中指出："师也者，教之以事而喻诸德者也。"这就是说，教师既要教给学生具体事物的知识，又要培养他们立身处世的品德。韩愈在《师说》中指出，教师有三大职责，即传道、授业、解惑。所谓传道，就是传授为人之道，培养优良品德，即育人；所谓授业和解惑，就是讲授文化知识，解答疑难问题，即教书。当代教育家徐特立把"经师"和"人师"的统一看作是教书育人的根本。他主张："我们的教学是要采取人师和经师二者合一的。"[1]教育家叶圣陶先生指出，党和国家对一个人民教师的职业道德具体要求很多，其中要求教师教书育人是根本的。教师既要教书又要育人，才会使学生真正受益[2]。苏联教育家苏霍姆林斯基告诫教师：教师不仅是自己学科的教员，而且是学生的教育者、生活的导师和道德的引路人[3]。从以上这些论述中可以看到，体育教师能否自觉地做到教书育人，是衡量教师职业道德水准高低的根本标志。

根据党的教育方针，体育教育通过体育手段对学生进行教育，培养出体质健美、德才兼备的社会合格人才，这是体育教育的目的和任务。在体育教学实践中，体育教师到底应如何传授技能与育人呢？

首先，体育教师要正确认识和处理教课与育人的关系问题，教课和育人是体育教学活动中不可分割的整体。在教课与育人的关系上，教师要始终明白，育人是目的，是根本；教课是形式，是达到育人的经常化手段。两者虽然密切联系、相互促进，但又不能等同。正像农民种田，农民种田的目的在于收获粮食，如果错把种田作为目的，不关注收获，疏于田间管理，最后可能导致颗粒无收。体育教师传授体育技能的目的在于培养体育人才，以及培养学生终身进行体育锻炼的意识。如果体育教师错把教课作为目的，片面追求生硬的技术技能和前人经验的推演、传授，忽视体育中的人文精神和科学精神的培养，忽视学生道德品质和修养的塑造，忽视学生身心健康等的发展，最终培养出来的将是毫无社会责任感和创造力、无法担当祖国建设重任的平庸之才。

其次，体育教师要正确理解育人的含义，树立全面育人的意识。既然"教"是为了育人，育人是目的，那么"育"的是怎样的"人"呢？这是为师从教应当明确的问题。在教书育人中，所育之人应是一个全面的人、完整的人。"千教万教

---

[1] 筑波大学教育学研究会. 现代教育学基础[M]. 钟启泉，译. 上海：上海教育出版社，1986.
[2] 叶圣陶. 和教师谈写作[C]//中央教育科学研究所. 叶圣陶语文教育论集. 北京：教育科学出版社，1980.
[3] 苏霍姆林斯基. 给教师的建议[M]. 杜殿坤，编译. 北京：教育科学出版社，1984.

教人求真，千学万学学做真人"，陶行知先生提出的"真人"就是要有真知识、真本领、真道德，即是"真善美的活人"，有"康健的体魄、农夫的身手、科学的头脑、艺术的兴趣和改造社会的精神"，即德、智、体、美、劳诸方面全面和谐发展的人。陶行知先生的"真人"观，体现了以德育为核心、全面发展、以人为本的教育思想。在中国特色社会主义条件下，"育人"就是要培养和塑造社会主义新人。社会主义新人的根本特征就是有理想、有道德、有文化、有纪律——"四有"，就是德、智、体、美、劳全面发展。"四有"和德、智、体、美、劳是一个统一的整体，它们是互相联系、互相依存、缺一不可的。根据社会主义教育的目的，体育教师不仅要向学生传授体育知识技能，开发其智力，培养其多方面能力，还要开展各种各样的社会实践活动，活跃体育氛围，锻炼学生的身体，实现学生身心健康发展。同时，体育教师必须使学生具有坚定的政治信念、正确的思想观点、高尚的道德情操和较高的科学文化素质。因此，在教育实践中，体育教师要正确理解育人的含义，树立全面育人的意识。

最后，体育教师要完善自身，精心育人。教书育人是体育教师的根本职责，也是体育教师义不容辞的道德义务。能否自觉履行教书育人的道德义务，是衡量体育教师职业道德水平高低的重要标准。在不断完成体育教育的目标和任务及整个体育教学和体育活动中，体育教师除了应掌握学生的兴趣、能力和个性特征等，还要善于做学生的思想工作，及时地发现、了解、解决学生存在的各种问题。通过体育教育和思想教育，学生不仅学到了体育知识，还受到了道德、意志品质的教育和培养。体育教师一方面要把体育科学文化知识传授给学生，另一方面要使学生具备高尚的道德情操，树立正确的世界观、人生观。只有把体育教育和思想教育两者结合起来，辩证统一，才能使体育教育成为培养跨世纪合格人才和进行精神文明建设的因素之一。

体育教师无论如何，都要时刻铭记教书育人的使命，要甘当人梯，甘当铺路石。体育教师要成为帮助学生进步、促进学生成功的人梯，乐闻学生进步，追求"青出于蓝而胜于蓝"的至高境界。21世纪，体育教师是立教之本、兴教之源，承担着让学生健康成长、热爱体育运动的教育的重任。教书育人是教师的天职，也是教师的伟大使命。

五、团结互助，做友爱的表率

教师之间的关系如何，能否团结协作、互相关心，对于学生思想品德的形成和发展及文化知识水平的提高，有着十分重要的作用。教师之间应该做到相互尊重、密切配合，在工作中真诚相见，携手共进；在专业上互相切磋，取长补短，共同提高。在新老教师之间，应做到以老促新，以老带新，互相尊重。老教师不仅要乐于做"伯乐"，为新教师铺路搭桥，还要吸取青年教师思想敏锐和富有创新精神的长处，搞好传、帮、带。青年教师要向老教师虚心求教，学习老教师渊博的学识、高尚的道德情操及丰富的教学经验等。总之，新老教师要携手共进，增强团结并相互支持以促进体育教育事业的发展。

现代教育的发展要求体育教师具有团结协作精神。随着社会的发展，教育由个体劳动走向多方协作，由封闭走向开放。其一，古代百科全书式的教师，依靠单枪匹马创造教育奇迹的时代已经成为历史。要培养全面发展、适应时代要求的人才，需要全体体育教师的合作共事，通力协作。其二，教育的连续性和一致性原则要求体育教师具有团结协作精神。体育教育对于学生的发展是一个前后连续的完整过程，是多方面教育影响的结果。只有教师对学生的影响统一，才能保证教育的效果。如果各方要求不统一，前后不一致，教育作用就会相互抵消，甚至会造成学生思想行为上的混乱。这就要求教师协作一致，共同担负起对学生教育的重任。由于学生具有天然的向师性，教师的协作精神树立的榜样，会促使学生形成坚强团结的集体。其三，体育教师高层次的需要要求体育教师具有团结协作精神。教师需要全社会的尊重，教师之间更需要相互尊重。人的需要是有层次之分的，尊重是自我的高层次需要。教师更多追求的是高层次需要，应彼此尊重，建立团结一致的人际关系。其四，体育教师的表率作用要求体育教师具有团结协作精神。教师作为社会上思想道德、文化水平较高的一个群体，在社会主义精神文明建设中起着榜样示范的作用。"为人师表"不仅指教师应成为学生的表率，还指教师应成为全社会的表率，因此体育教师群体也必须率先垂范地养成团结协作、合作共事的精神。团结协作是现代教师的职业道德。广大体育教育工作者要从自身做起，加强道德修养，建立和谐的人际关系，发扬"群炉汇流"的精神，与他人共同做好教书育人、传授体育技能的工作。

在此过程中，第一，体育教师应克服自我封闭意识，扩大交往范围。体育教育工作独立性强，自主性大，容易使教师囿于体育教学的狭窄范围之内，疏于和外界交流。体育教育本身也是一项系统的社会工程，人才的成长是学校、家庭和社会各方面共同施加影响的结果，体育教师必须克服自我封闭的心理和做法，积极主动地和家长、社会建立联系，共商教育方法、协调教育步骤。21世纪的体育教师要具有很高的公共关系意识，不但要善于与学生融洽相处，而且要善于处理社会人际关系。能与周围的人有效沟通被视为现代人成功的必备条件之一。

第二，体育教师要摒弃"文人相轻"的陋习，增进教师间的相互尊重、相互学习。"文人相轻"是中国旧知识分子的遗风，这种遗风在现代教师队伍中并未消失殆尽。有些教师互不服气，相互争胜；嫉妒心理凸显，互相攻讦；有些教师业务封锁，相互猜疑，缺乏必要的开放度。这些都会影响到体育教师之间的相互协作。英国学者杰维斯·菲恩在《怎样成为一名优秀的教师》中指出："一位优秀的教师应该具有开放的思维、乐观的精神和丰富的教学经验，并广泛吸收他人的思想精神。"[1]现代教师必须克服"同行是冤家"的不良风气和嫉妒劣根，树立同行相亲、同行相助的新风尚，破除"独学而无友"的陋习，在良师益友之间相互切磋。这样方能互相启迪，避免失误。

第三，体育教师应正确处理"义"与"利"、"人"与"己"的关系。人非苦行僧，需要去追求"利"，教师的工作也是教师谋生的手段。但教师不能不讲"义"，唯"利"是图，唯名利是瞻。在市场经济大环境下，利己主义在部分体育教师身上膨胀起来，有些体育教师甚至成为金钱的奴隶和俘虏。我国传统的义利观历来是重义轻利。我们遇事都要以大义去统帅，大力提倡奉献精神，身体力行，率先垂范。在社会人际关系中，如何对待自己和他人是一个重要的道德问题。孔子说："君子求诸己，小人求诸人。""攻其恶，无攻人之恶。""严以责己，宽以待人"是我们处理人与己关系的基本准则。体育教师应该做到遇事先反躬自问，切不可一味地苛求别人、指责别人。

第四，体育教师应积极创造交流沟通的机会，培养教师之间的友谊，增进彼此的合作意识。一般来说，教师交往的频率低、范围窄，很难适应社会发展的需要。在知识爆炸、世界日新月异的时代，教师绝不能囿于自己的一方天地，要从自己的小领域中走出来，融于社会的变革中。学校领导要采取积极有效的措施，为体育教师的交往交流创造机会、提供条件。体育教师也应主动地多参加一些社交、休闲、娱乐活动，在合作中培养合作意识，在娱乐中增进友谊，在交往中融洽关系。

综上所述，体育教师的职业道德与基本素质的形成，是体育教师在长期努力工作和生活实践中逐步形成的一种思想品质，当今体育教师的职业道德建设和自

---

[1] 姚晓峰.简论教师团结协作精神的培养[J].甘肃高师学报，2001（6）：78-79.

身良好素养的培养是社会主义建设的一个重要环节。它对于推动和促进社会主义两个文明建设的发展具有重要的现实意义。因此，作为一名体育教师，不但应遵守体育教师职业道德，忠于职守，勤奋工作，而且必须加强教师基本职业道德建设和品德修养，努力提高自己的精神素质和业务素质，只有这样才能完成体育教学的目标和任务，培养出体质健壮、品学兼优的"四有"新人。

六、人道主义，共同迈进新发展

正确理解人道主义是探讨体育教育人道主义的前提。人道主义作为一个历史概念，起源于欧洲文艺复兴时期，是人文主义者对中世纪教育的反抗和变革。它强调一切以人为中心，强调人的地位，重视人的价值，维护人的尊严和保障人的权利。它主张去掉一切标签，以"人就是人"的眼光来看待人和处理彼此间的关系，使我们能够对我们的同类做出一切我们力所能及的善事；它要求确认人的主体性地位，肯定个体的独立价值；它推崇尊重人的权利，维护人的尊严，保障人的自由，追求人的全面发展与自我完善。这些基本原则在任何时代、任何环境中都具有普遍适用性，它在一定程度上反映了人类的道德理想和道德追求。因此，人道是道德的根基。没有人道主义，就没有道德。

体育教育中的人道主义是人道主义道德精神中所蕴含的那些恒常性的理想和普遍性的道德原则在体育教育领域的具体运用与体现。它强调教育要尊重人的发展需要，要符合人性，要维护人的权利、使人的价值得以实现。它是欧洲文艺复兴时期伴随人道主义的兴起而出现的。早期的人文主义者大多对教育倾注了极大的热情，他们普遍接受古希腊时期自由教育的思想，在教育目的、教育方法、教育内容、课程设置及道德教育等方面努力践行人文主义的教育理念。例如，教育实践家维多利诺认为，教育的目的不但是培养神职人员，而且是培养身体的、精神的及道德的和谐发展的人。教育思想家拉伯雷对经院主义的烦琐论证、死记硬背的教学方法深恶痛绝，认为教学与学习的过程应当如同"国王在消遣"一般轻松愉快。这些思想集中体现了早期人文主义者力求将教育从中世纪教会和经院哲学的统治下解放出来的强烈愿望，是教育人道主义最初的表现形态。18世纪，随着人文主义教育思想的广泛传播，启蒙思想家对封建教育发起了更为彻底的挑战。法国启蒙运动中最激进的思想家卢梭强烈谴责封建教育，表示为了不可靠的将来而牺牲现在的教育是"野蛮的教育"，要求给儿童以充分的自由，遵循儿童的天性实施"自然教育"。瑞典民主主义教育家裴斯泰洛齐提出"教育意味着完整的人的发展"的思想,"使人的头脑、心灵和手这些特有的能力得以展开和发展,如果片面地培养某种力量……他造出的只能是半人,不会干任何有益活动的半人"。这些观点都带有浓郁的人道主义色彩,对后世的教育产生了极为深远的影响,是教育人道主义第二大发展形态的典型代表。此后,19世纪末至20世纪初期欧洲兴起的"新教育运动"和美国的进步主义教育思潮也都主张研究儿童的特性,重视儿童自身在教育中的主体地位及其创造活动,反对把儿童视为强制行为的对象。它虽然存在一些片面性和不成熟性,但仍然是对教育人道主义思想的极大丰富和拓展。

古今中外很多教育家不但是教育人道主义的提倡者,而且是其践行者。孔子堪称教育人道主义的楷模。他兴办私学,广收门徒,把自己的毕生精力和智慧都奉献给了教育事业。他最早提出"有教无类"的思想,认为人不论贵贱、贫富、长幼、华夷、智愚,都有受教育的权利,从而打破了"学在官府"的局面,开启了平民教育之先河。他还以"仁爱"之心关心学生、爱护学生,"弟子三千,贤者七十二"。孔子的"有教无类""仁爱"思想是教育人道主义的开端。

人民教育家陶行知以他跨越千山万水的豪情和"捧着一颗心来,不带半根草去"的赤子之心为中国教育开辟了一条不同于以往的道路。他放弃高官厚禄,全身心地投入乡村教育运动,在更高层次上践行着教育人道主义传统。陶行知把他的目光投放到长期没有受教育权的穷人、女子身上,提倡女子教育,推行平民教育,倡导乡村教育,将社会地位最低的女子及穷人同样给予受教育权,使他们同样拥有受教育的权利和机会;他着眼于人的全面发展,立足于当时的社会现实,把培养有尊严、有价值、有能力的人——能立足于社会又能有益于社会的人,作为毕生奋斗的目标;他开创了"教学合一"的教学形式和方法,改注入式教学为启发式教学,使教师走下讲台,放下师道尊严,建立平等式甚至互学式的师生关系——合乎人道、人性的师生关系。今天,我国正在建设中国特色社会主义,对以往历史上的人道主义和人道精神进行了批判、继承和发展。社会主义人道主义是以马克思主义的世界观和历史观为理论基础,建立在社会主义公有制基础上的,是调节社会主义人际关系的基本伦理原则和道德规范。所谓教育人道主义原则,是指要求教育者从社会主义人道主义出发,在教育过程中尊重人、关心人、爱护人,正确调节教育活动中的各种关系,以促进人的全面发展。

总结那些人类所敬仰、尊重的教育家的共同特质,我们不难发现他们都具有教育人道主义情怀和品格。回顾人类教育史,我们不难发现:哪个时期的教育符合人道主义原则,其教育就有活力,就能健康发展;哪个时期的教育违背人道主义原则，其教育就问题成堆，发展困难。坚持教育人道主义原则，不仅是教师之为教师的必然要求，还是教育本质的内在要求。教育是一项培养人的社会事业，体育教育仍是这样，人是教育的核心和归宿。教育的特点就是人去"教育"人，教师去"教育"学生。作为社会的人，体育教师需要处理许多人际关系，如教师与学生、学生与班集体、学生与家长的关系，教师与同事、领导的关系，等等。学校教育教学目标的实现有赖于各种人际关系的和谐，而坚持教育人道主义原则是体育教师调节教育过程中各种人际关系的客观要求。

坚持教育人道主义原则有助于师生关系的和谐发展。在各种人际关系中，师生关系是最重要、最基本的关系。师生关系和谐与否决定着教育能否顺利进行及教育结果的好坏。体育教师只有坚持教育人道主义原则，尊重学生、爱护学生、平等地对待每位学生，才能真正教育好学生。相反，教师任何非人道化的言行都将伤害学生，影响师生关系的和谐，并阻碍教育目标的实现。世界上没有两片完全相同的树叶，因此要想成为一名优秀的体育教师，一定要平等地对待每位学生，尊重学生的个性，理解学生的情感，包容学生的缺点和不足，善于发现每位学生的长处和闪光点，让所有学生都成长为有用之才。

坚持教育人道主义原则有助于调节体育教师和学生家长之间的关系。除了学校教育，家庭教育对于学生的成长也是至关重要的。在培养学生成长、成才这一点上，教师和家长的目标是一致的。教师与学生家长和谐的关系有助于教育目标的实现。体育教师应尊重学生家长、平等地对待学生家长，吸引家长积极参与教育活动，而家长对教师的尊重、关心会促进教师满腔热情地投入教育事业中。

坚持教育人道主义原则有助于调节体育教师与同事等的关系。教师劳动的形成往往是个体的，但教育的全部过程绝不是单个教师所能实现的，它要求全体教师协调一致，形成优化的集体合力，为共同目标而努力。同时，体育教师关系也是学生认识成人世界的人际关系的最直接的缩影之一。教师关系的和谐是实现教育教学目标、培养学生良好道德品质的重要因素。因此，教育人道主义也是处理体育教师间关系的基本原则。

体育教育是一项庞大的系统工程，体育教师除要协调师生关系、教师与学生家长的关系、教师间的关系外，还需要调整与学校领导、教辅人员、社会其他人员的关系。只有坚持教育人道主义原则，才能有效处理各种关系，从而调动社会各方面力量，齐抓共管、群策群力，为培养社会主义有用人才这一总目标共同努力，共同推进新时代体育教育事业发展。

第三章　体育教师职业道德的核心规范

社会主义职业道德的核心规范是为人民服务，体育教师应加强职业道德教育，培养爱国精神、服务意识和奉献精神，愿意从事社会体育工作，愿意为我国体育事业的发展奉献自己的力量，这是保障"量"的有效手段。职业道德信念是人们发自内心地对职业道德原则和规范的真诚信仰。体育教师职业道德的核心规范包括体育教师职业中的道德规范、体育教师人际关系中的道德规范、体育教师个人言行举止中的道德规范。

第一节　体育教师职业中的道德规范

一、热爱岗位，乐于奉献

体育教师必须热爱学校体育工作，具备良好的思想素质、职业道德，能够为人师表，具备正确的政治方向和良好的道德品质，模范地遵守法律法规，遵守职业道德。不仅如此，体育教师还应具有专业思想觉悟，建立对体育教育教学基本问题的认识、与对体育教育价值的理解及价值取向。只要选择了教师职业，就要全身心地热爱教育事业，就要有为教育事业而奋斗终身的信念，这不仅是社会对教师职业道德要求的基本原则，还是调整教师之间职业关系的道德要求，是社会主义、集体主义的道德原则在教师道德要求中的体现，是教师做好教育工作的前提和思想基础。它直接影响和制约着教育劳动中的其他关系，更影响着事关百年大计的教育教学质量。体育教师只有深刻地认识到、体会到自己所从事的工作是社会发展、人类进步不可缺少的一部分，是太阳底下最神圣的事业，才能树立坚定的事业心、荣誉感，才能发自内心地热爱教育事业，忠于教育事业，在工作岗位上尽心尽力、尽职尽责，自觉自愿地把三尺讲台和所有学生作为自己生命的一部分，并在这种默默奉献和辛勤劳动中升华自己的精神境界，如醉如痴、无怨无悔地去用一生的时间教学学生，去用一腔的热血温暖并哺育学生，去用高尚的情操感化学生。这样的教师才是具有高尚师德的教师，才是一名合格乃至出色的教师。

体育教师需要落实自己的岗位职责,具体包括:①认真落实体育教学常规中的各个环节,做好体育课成绩考核工作。完成每学年度学生体质综合评价及学生身体素质评价的工作。落实"两保""两操""两活动",积极开展体育教学研究活动。②制订各年级学期和学年体育教学计划及群体工作计划,规范体育资料的管理。③遵循体育合格标准,抓好体育锻炼达标测验,确保所任课班级学生体育达标率保持在95%以上。④组织好各种群体竞赛和学校田径运动会。⑤负责体育器械、设备、场地、服装的添置及维修和管理工作。⑥认真值周,如实填写周统计表,收集并整理各种资料。⑦协助体育教研组长做好日常事务工作等。

二、尽职尽责,传授技能

热爱教育工作,不能仅仅停留在感情的层次上,还必须把这种热爱的感情转化为对工作高度负责的实际行动,尽职尽责、兢兢业业地工作,以高质量的工作成果体现对教育事业的热爱之情。对于所有学校来说,教学都是中心工作,但它不是目的而是手段,学校体育的根本任务是育人,具体落实在体育教师职业行为上就是通过体育教师在课堂中的教学培养人、塑造人、改造人,促进人的全面发展。教书育人是调整这种教师与教育目的关系的道德要求,它概括了教师劳动的全部内容,是教育行为的宗旨,是教师职业道德的核心。一般地说,教书是指在课堂上向学生传授系统的科学文化知识,培养学生的科学文化素质,发展学生的智能;育人是指教师通过课上课下教学活动和师生相互作用的过程,以及教师的行为对学生进行的一些显性的或潜在的政治、思想和道德教育,促进学生的全面发展。教书和育人的紧密结合,其结果必然是学生的德才兼备。如果只强调教书,不重视育人,不教育学生如何做人,那么培养出来的学生可能危害社会。一个没有正确人生观、价值观和道德观的人,掌握的知识越多,对社会的危害可能就越大。相反,只强调育人,而不认真教书,学生虽然会有良好的道德品质,但未能很好地掌握科学文化知识和一定技能,这样的培养也是失败的。教书和育人是不可分割的统一体,二者相互作用、相互渗透、相辅相成[①]。

一名优秀的教师绝不是简单的教书匠和传授知识的工具,而应是知识的传播者,是学生生活的导师,是道德的领路人。教书育人,忠诚于人民的教育事业,是教师职业道德的灵魂,它统帅、制约着师德的一切行为规范和范畴,是教师道

---

① 徐建国. 宁夏高校教师岗前培训教材[M]. 银川:宁夏人民出版社,2008.

德实践中的根本范畴。因此，体育教师在体育课堂的教学过程中，应该将教书育人作为行为准则，在课堂中除了教授学生学习体育知识、体育技能，掌握体育动作技术，还应该纳入思想政治教育，挖掘体育的思想政治元素，如"体育精神""体育品质""体育意识"等。在体育课堂中纳入思想政治元素，不是特意地将体育课上成说教课，在课堂中专门进行特意的思想政治教育，而是要将思想政治教育融入体育教学课堂的点点滴滴，如教师的以身作则、语言引导课堂规则的建立实施，以及课堂中日常的总结分析等常规教育。体育教师的爱岗敬业，实际上是对教书育人职责的肯定和认可。因此，要体现爱岗敬业，必须从教书育人的要求出发，注意培养学生的思想品德，用优秀的体育案例教育学生、激励学生、影响学生，保证他们全面、健康地发展。体育教师要内化于心，外化于形，将思想政治元素纳入日常教育过程中，培养德、智、体、美、劳全面发展的社会主义建设者和接班人。

三、精通业务，提高教学

教书是育人的手段。要育好人，必须教好书，而要教好书，体育教师必须精通业务，具有较高的素质和水平。这是教师教书育人的前提条件。为此，必须提高教师的教学水平。教师的主要职责是把人类的知识、经验传授给学生。教师是否精通业务直接关系到年轻一代的健康成长，关系到国家的前途和命运。因此，精通业务，提高教学水平，掌握教学规律，保证教学质量，这不单纯是一个业务问题，更是一个社会道德责任问题。

体育教师要做到精通业务，一要刻苦钻研，掌握丰富的体育专业知识。教师是科学文化知识的传递者和传播者，如果缺少知识，就无法完成教书育人的任务[1]。特别是信息时代，知识更新速度加快，体育教师如果不经常学习，其知识必然落后于时代，就不可能保证把最新的科学知识传授给学生，教书育人就会成为一句空话。因此，体育教师要精通业务，必须不断学习，充实自己。二要努力提高教学水平。教师具有丰富的知识只是为教书育人提供了可能性，要把这种可能变为现实，还需要依赖教师的教学水平[2]。如果体育教师具有很高的教学水平，就能够在教学过程中有效地完成教学任务，达到教书育人的目的。如果体育教师的教学

---

[1] 柳海民，邹红军. 新时代教师研究热点："德""誉"相济，"酬""劳"并重[J]. 华南师范大学学报（社会科学版），2020（6）：69-82，190.

[2] 糜海波. 推进新时代师德建设的三个视点[J]. 教学与管理，2020（21）：5-8.

水平不高，教学目标就很难实现。因此，提高教师的教学水平是教师职业道德的内在要求之一。在当代的体育教学课堂中，体育课堂要纳入科学技术，进行智慧化教学[①]。

为有效发挥体育课程锻造学生强健体魄、促进学生个性完满展开、塑造学生坚韧意志品质、培养学生创新能力与社会适应能力等方面的作用，体育教师必须改变"体育专项知识、技术与技能"的单一知识结构，着重完善和充实教育学、心理学、社会学、人体科学、行为学、美学等学科知识。体育教师要提高科学研究能力，给学生一瓢水，必须自己有一桶水。体育教师还要进一步理解与研究相应素质内涵，加强学习，大量阅读教学论、体育教学论等专业书籍；广泛参与体育教学改革、教学方案修订、课程设置研讨会；积极申报、开展人才培养、教学方法等教学研究。

四、以身立教，德识统一

以身立教，德识统一是教师道德的根本要求[②]。所谓德识统一，就是道德与知识的统一，即要求教师集道德与知识于一身。教育家徐特立先生说过，教师是有两种人格的，一种是"经师"，另一种是"人师"[③]。体育教师的教学是要采取人师和经师二者合一的。每个传授科学知识的人都是一个模范人物，同时也是一个有学问的人。体育教师只有具备德识统一的素质，才能很好地履行教师的职责。体育教师要做好人师，在道德方面的要求是：其一，为人坦诚。为人坦诚是做人的基本准则，更是做好教师的基础。古人言"人无信不立""诚，五常之本，百行之源也"。教师是教人做人之人，做学问之人。唯有诚实，才能心正，心正方能人正，人正教人才能教出正人。堂堂正正做人，表里如一，是教师的第一人品，是为师的第一资格证。其二，为人正派。体育教师为人处事要公道、正派、热情、认真，尊重学生，诲人不倦，在日常生活中举止文明，富有同情心和正义感。其三，要以真才实学去教育学生。体育教师的职业道德规范要求教师不能"以其昏昏，使人昭昭"，不能误人子弟，不教授给学生伪科学。为此，体育教师必须具有真才实学，既要有坚实的基础知识和精深的专业知识，又要有宽广的边缘学科知

---

① 吴彰忠，张立，钟亚平. 新发展阶段数字体育的主要形态与建设方略[J]. 体育文化导刊，2023（3）：32-38.
② 范俊柏. 浅议以身立教，德识统一[J]. 山西医科大学学报，2003（S1）：57-58.
③ 刘学宽. 徐特立[M]. 北京：中国和平出版社，1996.

识，还应懂得教育规律，有良好的教学方法和技能。这样的教师才是受学生欢迎的教师，才是真正有职业道德的教师。体育教师应全面认识并充分肯定自身工作的重要性与特殊性。体育具有全面的育人价值毋庸置疑，体育课开放、包容，师生交流频繁的特点决定了体育教师言传身教对学生的重要影响作用。"师者，传道、授业、解惑也。"体育教师更应深知其中的道理与责任。要加强政治理论学习，体育教师可通过阅读励志书籍、观看报告会或电视剧树立完善的、正确的人生观、价值观、曲直观与荣辱观，自觉抵制错误思潮，并严格做到身体力行，以此影响并引导学生。体育教师的言行举止对学生的精神面貌起示范作用，教育工作通过教师的言传身教来培养人的事业。所谓言传身教，就是指教师不仅通过自己的言语向学生传授知识，还要向学生展现自己的行动，通过自己的身体力行，为学生做示范。

体育教师通过外在素质影响学生的精神面貌。首先，学生通过对体育教师外在素质的观察和模仿，可以学习并形成良好的精神面貌。在学生眼里，体育教师是值得尊敬的人，即使是体育教师某些下意识的动作，学生有时也会盲目模仿。体育教师经常表现出的比较稳定的风度仪表特征，更是学生仿效的对象，他们会评价、模仿以至吸收。青少年时期的学生具有很强的模仿性和可塑性，又正处在人生观、世界观形成的阶段，他们总是根据自己幼稚的标准和不成熟的想法去寻找一些可供自己借鉴、吸收的东西。在学校、社会、家庭等诸种影响学生的因素中，教师对他们的影响是最大的。他们既从教师这里学习科学文化知识，又观察、模仿和学习教师的外部人格特征。教师的穿着举止，有时自己可能不在意，却会引起学生的很大兴趣。因此，一名称职的体育教师，内在的德、才、学、识和外在的仪表风度等都应该成为学生的表率[①]。其次，体育教师的外在素质可以纠正或强化学生已形成的某些外部人格特征。师生都有自己一定的精神面貌，由于学生独立分析判断能力较差，所形成的外部人格特征中既有值得肯定的，也有应该否定的。学生主要是在与体育教师的交往中，将值得肯定的方面强化，应该否定的方面加以纠正。因此，要形成学生良好的精神面貌，体育教师就应该做出榜样，正如车尔尼雪夫斯基所说的把学生塑造成一种什么样的人，自己就应当是这种人。要纠正学生不良的外在人格特征，体育教师必须具备良好的外在素质。

---

① 卢静. "德、才、学、识"的当代解读——优秀教师必备的素养[J]. 教育教学论坛，2018（43）：15-17.

五、热爱体育，甘于奉献

体育是国家建设的组成部分，社会主义建设的基本要求就是要发展生产力[①]。体育对生产力三要素之一的"人的因素"具有极其重要的作用，体育不仅能增强体质、促进形态发育和提高生理功能，还能提高人的心理素质，增强适应环境的能力，这也是现代化生产中高效率、高质量，以及科学技术的高度复杂化对培养人的规格提出的要求。体育作为文化现象又是人类发展到一定阶级的产物，它是社会文化总功能的一部分。因此，体育事业发展的规模和水平是衡量社会民族精神和素质的标志，也是衡量一个国家昌盛、文化发达的重要标志。体育教师对于实现从小抓起培养优秀运动员，为在21世纪末把我国建设成为世界体育强国的奋斗目标，担负着光荣的历史使命。

第二节　体育教师人际关系中的道德规范

一、体育教师在与学生关系中的道德规范

体育教师与学生的关系是教育过程中最基本的人际关系，是构成学校教育的基础。只有正确处理师生关系，才会有优化的教育过程，才能高质量地完成对学生的塑造和培养。因此，体育教师在处理师生关系的过程中，应当要求自己，鞭策自己，努力做到热爱学生，诲人不倦。这是体育教师职业道德规范中十分重要的一项内容。作为一名人民体育教师，只有具备高尚的体育教师道德，才能在教育实践中处理好与学生的各种矛盾，为教育事业做出贡献，成为受学生爱戴、尊敬、效仿和欢迎的优秀体育教师。体育教师要做到，关心爱护全体学生，尊重学生人格，平等公正地对待学生；对学生严慈相济，做学生的良师益友；保护学生安全，关心学生健康，维护学生权益；不讽刺、挖苦、歧视学生，不体罚或变相体罚学生。

（一）体育教师与学生关系的一般特点

体育教师的工作对象是学生，在教育和教学过程中，体育教师和学生之间结

---

① 程文广. 义务教育阶段体育课程评价的中国式现代化建设路径[J]. 沈阳体育学院学报，2023，42（2）：25-32.

成了一种紧密的关系，即师生关系。它具有以下几个特点。

1. 平等性

随着社会主义制度的建立，人和人之间的关系发生了根本的变化，新的教育思想、教育观念也在逐步取代封建专制主义的教育思想，新型的师生关系开始得到确立。这种师生关系是建立在平等的基础上的，主要表现在体育教师和学生都有自己独立的人格、做人的尊严和法律上予以承认的各种权利，都是国家的主人，彼此之间没有根本的利益冲突。这一点决定了师生关系是民主平等、相互尊重、相互信任、相互帮助的朋友式的关系。体育教师威信的建立，靠的是高尚的人格、渊博的知识、高超的教育和教学艺术，而不是靠压服、训斥、体罚等威严。体育教师工作的目的是把学生培养成为全面发展、德才兼备、身心健康、为祖国"四化"建设服务的有用之才，学生接受教育的目的，从根本上说也是这样。这种目的上的共同性是建立良好师生关系的基础。体育教师要以学生的兴趣爱好为导向，注重师生关系的平等性。在体育教学中，体育教师应注意与学生建立平等的关系，与学生进行和谐的交往，以平等的态度对待每个学生。

2. 长久性

体育教育过程是体育教师和学生共同参与的过程。在这个过程中，体育教师是教育者，起主导作用，他要不断地奉献自己，影响学生。学生虽然是受教育者，但他们对体育教师同样具有影响作用。体育教师每天和这些朝气蓬勃、风华正茂的青少年在一起，学生头脑中的新思想、新见解，身上具有的好品质，以及他们对新事物的敏感、热情，对美好生活的追求，都在影响着体育教师。体育教师可以从他们身上汲取丰富的营养，从而不断地充实、提高和完善自己，使生命永远充满着青春的活力。师生之间的这种相互作用和相互影响，不仅存在于有形的师生关系中，即学生在校的几年里，还存在于无形的师生关系中，即学生离校后的若干年里，乃至贯穿一生。它表现在那些在校期间深受教师教诲的学生，毕业后通过信件、电话、拜访、团聚等方式，始终保持和体育教师的情谊，使体育教师感到欣慰，使其激发起一种作为体育教师的幸福感、光荣感和自豪感。特别是师生间的情谊会给体育教师带来安慰，而且能够为其增添为了学生要克服一切困难的勇气和力量。

3. 民主性

主体性下的师生关系是具有民主性的师生关系，教师与学生都被视为具有完整生命意义的主体，教师完全尊重学生的人格与尊严，鼓励学生发表不同的意见与想法，重视学生主体地位的发挥。信息时代的师生关系，由于教学资源与教学方式发生了本质的变化，传统的指令性和专断的师生关系将难以维持，需要体育教师及时转变自身的角色认知，构建民主互动的新型师生关系，强调教师的主导与促进作用，突出学生的主体性与主动性。这就是说，为了建设良好的师生关系，在师生关系建立的过程中，体育教师就不能单纯从个人的情感出发，而必须自觉地从事业发展的需要出发，克服主观上存在的障碍和客观上存在的困难，以高度的责任感和科学的态度去主动接近学生，了解学生，自觉掌握学生身心发展的规律。总的来说，民主性原则就是在教学过程中要建立一种民主平等的师生关系，体育教师可以通过合作交流、社会实践的方式融入学生集体中，让学生做学习的主人。

4. 差异性

师生关系，尤其是中小学的师生关系，不是同龄人之间的关系，而是成年人与青少年之间的关系。因此，双方必然在思想、道德、知识、能力等各方面的水平和成熟程度上存在着明显的差异。这些差异，一方面为体育教师承担培养和教育学生的重任提供了条件；另一方面给体育教师了解学生、与学生在心灵上互相沟通带来了困难，甚至会造成师生之间的某些矛盾。因此，体育教师一定要善于正确分析师生差异，恰当处理师生矛盾。特别值得注意的是，在现代社会中，学校已不是学生增长知识的唯一途径，体育教师也不是学生获取信息的唯一源泉。因此，学生在某方面超过体育教师不但是可能的，而且已成为一种必然趋势。这种客观情况就要求体育教师既要看到学生有不如自己的方面，又要看到学生有高于自己的方面。这样才能正确、全面地理解师生之间的差异和矛盾，掌握处理好师生关系的主动权。

（二）体育教师与学生关系的调节意义

良好的师生关系是对教师的基本要求，是确保学校进行正常教育教学活动的基本前提，怎样认识和处理师生关系是体育教师职业道德修养的重要课题。体育教师在课堂中的思想意识、道德、个性、气质等都直接或者间接地影响着学生。

第三章 体育教师职业道德的核心规范

体育教学的过程不仅是教授运动技能，传播体育理论知识，同时也是在对学生进行思想品德教育即教书育人。在这个过程中，师生关系直接影响学生的人生观和世界观，最终塑造他们的人格与品质。古今中外的教育学家都对师生关系给予了高度的评价，它是教师与学生在教育教学过程中以传道、授业、解惑为中介的最基本、最重要的人际关系。因此，体育教师应该以正确的道德规范处理师生关系。体育教师只有无私、宽厚、关心、尊重每位学生，学生才会受到影响，用同等的宽容心去对待身边的事和人，这样学生才能健康成长，形成独立完善的人格。

1. 调节师生关系是学生身心健康成长的需要

调节师生关系是学生身心健康成长的需要。在学生时代的各个阶段，学生能否健康成长，一方面取决于个人的主观努力，另一方面取决于良好的教育环境。学生时代是一个人一生中奠定各种基础的重要时期。在这个时期，保障学生健康成长，既需要主观努力，同时也需要良好的环境。这里所指的环境，既包括教育手段的影响，又包括人际关系的状况。在各种人际关系中，师生关系是否和谐、融洽，又是决定性的一环。一般来说，如果学生处在一种和谐、友好、愉快的师生关系中，他们就会处处感受到人间的温暖和友情，从而获得生活的乐趣，并且有满足感、幸福感和精神上的寄托。这种良好的师生关系，可以培养学生自尊、自爱、自信、自强的精神，使他们深刻感受到自身存在的价值。同时，这种师生关系也有助于学生高尚的社会情感的培养，使他们从小就懂得人与人之间应该是相互尊重、相互信任、相互帮助的关系，而不是相互利用、相互欺诈、相互碾压的关系。此外，这种关系也有利于学生发展智力，活跃思维，增强创造性，提高求知欲和学习的主动性、自觉性。相反，如果师生关系不好，学生虽然每天都和体育教师在一起，但心灵并没有沟通，双方心扉的大门都未向对方敞开，就会导致学生把上学看成是一种负担，长此下去，愉快、有趣的学生生活就会被内心的痛苦、压抑代替。因此，体育教师只有经常地检查自己的言行，并用体育教师道德加以调节，才能与学生建立良好的关系，以利于学生全面、健康地成长。

2. 调节师生关系是教育获得成功的需要

师生关系是否和谐、融洽，不仅决定学生的学生成绩，还决定学生的生理、心理发育和人生观、世界观的形成，乃至影响学生的一生，因此，调节师生关系是使教育获得成功的需要。每名体育教师都希望学生能愉快、自觉地接受教育，在各方面不断取得进步。但实际上，有些学生不但不接受教育，而且对体育教师的教育产生一种逆反心理和对抗情绪。究其原因，其中一条就是师生关系紧张，导致学生对体育教师的教诲不服气、不理解。因此，要想教育学生，首先就必须建立良好的师生关系，使学生对教师有一种亲近感、信任感，这样才能使学生由被动地接受教育或不接受教育变为主动地、自觉地接受教育。师生关系好，还有助于体育教师更深入细致地了解学生，掌握他们的思想特点、个性特征和行为规律，以便因材施教，提高教育的有效性。总之，只有建立良好的师生关系，才能取得最佳的教育效果。要做到这一点，体育教师就需要经常用体育教师道德规范来调节自己的行为，使自己的言行有助于良好的师生关系的形成，以利于教育的成功。

3. 良好的师生关系是保证教育过程顺利进行的前提条件

体育教师要以爱育人，以情感人。近代教育家夏丏尊认为，没有爱就没有教育。和谐的师生关系是促进和保证教育过程顺利进行的前提条件。教育过程是教育者根据一定社会或阶层及人的自身发展的需要，在受教育者的积极参与下，有目的、有计划、有组织地对受教育者的身心施加影响，向他们传授一定的知识和技能，帮助他们形成一定的思想品德和良好的心理素质，发展他们的智力和体力，把他们培养成为一定社会或阶层所需要的人才的过程。这个过程是师生进行双边活动的过程，是师生共同参与、合作的过程。因此，教育过程的顺利进行，不仅取决于体育教师，还取决于学生，是以二者的积极性为前提的。这两个积极性能否充分调动起来，在很大程度上又受到师生关系状况的制约。对于学生来说，凡是和他们关系好、感情深的体育教师所给予的教育影响，即使是严厉的批评，他们也认为是教师对自己的关心和爱护，因而能够愉快地接受。如果师生感情相悖，关系不好，那么同样的教育影响，学生给予的反应往往是不理睬、不相信、不行动，没有参与教育过程的主动性和积极性。师生关系好对体育教师也是一种激励，它会促使体育教师更加努力地工作，并从工作中体会到一种特殊的幸福和愉快；反之，体育教师就会感到内心不平衡，从而影响其积极性的发挥。这一点已被教育实践充分证明。因此，没有良好的师生关系，教育过程往往只是一个空架子，很难达到预期的教育效果。这一切说明，良好的师生关系是教育过程得以顺利进行的不可缺少的前提条件。

4. 良好的师生关系是促进学生全面发展的重要因素

良好的师生关系不仅是一种人际关系，还是一种无声的教育因素，是一本活的教科书[①]。它对学生在思想、道德、心理和学习等方面产生的影响，是任何有声教育所不能代替的。首先，良好的师生关系有助于学生自尊、自信、自强不息，形成主人翁的意识。一般来说，如果师生之间是一种民主平等的关系，彼此相互尊重和信任，那么学生生活在这样的环境中，往往就会感受到一种做人的尊严，从而对自己充满信心，乐于施展自己的才能，愿意参与教育过程。他们能够意识到自己是学习的主人，是班级的主人，进而激发起主人翁的责任感。这种意识如果能够不断得到强化，最终就会作为一种思想品德植入学生的精神世界，成为他们参与学校生活和参与未来社会生活的一种准则。可见，良好的师生关系可以为培养学生的社会责任感奠定思想基础。其次，良好的师生关系有助于学生高尚的道德情感的培养。体育教师热爱学生，学生对体育教师有着深厚的感情，这本身就是一种高尚的道德情感。这种道德情感会形成一种良好的道德气氛，不断地对学生进行陶冶和感染，使他们渐渐懂得社会主义社会中人与人之间应当是一种相互关心、相互爱护、相互帮助的关系，而不应当是一种相互利用、相互欺诈、相互倾轧的关系。这样，他们就会逐渐形成对人与人之间关系的正确认识和信念，从感情上不断扩大爱的范围，学会把自己的爱心奉献给别人，懂得应该把个人同他人、同集体、同祖国紧密地联系在一起，并进而更自觉地把对祖国、对社会主义、对人们的爱落到实处，努力培养自己成为社会主义事业的合格接班人。可见，良好的师生关系可以为学生爱的升华奠定牢固的感情基础，使学生得到全面发展。

5. 良好的师生关系有助于学生形成健康的性格

学生每天都在班级里生活，师生关系对于他们性格的形成是一个很重要的影响源。如果师生关系好，学生就会心情舒畅，情绪乐观，积极稳定，感到生活有乐趣、有希望，从而对人、对己、对周围环境抱有一种积极的态度。例如，关心集体，助人为乐；主动完成集体交给的任务，认真负责，不怕困难；相信自己有能力、有价值，能够经受失败和挫折的考验；等等。这些特点经过不断强化，就会被逐渐地固定下来，形成一种比较稳定的倾向，成为学生性格的一部分，如热情、诚恳、与人为善、乐观、有毅力等。可见，良好的师生关系还可以为学生健

[①] 黄步军，汤涛. 师生共同体：良好师生关系新模式[J]. 教育理论与实践，2021，41（17）：49-51.

康性格的形成创造有利的外部条件。

6. 良好的师生关系有助于调动学生学习的积极性，提高学习的效果

如果师生之间心理相容、感情真挚，学生对体育教师就会更尊重，对体育教师的教学也更易于接受。当一个学生来到集体中，亲身感受到有一种轻松、愉快、亲切的气氛在师生之间洋溢的时候，他就会保持积极的情绪和强烈的求知欲望，思维清晰，反应敏捷，获取知识也就能够比较迅速和有效。即使学习上遇到困难，他也愿意动脑筋、想办法去解决，因为他把在体育教师指导下进行学习看作是一件愉快的事情。由此可见，良好的师生关系有利于学生智力的发展、能力的提高、创造性的增强和学习自觉性的激发，有利于学生学习效果的提高[1]。

综上所述，师生关系是一种无形的、潜在的教育因素，它制约着学生接受教育的程度，影响着教育过程，在很大程度上决定着教育的质量和效果。正如赞可夫所说："就教育工作的效果来说，很重要的一点是要看师生之间的关系如何。"因此，在体育教师与学生之间建立起良好的人际关系，其意义十分重大。

（三）体育教师与学生关系中的道德规范要求

1. 了解学生

体育学科区别于其他学科的地方在于课堂内容开展在室外，因此，体育教师在接触学生的过程中，必须了解学生，从基础的记住学生姓名开始。在中小学教育中，体育教师几乎人均要带 4~6 个班级，平均需要记住 200 个左右学生的姓名。在课堂中记住学生姓名是了解学生的第一步，它能够帮助体育教师在课堂中更好地开展教学，也能够拉近师生之间的关系。每个学生都是有思想、有感情、有个性的活生生的人。从表面上看，学生之间的差别不大，但实际上，每个学生都有自己独特的、与众不同的一面。因此，如果不了解学生，就不可能有对学生真正的爱，更无法对他们进行有的放矢的教育。了解学生绝非一件容易的事，为此体育教师必须做出一番艰苦的努力。

（1）体育教师要力求全面深入地了解每个学生。俄国教育家乌申斯基指出，如果教育家要从多方面来培养人，那么他首先应该从多方面来了解学生。所谓全面深入地了解，就是既要了解学生的过去和现在，又要了解学生成长的家庭生活

---

[1] 刘宇凌. 让良好师生关系成为课堂教学效果的提速器[J]. 中国教育学刊，2019（7）：106.

环境和经常接触的各种人或事;既要了解学生表现在外的优缺点和特长,又要了解学生的内心世界,包括他们的苦恼和忧愁。总之,体育教师只有想方设法了解学生的一切,才能打开学生心灵的大门,找到适合学生个性特点的教育途径和方法,使师爱发挥出更大的作用。

(2)体育教师要努力使自己成为学生的知心朋友。心理学的研究表明,青少年的心理活动常常带有一定程度的闭锁性。他们不再像童年时那样,将自己的喜怒哀乐都挂在脸上,而常常会把自己的内心活动隐藏起来,这就给体育教师深入了解他们带来了较大的困难。与此同时,学生由于社会经验不足,对许多事情还缺乏明确的认识,因此,在生活中遇到自己无法解释和解决不了的问题的时候,又迫切需要找人诉说、请教,这表明他们的内心世界还有向外界开放的一面。因此,体育教师应当主动去同学生交知心朋友,真心地爱他们,理解他们,帮助他们,通过这个过程取得他们的信任,以便开启他们的心扉,倾听到他们的心声。只有这样,体育教师对学生的了解才会是深刻的,而不是肤浅的,是全面的,而不是片面的。因此,体育教师同学生交知心朋友,是了解学生、使自己的教育与学生产生共鸣的重要前提。

(3)体育教师要懂得学生的心理特点,不能以自己的心理取而代之。体育教师了解学生的目的是有效地教育学生,如果了解得不客观,判断得不准确,就可能委屈和误解学生,从而无法进行正确的教育。为了防止这种情况出现,就需要体育教师懂得青少年的心理,并从中摸索出规律,以便对学生的行为表现做出正确的分析。在这方面,一些优秀体育教师积累了丰富的经验,值得我们认真学习和借鉴。

2. 尊重学生

渴望得到别人的尊重,是人的一种普遍需要。对人表示尊重的实质,是对他的品德、才华、能力的承认,是对他的存在价值和意义的肯定。一个人如果能够得到别人的尊重和信任,就会增强前进的信心,获得前进的动力,从而自觉地向着更高的目标发展;如果不是这样,就容易产生自我否定的消极情绪和意向,甚至走向自我毁灭。因此,尊重和信任学生是热爱学生的重要内涵,是体育教师必须具备的职业道德修养。

(1)体育教师要尊重学生的人格、自尊心和正当的兴趣爱好。在教育过程中,体育教师对学生要平等相待,使学生真正感到自己是一个有人格、有尊严的人。

对学生进行讽刺、挖苦、训斥、谩骂和体罚，给后进生设置特殊座位，公开评选最差生等做法，都是对学生人格的不尊重，都将极大地伤害学生的自尊心，因此，必须坚决加以杜绝。苏联教育家苏霍姆林斯基指出，在影响学生的内心世界时不应挫伤他们心灵中最敏感的一个角落是一人的自尊心。自尊心是一个人自我肯定的一种积极情感，是不断进取的内驱力，体育教师要特别注意加以保护[①]。

（2）体育教师对学生正当的兴趣爱好的尊重也是十分重要的。随着家庭生活条件的改善和社会文化活动的繁荣，学生的兴趣爱好会有多方面的发展。如果体育教师对此引导得好，它对于学生智力水平的提高、性格意志的磨炼、道德品质的培养就都是有利的。因此，体育教师对于学生课外的兴趣爱好不应采取一概否定的态度。对于那些学习成绩不太好而兴趣爱好比较广泛的学生，体育教师要通过各种活动促进他们自己教育自己，引导他们把搞好学习同发展正当的兴趣爱好统一起来。

3. 热爱学生

托尔斯泰指出，如果教师只有对事业的爱，那么他是一个好教师；如果教师把对事业的爱和对学生的爱融为一体，那么他就是一个完善的教师[②]。热爱学生是体育教师的天职，是师德的核心，是教育的桥梁和推动力，是教育成功的基础。苏霍姆林斯基认为，教育技巧的全部奥妙就在于如何爱护儿童，学生们最喜欢的教师就是有爱心的教师。体育教师对学生的爱，在教育过程中发挥着其他教育因素和力量所不能发挥的作用，体育教师对学生的尊重、理解、鼓励和宽容，将使课堂处处充满真诚的信任和友好的合作。只有热爱学生，才能教育学生，感染学生，并得到学生的尊敬和信任。师爱是教育的基础。体育教师的爱一旦注入学生心田，师生之间情感相通、亲密无间、心理相容，学生就会对体育教师产生一种依恋感，对学习及学校各项活动就会有一种满足感和幸福感，学生就会把对教师的尊敬、信任转移到体育教师的教育教学内容上，就会产生巨大的学习动力。《学记》里所说的亲其师而信其道[③]，讲的就是这个道理。人都是有感情的，当学生通过观察、体验，从内心深处感受到师爱的时候，是不会无动于衷的。这具体表现在两个方面：一方面，他们会把自己的爱回报给教师，从感情上缩短师生间的距

---

① 孙孔懿. 苏霍姆林斯基评传[M]. 北京：人民教育出版社，2017.
② 罗曼·罗兰. 托尔斯泰传[M]. 傅雷，译. 北京：中国书籍出版社，2017.
③ 高时良. 学记[M]. 北京：人民教育出版社，2018.

离;另一方面,师爱成为学生接受教育的桥梁。学生越能感受到教师的爱心,就越信任教师,教师的教导就越容易被学生理解和接受,并转化为他们的自觉行动。师爱是学生成长的动力。师爱的核心就是关心尊重学生。希望得到别人的尊重和信任,是人的一种普遍需要。

事实上,每个学生都有优缺点,优秀生不可能毫无不足之处,后进生也不会一无是处。苏霍姆林斯基说过:"要设法让每一个学生都抬起头来走路,体育教师要以博大的胸怀、满腔的热情,关心热爱后进生,帮助他们树立起生活学习的风帆。对他们的教育要动之以情,晓之以理,明之以义,施之以爱,导之以行,心要耐,办法要巧,要求要恰当,即使是批评也要委婉中肯,爱在其中。"[①]体育教师对学生的爱,不是一种单纯的情感赋予,其目的是教育好学生。"教不严,师之惰",严师出高徒。教育学生、热爱学生本身就包含着对学生的严格教育,严格训练、严格要求。严格并非越严越好,而是要严慈相济,严中有度,严中有理,严中有情。对学生所提的要求和目标,要掌握合理的分寸。友爱需要回报,师爱则是无私奉献。陶行知先生提出,爱满天下,因此他才能为学生做到"捧着一颗心来,不带半根草去"[②]。一旦拥有比友爱更无私、比母爱更深刻、比情爱更崇高的师爱,教育就会迈进成功的大门。有人曾向小学教育家王企贤老师取经,王老师回答:要说有什么经验,也很简单,只有一个字,就是"爱"。爱你所从事的事业,爱你所教的学生。苏霍姆林斯基曾针对"我一生中最主要的东西是什么呢?"这一问题,毫不犹豫地回答:热爱儿童[①]。可见,乐于把爱奉献给学生,是一名优秀的人民体育教师必备的道德素质。

(1)体育教师要胸怀宽广,把爱奉献给全体学生。在同一个班级里,虽然学生来自不同的家庭,具有不同的个性,行为习惯、日常表现也不尽相同,但他们渴望得到体育教师的爱这一点是共同的。如果体育教师忽视这一点,学生就会以独特的方式表明自己的存在,以引起体育教师对自己的注意。在失去爱的环境中生活的学生,其发展往往是不全面的,甚至是畸形的。这说明,体育教师的爱对于每个学生的成长都十分重要,体育教师不应该让任何学生感到失望,要把爱的阳光和雨露洒向全体学生,滋润每个学生的心田。因此,为了学生的未来,体育教师应当像马卡连柯说的那样:"教师的心应该充满着对每一个他要与之打交道的具体的孩子的爱,尽管这个孩子的品质已非常败坏,尽管他可能会给教师带来很

[①] 孙孔懿. 苏霍姆林斯基评传[M]. 北京:人民教育出版社,2017.
[②] 贾培基. 陶行知[M]. 2版. 重庆:重庆出版社,2015.

多不愉快的事情。"[①]

（2）体育教师要善于自制，保持爱的稳定性。体育教师作为一个普通人，也会有自己的喜怒哀乐。但是，一名对学生有深厚感情的体育教师，应当努力学会控制自己，不让自己不愉快的情绪在学生面前表露出来，始终保持对学生爱的稳定性。即使在学生对自己不够尊重，甚至冒犯自己的情况下，也应当尽量做到让感情服从理智，以宽广的胸怀容纳学生的过错，不但让学生更深刻地感受到体育教师的爱，而且让他们从中受到实际的教育。赞可夫曾经讲过："教师的这门职业要求于一个人的东西很多，其中一条就是要求自制。"[②]体育教师只有这样要求自己，才能使学生时时感受到师爱的存在，从而既不损害自身的形象，又有利于摆脱教育过程中的困境，保持良好的师生关系，并通过自己的实际行动对学生进行一种特殊方式的教育。

4. 严格要求

青少年的成长需要教师倾注全部的爱，但是如果体育教师不懂得这种爱与其他人际关系的区别，不懂得爱的目的在于教育，爱的内涵包括教育，就会导致爱的片面性。必须指出，体育教师对学生正确的爱，应该是爱与严的有机结合，应该是在师爱的基础上时时处处注意严格而耐心地教育学生。如果体育教师违背这条原则，就不会有学生的成熟和进步、提高和发展，就达不到育人的目的。体育教师在处理师生关系的过程中，对这一点也需要特别加以注意。体育教师要严格要求学生，以理服人，如果没有要求，就谈不上教育，教育要通过要求来体现。因此，体育教师对学生一定要敢于和善于提出科学的、严格的要求。这里的关键是要让学生理解这些要求，愿意执行这些要求，能够把这些外在的要求转化为内在的需要和实际的行动。为了实现这一目的，体育教师就要努力做到，所提要求合理，落实要求有方，坚持要求有恒。所谓合理，是指体育教师对学生提出的要求，要符合党的教育方针，符合学生的实际，有利于学生的身心发展、学习进步和良好行为习惯的培养，并且是学生经过努力可以达到的。所谓有方，是指体育教师要善于运用各种科学、有效的方法，使学生能够心悦诚服地接受要求，并自觉地切实执行。所谓有恒，是指体育教师的要求一经提出，应当有落实、有检查、有相对的稳定性，而不是朝令夕改或虎头蛇尾。只有做到这三条，严格要求才是

---

① 尤•鲁金. 马卡连柯[M]. 单锦蓉, 译. 上海：上海文艺出版社, 1962.
② 湖北省教育学院教育教研组. 赞可夫的教学论思想[M]. 武汉：湖北省教育学院, 1980.

科学的、以理服人的,才能真正有利于学生的成长。

5. 教学相长

在教育实践中,学生在某个方面超过体育教师的情况是大量存在的。正因为如此,韩愈在《师说》中指出:"弟子不必不如师,师不必贤于弟子。"一方面,一名具有辩证思维的体育教师,必须敢于正视这一点,必须善于从学生身上汲取各种营养,不断地充实和丰富自己。另一方面,体育教师应当认识到,对不同类型的学生进行教育的过程,实际上也是一个推动自己探索教育规律、总结教育经验、提高教育水平的过程。这两个方面都充分体现着中国古代教育家所提倡的教学相长。主动自觉地做到教学相长,也是对体育教师在处理师生关系过程中提出的道德要求之一。体育教师要善于发现学生的长处,虚心向他们学习。在现实生活中,很多人都各有所长,中学生也是如此。他们在与体育教师的交往中,有时会以各种方式表现出自己的优点和长处,可以启迪体育教师,供体育教师学习或借鉴。因此,体育教师在教育和教学过程中,就要时时做一个有心人,注意发现学生身上那些有价值的东西,虚心向他们学习。体育教师应该为学生能够发挥自己的聪明才智,自己能从学生身上吸收某些有益的东西,感到由衷的高兴,并逐步养成随时注意向学生学习的习惯。体育教师要鼓励学生参与教育过程,吸收他们的正确意见。教育过程是一种双边活动,体育教师有责任去调动学生的积极性和主动性。学生对各种教育和教学活动提出的意见与建议,可以给体育教师带来某些启示,引起体育教师的思考,从而使体育教师的工作更适合学生的特点,取得更好的效果。从这个意义上说,体育教师应当想方设法鼓励学生参与到教育和教学过程中。在这方面,许多优秀体育教师采取的有效措施是值得肯定的,既能使体育教师及时地了解学生,充分地吸收他们的聪明才智,又能发扬学生的主人翁精神,培养学生的民主参与意识,因而是促进教学相长的好途径。总之,为了国家的未来,为了民族的兴旺,人民体育教师要把自己的一颗爱心奉献给学生,并以诲人不倦的精神努力培育英才。

二、体育教师在其他人际关系中的道德规范

体育教师在扮演自己的社会角色过程中,除了与其教育对象——学生具备关系连接,还要同其他体育教师、学校领导及学生家长、社会各界人士等交流沟通。这些都是体育教师在履行自己的职责时必须认真处理的人际交往关系。如果这些

关系处理不好,就会直接影响体育教师对学生的教育工作,甚至导致教育活动的失败。因此,为了处理好其他人际关系,体育教师还要正确认知和遵守这方面的道德规范。

(一)体育教师与教师关系中的道德规范要求

1. 体育教师与教师关系中的道德规范要求的意义

(1)教师之间的团结合作是教育目的统一性的要求。现代教育是一种群体协调性很强的职业劳动,它需要教师与教师间的坦诚合作,教育乃是一门团结协作的艺术[①]。教师的团结协作直接促进学校教育影响的和谐一致,为学生的成长提供良好的学校精神氛围。不仅如此,教师的团结协作可以促进教师教育智慧的整体发展,为教师专业发展提供最切近的保障。教师应该树立正确的目标,教师的职业赋予教师的使命是为社会培养人才。作为一名体育教师,不能建立狭隘的意识形态,应该比常人更加无私、富有包容心。在工作中难免要与其他教师存在经济利益分配、科研成果的分配及教学和科研上的合作,思想狭隘的人是不能融入团队的,因此,要淡泊名利,时刻牢记作为教师的历史使命,思想意识不能被利益束缚。教师之间的团结协作可以创造出和谐的学校教育氛围,同时也会给教师职业生活的幸福奠定良好的情感与精神基础。理解团结协作对于教师职业人生的意义,掌握团结协作的艺术,把自己积极融入学校集体生活中,促进学校作为一种精神共同体的建设,使学校成为教师职业人生和谐的精神家园,这是师德修养的重要内容。

(2)教师之间的团结合作是教育发展规律的要求。在我国古代,由于生产力和科学都不发达,教师的劳动许多是以个体的形式出现的。例如,我国古代教育家孔子,自办私塾,传道授业,是以收徒讲学、师传徒学的方式进行教学的。所谓"弟子三千,贤人七十二",这些人都是孔子的学生,孔子教育教学活动的个体性十分明显。孔子给弟子讲学,弟子发问,孔子按个人的特点给予解答。这种教学方式突出了教师单向式的传授和解答,并且以教师为主体,师徒关系单一明确。在现代社会,由于社会的发展和时代对人才的全面要求,培养人这一伟大而艰巨的教育工程不再是哪一位教师所能单独完成的,即使他博学多才也不可能,而是需要依靠教师群体的劳动。从一个人的成长和社会化来讲,在他一生的学习过程

---

① 耿书丽. 班主任道德素养修炼策略[M]. 长春:东北师范大学出版社,2010.

中，要学习许多基础知识和专业知识，这些知识的传授要由许多教师来完成。现代社会的知识融合、学科的交叉和教育的多种功能及复合型的学生的培养，都说明教师个体的力量再大，也不能代替教师群体的劳动，只有教师集体的合力才能办好一所学校，管好一个班级，培养好一个人，否则便不能奏效，这是现代教育规律的内在要求。现代教育特别需要教师具有群体意识，发扬协作精神。

（3）教师之间的团结合作是实现教育目标的保证。社会主义国家的教育目标是认真贯彻党的教育方针，使受教育者在德育、智育、体育等方面都得到发展，成为有社会主义觉悟、有文化的劳动者和"四有"教师的接班人。为了达到这个目标，学校不仅要有文化课、专业课的教师来承担授课任务，还要有德育教师、体育教师、美术教师等来承担授课任务。在各科授课教师制订的具体教育计划中都有其他教师（过去的或现在的）的创造性劳动。要使教育目标顺利实现，广大教师必须携手并肩，团结合作，心往一处用，劲往一处使，促使学生朝着全面发展的目标前进，最终成为社会主义事业的建设者和接班人。

（4）教师之间的团结合作是教师完善自我、提高综合素质的最佳途径。即使一个人再完美也需要不断地充实自己，何况是作为一名教师，要给人以知识，给人以智慧，给人以做人之道，提高自己、完善自己是社会对教师的特殊道德要求。因为学高为师，德高为范，教师只有在方方面面都高于他人，才能不愧为教师的崇高称号。然而，教师自身素质和能力水平的提高仅靠自己的勤奋和自律是不行的，只有在教师的集体中，通过发现其他教师的优点、经验，才能认识到自己的不足和缺陷。在集体中，在与其他教师的合作中，教师才能更清楚地了解自己、认识自己，显示出自己的价值，从而提高自己、完善自己，这样才能及时调节自己，从而适应工作，胜任教师这一职业。

2. 体育教师与教师关系中的道德规范要求的内容

（1）克服各种错误倾向。历史的、现实的、社会的等各方面的原因，致使教师集体中不团结、闹矛盾的事情时有发生。这些不良现象主要表现为：有些教师过高地评价自己的贡献，忽视或否定其他教师的作用，对其他教师的工作采取不关心、不过问、不主动配合的态度；一些教师在教育思想、教育方法、教育内容等方面存在某些认识上的分歧，导致工作中的不协调。"同行是冤家""文人相轻"等不良的职业心理，导致互相拆台、互相贬低，造成一部分教师间对立、不团结。由于不能正确地对待竞争，一部分教师对超过自己和比自己强的人嫉妒、排挤甚至打击迫害、进行人身攻击，严重地破坏了教师之间的合作关系[①]。教师之间的不和、矛盾不仅仅是教师个人的事，更直接影响了整个学校的教学活动，损害了教师形象，干扰了教学秩序，使人才培养工作遭受很大损失。为了使教师的不团结、不协作等不正常现象少发生或不发生，希望广大教师严格履行教师职业道德，认真和正确处理教师间的道德关系。要继承、倡导、培养良好的校风。良好的校风是一个学校长期形成的风气、传统和习惯等。它体现在学校师生、员工的言行和人际关系中。良好的校风是对学校优良传统的继承和发扬，是对全校人员现实精神面貌的反映，是学校群体形象的体现。良好的校风，应该被不断地丰富和发展，增添新的内容。广大教师要继承传统，培养新风，使良好的校风成为激发全校师生奋发向上、不断开拓前进的力量。

（2）建立新型的协作关系。一名教师能否处理好与同事之间的关系，是衡量其素质和道德修养水平的标志之一。多年来，在我国的某些领域只讲合作，不讲竞争，似乎一讲竞争就是互相排挤、拆台，这是一种落后和愚昧。社会发展到今天，不仅其他商业领域需要竞争，教育领域也同样需要竞争。教师要转变陈旧的观念，建立社会主义新型竞争意识。如今我们讲的竞争，是不依赖集体和国家，不依赖任何其他条件，而是使人的个性和积极性、创造性得到表现和发挥的竞争。没有竞争就如同一潭死水，没有生机，没有活力，也没有速度和效益。当今时代讲求协作，不会协作就干不成事。竞争与协作并不矛盾，关键在于我们如何认识和理解。现代教育需要竞争和协作，教师要尽快适应这一新的要求，在工作中既要有开拓精神、不甘落后的气概，又要善于与同事合作，这是交往的艺术，也是做人的艺术。教师要认真研究，否则将不能适应时代的要求，也不能成为一名合格的现代教育工作者，更不能培养和造就出现代社会所需要的新型人才。

（3）教师间要互相尊重、互相支持。教师间要互相帮助，取人之长，补己之短。同一学科的教师一般毕业于不同学校，教学时间长短不一，教学方法各有所长，但每名教师都各有自己的特点和长处。俗话说："尺有所短，寸有所长。"因此，教师间需要互相学习。不同学科的教师，特别是同一班级的不同学科的教师，要互相尊重、互相配合。在学校中，各种学科都是素质教育、培养全面发展人才所必需的，它们之间是相互联系、相互促进的。因此，每名教师都不应该过分强调本学科的重要性，贬低其他学科的重要性。有的教师大量布置本学科的作业，

---

① 张文辉.《普通高等学校辅导员队伍建设规定》贯彻实施与辅导员职能、培训、聘任及考核测评手册：上[M]. 北京：中国高等教育出版社，2006.

以使学生重视本学科的学习，结果占用其他学科的学习时间，给其他学科教师的教学造成了困难，同时学生因负担过重而影响身体健康，这是违背教师职业道德要求的。正确的做法应该是努力维护其他教师的威信，在减轻学生负担的情况下，提高本学科的教学质量。新老教师之间要互相尊重、互相学习。一般来说，老教师的教学、教育经验比较多，知识比较丰富。年轻教师思想敏锐，朝气蓬勃，富有创新精神，但缺乏教学经验。因此，年轻教师应该主动地、虚心地向老教师请教，使自己不断成熟起来。老教师也应该满腔热忱地爱护和关心年轻教师的成长，注意学习他们的求知创新精神。此外，优秀教师与其他教师之间、教师与后勤人员之间，同样需要互相尊重、互相支持。总之，学校教职员工之间互相尊重、互相学习、团结协作，是办好学校的基本保证。

（二）体育教师与学校领导关系中的道德规范要求

学校领导和体育教师都是教育工作者。从人格和地位上看，二者是平等的，没有本质上的不同。但是，由于社会分工和职责的不同，二者又构成了矛盾的双方，存在着领导和被领导的关系。这种关系是学校中的一种重要关系，对学校教育教学活动的进行有很大影响，需要正确看待，慎重处理。对于体育教师来说，在处理这种关系时需要遵守的道德要求主要有两个方面。一是尊重领导、服从安排，忠于职守。只要领导者从体育教育事业出发做的决定和安排，体育教师就应该接受，并认真履行职责，完成任务。对领导者是否尊重，也是一名体育教师道德修养水平的反映和标志。二是以校为家，增强责任意识。领导是学校的负责人，理应以校为家，承担学校的责任。体育教师要认识到自己和领导一样，也是学校的主人，应该具有主人的责任意识。体育教师既要对自己承担的本职工作负责，也要对学校的工作负责，要主动参与学校的建设和发展，有合理化建议要及时提出，为学校发展尽到自己的一份责任。在处理体育教师与领导的关系时，领导也必须遵守自己的道德规范。学校领导要认识到自己和体育教师的关系是一种平等关系，不能居高临下，颐指气使，盛气凌人，而应该和体育教师平等友好相处，要体会体育教师工作的辛苦，关心体育教师的生活，帮助体育教师解决生活、工作等方面的困难。同时，学校领导还要以身作则，率先垂范，树立良好的教育领导者的形象。

1. 对学校领导干部的道德规范要求

（1）要更新观念，重新认识领导干部与教师的新型平等关系。

（2）要深入基层，到教学第一线了解教师教的情况、学生学的情况。当代教育领导干部一方面要从宏观上把握社会对人才需求的总趋势；另一方面要经常与学生对话，了解学生的心态和成长状况，及时制订和调整培养计划，保证学校人才培养的质量。

（3）要关心教师的工作、生活和学习，充分发挥他们在培养人才和学校发展中的作用。学校的根本任务是育人，而育人任务的完成主要靠教师。学校领导干部要从思想上、工作上、生活上全面关心教师，为他们多创造条件，多提供机会，提高待遇，让他们做学校的主人。

（4）要率先垂范，以身作则，为全校师生树立良好的教育领导者形象。现代学校领导干部要成为教育专家，首先要研究教学业务。在其他方面要求教师做到的，自己要首先做到，要身体力行。对教师和学生深恶痛绝的不正之风要坚决抵制。领导干部在学校不仅要成为教师、学生生活上的导师，还要成为他们道德上的引路人。事事要做表率，这样教师才心服口服，才有干劲。

（5）要克服独断专行、唯我最高的长官意志，充分发扬民主。在事关学校发展和生存的大事上，要尊重教师的意见，要放下架子虚心听取，集思广益，这样才能办好学校，领导干部的威望才会提高。

2. 对教师的道德要求

（1）要尊重领导，服从领导，忠于职守。作为教师就应认真服从学校领导者关于任职、任课的正确安排，正确对待各种监督和检查及考评。对领导者的尊重与否、对工作的热爱与否直接反映出教师的素质和道德水平。

（2）要为学校的发展出力献策。教师是学校的主人，应承担起主人的责任，对工作要极端负责，不能马虎大意。领导要对上级负责，教师要对领导负责。

（3）要主动参与学校的建设和发展。如果教师有合理化的建议要及时提出，要把教育事业当成自己的生命，并心甘情愿为其奋斗终身。

（三）体育教师与学生家长关系中的道德规范要求

学生是教师的工作对象，学生背后也离不开家长，家长作为"家庭教师"时刻对子女产生教育和影响作用。教师因学生而与学生家长就会发生间接或直接的关系。这种关系一般不会有太多的问题和矛盾，但有时因出发点不同，在培养目标上的认识不同，对学生的情感不同及教育方法不同都会造成一些分歧甚至矛盾。在教育方法上，许多教师喜欢采用疏导法、情感教育法，而某些家长却时常训斥或责骂学生。在现实生活中，教师与家长常常发生一些矛盾，处理好这种关系，不仅对教师的教学活动有积极作用，对学生的身心健康和发展也十分有利。因此，作为教师要主动与家长取得联系，及时报告和沟通学生的情况，对学生与家长提出统一的要求。家庭教育是学校教育的基础和补充，教师要重视并有义务向家长传播教育科学知识，促进家庭教育的科学化，使家长在正确教育思想指导下，以恰当的教育方式配合学校做好学生的培养教育工作。教师在与学生家长接触中要文明礼貌，不要趾高气扬、盛气凌人，要尊重学生家长，听取其意见，否则会降低教师在学生家长心目中和社会人群中的威望，还可能会使学生不尊敬教师，给教育教学工作带来障碍，影响教育活动的顺利进行。

体育教师与学生家长的关系虽然是一种间接的关系，但其重要性是不言而喻的。处理好这种关系，对营造良好的教育学生、培养人才的环境具有重要作用。

（四）体育教师与社会交往中的道德规范要求

现代社会是信息社会，是交往社会。教师与社会的交往会随着社会的发展而增多。作为一名教育工作者，体育教师只有在与社会各方面的交往中，认识到自己的价值，了解自己的知识水平和教育方法，才能不断地调整自己，充实自己，提高自己，从而才能更好地完成党和国家及人民赋予的崇高而伟大的历史使命——为社会输送有用人才。因此，从教育发展的规律和教育的功能来看，体育教师与社会交往必然要联系起来。体育教师自身的生活和工作需要也客观地要求教师要与各行各业进行交往。教师作为知识的传播者、文明的推动人，不仅在培养年轻一代上发挥着作用，在社会生活的其他方面也发挥着重要作用。体育教师在与学校以外的各种人员交往中要遵循以下道德要求。

（1）文明礼貌，自觉遵守社会公德。教师是教育人的人，首先必须是文明人。在社会交往中，要处处为人师表，自觉遵守社会公德，遵纪守法，为他人树立良好的道德形象，做出道德表率。这不仅对在全社会树立教师威信，进而在全社会形成"尊师重教，教师光荣"的风气有重要意义，而且对推动社会道德风尚和精神文明建设具有十分重要的意义。

（2）校内校外平易近人，以高尚情操影响和净化社会。教师在与社会交往中，要以亲切和蔼的态度平等地对待每个人，尊重每个人，这是教师知识水平高、修养深的一种具体表现。在社会公共场所，如果遇有不良现象，教师要首先走上前去制止，而且方法要讲究，说话要以理服人，行为要有示范作用，要让所有人都能从教师身上看到真善美，看到社会的文明和人类的进步。教师的高尚情操是一面旗帜，会引导全社会的人从善除恶，使更多的人进一步约束自己、调整自己，把社会公德和各种行为规范内化为自己的道德情感，去自觉地做一个有修养有素质的公民。

（3）在校内甘为人梯，在校外要以为他人服务为乐事、为己任。随着社会的进步和发展，"科教兴国"的思想必将在全社会达成共识。人们对教师在人类进步中所起的作用的认识会越来越深刻，那么就会需要知识，也就意味着需要教师。教师要对社会的需要尽心竭力，有求必应，主动热情地提供服务，绝不能用知识私有主义态度，端着知识分子的架子不愿从事服务工作，不能只讲经济效益，不讲社会效益，不能做金钱的崇拜者，不能受西方人生哲学的影响，只讲索取，不讲奉献。教师的伟大和崇高就在于他能够守住一份清贫而拥有一个富足的精神世界，这才能为人师。

（4）谦虚勤奋，以人为师。教师要胜任教书育人和为人类社会造福这一神圣的使命，必须建立起动态的知识库和科学的知识结构，随时补充、更新，调整自己的知识体系，使自己的思想、观念和知识跟上科学发展的需要。要做到这一点，教师一方面要向书本学习，博览群书，"上知天文，下知地理，中知人事"；另一方面要向社会学习，社会是一部百科全书，教师不仅要学，还要在学习中思考、感悟，只有教师深刻学习，才能培养出真正的哲学家、科学家。教师不能自我满足、自以为是，否则会妨碍交往的正常进行，也有损于教师的影响和成长。

（5）树立崇高的职业理想和道德理想。教师的素质和水平决定着每一代人的素质和水平。教师的作用和影响不是眼前的，也不是暂时的，而是深刻而持久的、深远而巨大的。因此，教师要树立崇高的职业理想和道德理想。崇高的职业理想就是要把教师这一职业在改革和不断完善中推向更高的层次，脱离那些低级趣味和不美好的现象，让教师职业真正成为太阳底下最伟大、最辉煌的事业，指引人类走向光明。崇高的道德理想是指教师要追求最高的道德境界，为了去塑造和改造年轻一代的灵魂，自己要修身养性，减少各种欲望，心中装满知识和哲理，然后去教导学生、教导社会、教导人生。没有理想，教师就不会进步，教师不进步、追求不高，人类的发展就会减慢，全人类素质的提高也就会受到影响。因此，教师要认识自己，改造自己，锤炼自己，以不负人类之重托和重望。

第三节 体育教师个人言行举止中的道德规范

体育教师的言行举止是指体育教师在职业活动中，为了完成教育任务，达到教育目的，按照一定的社会规范和生活准则而表现出来的行为方式的总和。它具体包括语言、仪表、风度等内容。

一、体育教师的语言要求

教学过程是信息传递的过程，而信息传递的主要载体就是体育教师的语言。体育教师语言表达的质量如何，直接关系到教学效果的好坏，关系到学生语言、情感和思维的发展。苏霍姆林斯基指出，美好的语言是塑造青少年心灵的最巧妙的手段。没有高超的语言素质，就培养不出青少年内心的细腻感情和崇高的道德情感[1]。体育教师的语言是任何东西都不可取代的塑造学生心灵的一种手段。教育的艺术首先应当包括说话的艺术。因此，体育教师必须注重语言在教育学生过程中的作用，加强语言的艺术修养。体育教师的语言要求主要包括以下几个方面。

1. 语言要规范

语言规范主要表现在两个方面：一是体育教师要使用普通话进行教学，即在使用汉语的地区和学校，体育教师要用汉语普通话教学；在部分少数民族地区和学校，体育教师要用规范的少数民族语言教学。我国幅员辽阔，人口众多，不同的地区、不同的民族在长期历史发展过程中形成了不同的语言风格，产生了许多方言土语。由于受本民族、本地区方言土语的影响，许多体育教师在教学时经常出现使用方言土语的现象，严重地影响了教学效果，不利于知识的传授和学生的成长。这种现象必须努力加以克服。二是体育教师在讲授专业课时要使用专业术语，不能用白话或各种代词代替专业术语，以免产生歧义，对学生学习构成障碍。

---

[1] 孙孔懿. 苏霍姆林斯基评传[M]. 北京：人民教育出版社，2017.

2. 语言要准确

在教育和教学活动中，体育教师使用的语言必须准确无误，即能够把教学内容的概念、规则、原理等用语言表述清楚，能够清晰地传递自己的思想情感、愿望等教育要求，不能模棱两可。体育课大多在室外上，由于空间比较大，教师的口令要刚健洪亮、疏密相间、弛张适宜、力度浑然。这样才能引起学生的有意注意，起到迅速指挥调度队伍和组织教学的作用。

3. 语言要生动

体育教师的语言不仅要规范、准确，还要力求生动形象。这是对体育教师语言的较高要求。只有运用规范、准确而又生动形象的语言，才能富有感染力，才能更好地完成教育教学任务。体育教师要做到语言生动形象、灵活，运用妙趣横生的语言将学生的注意力转移到体育课堂上来，激发学生的学习动机，使学生产生"我愿意学、我想学"的想法，创设出宽松、和谐、平等、充满活力的教学氛围。

4. 语言要幽默

体育教师在给学生上课时如果谈吐自如，语言幽默风趣，富有感染力，学生就会被教师不同寻常的语言技巧感染，自然会对这名教师产生敬佩之情，也就顺理成章地爱上了这一学科。试想，如果教师整天面部严肃，常用命令的口气向学生布置任务，常用强制手段督促学生学习，即使这名教师满腹经纶，学生也很难接受，久而久之学生就会有抵触情绪。在体育教学中，在语言表达上，体育教师一方面要注意语言的规范性、科学性；另一方面要注意趣味性、灵活性的运用，把握好运用幽默的时机。

总之，体育课的教学语言是一门艺术。语言艺术是一个长期的学习和积累的过程。作为当代体育教师，更要注意语言的艺术性、灵活性和技巧性，通过语言艺术让学生喜欢学、善于学、学得好，使体育课变得更富生气、更具艺术魅力，使教学效果更上一层楼。

二、体育教师的仪表要求

体育教师的仪表是指体育教师的外表，包括容貌、举止、服饰等。体育教师的仪表是体育教师整体素质的一部分。它直接反映了体育教师的道德面貌和审美情趣,对学生具有重要的道德意义和审美价值影响。体育教师的仪表美是学生直接感受到的一种形象美,能长久地留在学生的心中。体育教师要重视自己的仪表风度、衣着服饰、动作示范,以形成形象吸引力。例如,体育教师服饰的庄重、大方、整洁,能给学生高雅端庄之感,并给学生以美的感受,激发学生学习的积极性,从而不断提高教学的质量。因此,每名体育教师都不能忽视仪表在教育学生中的作用,要努力使自己的仪表适应职业的需要。

1. 体育教师的仪容要求

仪容主要就外貌而言。体育教师的仪容要求是朝气蓬勃、容光焕发、情绪饱满、成熟向上,而不能萎靡不振、愁眉苦脸、浓妆艳抹或蓬头垢面。例如,有的男体育教师发型奇异,有的女体育教师脸上脂粉浓厚、口红鲜艳等,这都与体育教师的身份不相称。体育教师在工作岗位上一定要注意自己的视觉形象塑造,要尽量给人留下比较完美的视觉形象。

2. 体育教师的服饰要求

由于体育教师职业的特殊性,端庄、文雅、整洁、大方,充满朝气,应是体育教师的服饰的总体格调。体育教师的服饰可以看作体育教师教学活动的第二语言,具有辅助教学的作用。现代心理学研究表明,一个人的服装款式及色彩能对周围人产生影响。鲜艳明丽的服装,使人感到活泼、可亲;质朴大方的衣着,让人产生庄重、严肃的情感。1956年,郭沫若同志为北京服装展览会题词,其中指出衣裳是文化的象征,衣裳是思想的形象。服饰以无声的语言表达人们的爱好、情趣、美感、追求。要使体育教师达到心灵与仪表的完美统一,就应该提倡服饰美。

人的职业不同,年龄不同,衣着打扮的差异很大。体育教师的服饰要与体育教师的身份、职业、年龄相适应。一般来说,体育教师的服饰应朴实大方、整洁高雅、和谐得体。这不是说体育教师的衣着打扮要色彩单调、形式单一,越素越好。体育教师要追求服饰颜色适宜的美,款式美与心灵美的协调统一;符合体育教师职业和年龄特点,不拘一格,富于个性,又不猎奇,不过于追求时髦和豪华。当然,体育教师的服装款式不要过于陈旧,否则会显得非常不合时宜。作为一名体育教师,大多时间要在户外进行实践课,为了工作方便,教师一般穿着轻便的运动服和运动鞋,即使条件允许,所穿服装也要以轻便、舒适、整洁为宜,西装革履或者牛仔裤之类的服装是绝对禁止的。体育课规定学生的衣着，教师却在违规，时而久之，对学生会有负面影响，体育教师的威信、地位会在学生的心目中逐渐淡化，甚至影响到正常的体育教学。运动的性质也决定了运动服在运动中的便利性，应预防课堂教学中由着装问题引起的安全事故。

3. 体育教师的举止要求

体育教师是教育学生的人，是学生行为的表率[①]。因此，体育教师的行为举止一定要符合自己的身份，具体来说，就是要礼貌、文雅、端庄、正派、适度、大方、得体、优美，并且要让自己的道德文化修养通过行为举止很好地体现出来。例如，走路时要挺胸抬头，步履稳健；授课时要仪态大方，动作文雅；和学生交往时要热情而有分寸，亲切而讲究礼节；在公共场所时要遵守社会公德，不随地吐痰，不乱扔纸屑、烟蒂等。这些都是体育教师职业道德对体育教师举止的基本要求。体育教师举止、姿态是教师个体在生活和教学空间活动、变化的样式，其基本要求就是稳重。稳重就是举止得体，庄重潇洒，落落大方，坐有坐姿，站有站样，体态活泼而不失端庄。英国哲学家培根说过："相貌的美高于色泽的美，而秀雅合适的动作美又高于相貌的美，这是美的精华。"体育教师履行的是育人的工作，要善于控制自己的情绪，切不可装腔作势、大发威严，无论在任何情况和场合下，都应沉着、冷静、谨慎，有条不紊，从容不迫。

三、体育教师的风度要求

风度是以人的全部生活姿态所提供给他人的一种综合形象。风采、风姿、风格、风韵等都是风度的具体体现。风度依赖人的言谈、举止、仪容、服饰形成和表现，因此，人们经常把仪表和风度结合在一起来谈论。但实际上，风度不仅仅是一种外在表现，它有其特定的精神内涵。从体育教师职业道德的角度来看，体育教师的风度要求主要表现在以下几个方面。

1. 沉着稳重

体育教师和部队的指挥员一样，必须给学生一种沉着稳重的感觉，使学生感到体育教师是一位成熟、练达，可以信赖的师长。为此，体育教师在教育教学过程中，无论在任何时候，遇到任何情况，都要表现出博大高深的知识涵养，沉着

[①] 刘昌明. 远程教育纵横谈[M]. 成都：电子科技大学出版社，2008.

冷静的性格气质,成熟稳定的思想情绪,进取自强的人生态度,勇谋兼备的才干本领。体育教师既不能由于自己情绪不好就乱发脾气、横眉立目,也不能因为自己心情愉快就手舞足蹈、举止轻浮,而应该始终保持一种镇定自若的良好形象。

2. 和蔼可亲

要求体育教师要沉着稳重,并不是说要求体育教师喜怒不形于色、麻木不仁、冷若冰霜,拒人于千里之外,而是说体育教师在保持沉着稳重的风度的同时,还要令学生感到和蔼可亲。学生和体育教师在一起不仅不感到畏惧和拘束,还感到如沐春风、如处温室。这样的体育教师才是真正具有职业道德修养的体育教师,才能真正使学生亲其师而信其道。为此,当体育教师进行教育教学活动时,一定要表现出师长般的爱抚和关切,目光要充满热情和希望,面孔要慈祥,态度要诚恳,表情要温和,情绪要稳定,给学生一种和蔼可亲的感觉。

3. 学识渊博

体育教师风度的精神内涵中最根本的是渊博的学识。没有渊博的学识为基础和底蕴,体育教师的风度就会荡然无存。体育教师要向学生传授体育知识,如果自己知识浅薄、学识很少,一问三不知,教学中谬误百出,即使仪容端庄、服饰得体,也谈不上有风度。因此,体育教师必须具有丰富而渊博的学识,具有合理的知识结构。体育教师的知识结构包括三个方面:一是广泛深厚的文化科学基础知识;二是扎实系统精深的专业知识;三是全面准确的教育科学和心理科学知识。只有具备上述三个方面的知识,而且能够把这些知识融会贯通,有机地结合在一起,应用到教育教学中,这样的体育教师才称得上是学识渊博的体育教师,才称得上是有风度的体育教师。

4. 性格活泼

体育教师的气质非常重要。一般来说,体育教师要精力充沛、意志顽强,生动活泼,反应迅速灵活,情绪兴奋,外倾性明显,但切不可轻浮,应培养自己沉着、安静等内倾性特点。体育教师只有积极、活泼、有朝气、稳重、沉着刚毅,才能在充满朝气的愉快的环境中和学生相处,才能成功地完成教学和教育工作。活泼开朗而不轻浮,轻松愉快而不懒散,不是人生来就有的,也不是在某种场合硬装出来的,而是在日常生活和工作中逐渐培养起来的,也是性情气质的自然流露和表现。

第四章　体育教师职业道德规范的内化

体育教师职业道德规范提出的是体育教师在职业活动中应该遵守的道德要求。体育教师仅仅掌握这些道德要求是不够的，因为道德认识和道德行为并不是等同的。掌握道德规范并不等于能够把道德规范付诸实施。要使这些道德规范变为体育教师的道德品质和行为，还必须通过内化过程。因此，本章将对道德规范的内化问题进行概括的阐述。

第一节　体育教师职业道德规范内化的意义

一、体育教师职业道德由他律走向自律的需要

道德他律是指在道德上依赖外在的力量约束自己，个体履行道德规范、做出道德行为是非自觉的或被迫的；道德自律是指在道德上个体自己约束自己，自觉地践行道德规范的要求。这是两种完全不同的道德境界和道德状态。道德教育的目的就是使个体的道德由他律达到自律，把外在的道德规定变为自觉的道德行为。体育教师的职业道德特点尤其需要体育教师自律的道德行为，因为体育教师的职业是培养人的，这种职业劳动虽然有统一的教育信念和教育价值目标，需要集体合作，但劳动的方式基本属于个体劳动。在整个教育教学过程中，体育教师备课、讲课、写教案、批作业，自我辅导，其态度、方式、方法的选择总是自主的，是一个自我控制系统，是由体育教师凭借自己的职业道德修养水平和良心来调节的。因此，道德修养中的慎独境界，对体育教师来说就显得非常必要和可贵。如果体育教师能够在无人在场、无人过问、无人监督、无人评价的情况下，仍然自觉按照职业道德的要求严格约束自己、检查自己，就意味着体育教师的道德修养达到了慎独境界，达到了自律的程度。由此可见，体育教师职业的特点决定了其道德自律的重要性，体育教师职业道德的内化，就是由他律向自律转化的过程。只有完成这一内化过程，体育教师的职业道德才能成为体育教师个体道德。

二、体育教师道德人格完善的需要

人格是人与其他动物相区别的内在规定性,是个人做人的尊严、价值和品质的总和。道德人格是个体人格的道德性规定,是个人的脾气习性与参与道德实践活动所形成的道德品质和情操的统一。道德人格有高尚的、良好的、平庸的、卑劣的等高低不同的层次。体育教师作为人类灵魂的工程师,应该具有高尚、良好的道德人格,这是培养学生良好道德人格的必要前提条件之一。一个道德人格卑劣的体育教师难以培养出人格高尚的学生。只有体育教师的人格高尚,才有学生的高尚人格,这是不言自明的道理。教育实践表明,体育教师的人格对学生的影响作用是非常大、非常深远的。体育教师的人格是照亮青少年学生心灵最灿烂的阳光。体育教师的世界观、人生观、道德品质,以至一言一行、一举一动都会在学生心灵中留下深刻的印象,起着潜移默化的影响作用。正如加里宁所说,教育者影响受教育者的不仅是所教的某些知识,还有他的行为、生活方式及对日常生活的态度[①]。体育教师不仅要用自己的学识教人,还要用自己的品格影响学生;不仅要用语言去传授知识,还要用自己的灵魂去感化学生和塑造学生的心灵。因此,体育教师必须认识到自己的人格在教育学生中的作用。道德内化是体育教师造就自己高尚人格的必要途径。有的体育教师在工作实践中,能够遵守职业纪律,按时完成自己的本职任务,但动机只是避免领导批评,或者获得奖金。这样的体育教师不会具有持久的工作动力,一旦没有外在的约束和激励,就可能放弃努力。因为他的职业道德还是他律的道德,他对道德规范的遵守是靠外在条件的约束,而不是自觉自愿的行为。因此,要使体育教师的职业道德由他律转向自律,形成高尚的道德人格,就必须把体育教师职业道德规范内化为体育教师的自我认同、自我需要。

三、实现体育教师现代化的需要

教育面向现代化是时代发展的必然要求。教育面向现代化,要求体育教师必须实现现代化。因为体育教师是教育现代化的主体,没有体育教师的现代化,教育的现代化就无从谈起。体育教师的现代化是指体育教师的心理素质、精神面貌及行为特征具备现代社会和教育发展所要求的品质。在职业道德方面,就是指体

---

① 加里宁. 正确地教育培养青年一代[M]. 北京:中国青年出版社,1953.

育教师具有与现代文明和教育相应的道德思想观念及价值取向。改革开放以来，我国社会的政治、经济、文化等各方面都发生了巨大变化，特别是年轻一代的思想观念更是与时俱进。他们注重现实，视野开阔，思想活跃，追求新异，不拘一格，价值取向多元化。在这种情况下，体育教师如果不更新观念，积极参与现代社会实践，塑造适合现代化教育的人格，就很难完成教书育人的任务。因此，体育教师要实现现代化，成为合格的教育工作者，就要通过内化的途径，将现代人所具有的心理素质、思想观念、行为方式和价值标准转化为自身的品质。

第二节 体育教师职业道德规范内化的过程

一、提高体育教师的职业道德规范认识

体育教师的职业道德规范认识是指体育教师对教育劳动中客观存在的道德关系，以及处理这些关系的原则、规范的认识。它包括职业道德观念的形成、职业道德知识和概念的掌握、职业道德判断能力的提高和职业道德信念的形成等。体育教师职业道德规范内化的过程，首先是提高道德认识。它要求体育教师掌握职业道德的基本知识，领会职业道德的基本要求，从理论上明确是非、善恶、美丑的区别。职业道德规范认识过程和一般认识过程一样，也要经历从感性认识到理性认识，再从理性认识到实践的两个阶段。体育教师在职业道德感性经验的基础上，学习、理解职业道德概念，然后在职业道德实践中进一步把握道德关系和道德行为的本质，理解职业道德原则和规范，以指导自己的职业活动或者分析、看待社会道德现象。其次是培养道德评价能力。所谓道德评价就是运用已经掌握的道德标准对自己和他人的行为进行道德分析和判断，是道德认识的具体化过程。通过道德评价，可以使人们明辨是非，区分善恶，分清美丑，加深对道德理论的认识，形成正确的道德信念。提高道德认识是道德内化的必要前提。道德行为习惯只有奠定于道德认识的基础上，才具有稳定性和成熟性。因此，道德认识的提高是职业道德规范内化的一个必要过程。

二、培养体育教师的职业道德规范情感

职业道德规范情感是指体育教师在教育教学活动中，对于他人和自己的行为

第四章 体育教师职业道德规范的内化

举止是否符合职业道德要求所产生的内心体验。体育教师的职业道德规范情感是一个多层次、多侧面和表现水平不同的品德因素，它具体表现为以下三个方面。

（1）表现在热爱教育事业和学生方面。对教育事业和学生的爱是体育教师道德规范情感的核心。许多体育教师几十年如一日，辛勤耕耘在教育事业这块土地上，呕心沥血地培养学生，就是源于他们对教育事业的一片痴心，对学生的满腔热爱。如果体育教师对教育事业和学生没有这份痴心热爱，就难以产生崇高的职业道德规范情感。

（2）表现在体育教师的自尊心、责任感、荣誉感等方面。自尊心是由自我评价所引起的自尊、自重、自爱的情绪体验，是体育教师希望自身的角色价值得到社会认可和承认的需要。它是促使体育教师承担道德责任、完善自我人格的巨大动力。责任感是体育教师对社会、他人应承担的义务和应尽的职责的内心体验。责任感是一种高尚的职业情感，体育教师具有了这种情感，就会对事业负责、对学生负责，就可以在没有外在监督情况下自觉地努力工作。荣誉感是体育教师在履行自己的职责、为社会做出贡献后获得肯定性评价而产生的愉快的精神体验。荣誉感对激励体育教师开拓进取、奋发工作具有巨大的作用。

（3）表现在对他人的尊重、友谊和热情方面。在体育教师的职业活动过程中，体育教师与体育教师之间、体育教师与学生家长之间，体育教师与社会之间，总是存在各种各样的关系，这些关系并不仅仅是工作关系，也包含很多情感关系。对他人的尊重、友谊和热情就是情感关系的表现，它是体育教师职业道德规范情感的一个重要方面。

体育教师的职业道德规范情感是在对职业道德规范认识的基础上产生的。对职业道德规范认识越深刻，职业道德规范情感就越强烈。当然，还必须看到，体育教师的职业道德规范情感也是与其职业活动紧密联系在一起的，它是体育教师在长期的职业生涯中逐步形成的。这种职业情感形成之后，便成为体育教师忠诚于人民的教育事业，勤奋工作的一股强大的动力，促使体育教师甘愿为培养人才奉献自己的毕生力量，鞠躬尽瘁，死而后已。因此，注重培养体育教师的职业道德规范情感，是体育教师职业道德规范内化的一个极为重要的环节。

三、坚定体育教师的职业道德规范信念

职业道德规范信念是人们对于某种人生观、道德理想及行为准则的正确性和正义性深刻而有根据的笃信，以及由此而产生的对某种道德义务的强烈责任感。

它是深刻的道德规范认识和炽热的道德规范情感的有机统一,具有稳定性、持久性和一贯性的特点。伴随着国家教育部门对教师要求的逐步提高,以及学校教育改革和素质教育深入实施的需要,教师专业发展成为当今教师管理改革的方向。教师专业发展不仅仅需要掌握专业知识、技能,更需要有专业的道德信念和理想,因为它不仅是对传统教师伦理的继承和发展,还是现代教师专业的道德要求,更是教师人格化的道德存在。探寻教师的职业道德规范信念不仅仅对教师专业发展具有指导意义,更对教育教学改革具有重要意义。在道德内化过程中,道德信念处于核心和主导地位。因为道德信念决定着人们行为的方向性和目的性,影响着人们品德修养的质量和道德规范内化的程度。坚定的道德信念是人们的精神支柱,它不仅能够使人们根据自己认同的道德要求去评价他人行为和自己行为的是非善恶,还能够坚定不移地按照自己所信仰的道德要求去自觉履行各种道德义务,完成各种道德使命。因此,要使体育教师的职业道德规范内化为体育教师个人的道德品质,就要使体育教师深刻认识到、体验到自己所从事的职业的高尚和重要,意识到自己担负着祖国和民族的未来,从而树立为教育事业献身的坚定的道德信念。

四、砥砺体育教师的职业道德规范意志

体育教师的职业道德规范意志是体育教师在履行道德义务的过程中,自觉克服困难、排除障碍并做出行为抉择的毅力和坚持精神。体育教师的职业道德规范意志是其道德行为持续进行的内驱力,是战胜各种艰难困苦的坚强精神力量。它具体表现在以下四个方面。

(1) 自觉性。意志的自觉性是指对行为目的具有明确而深刻的认识,并使个人的行为完全符合正确目的的意志品质。这种自觉性能够使体育教师树立坚定的职业道德规范信念,积极投身于教育事业,自觉地为教书育人努力工作。

(2) 坚持性。意志的坚持性是指在行动中坚持目标,百折不挠地克服困难的品质。体育教师在教育教学过程中,常常会遇到很多困难和干扰,如自然环境的恶劣、教学条件的艰苦、经济上的困境、生理上的疾病等,但体育教师的职业道德要求体育教师必须以顽强的意志粉碎障碍,排除干扰,克服困难,直到实现最终目的为止。

(3) 果断性。果断性是指适时决断的意志品质。它是体育教师行为的目的性、自觉性和顽强性的综合表现。教育活动的特点,要求体育教师具备根据具体情况适时决断的能力。如果缺乏果断性，在面临选择或突发事件时不能当机立断，就会给教育事业造成损失。

（4）自制力。自制力即善于掌握和支配自己言行的意志品质。作为以学生为工作对象的体育教师，善于控制自己的言行，说话办事符合体育教师的角色是非常必要的。当学生出现错误或者和自己发生矛盾时，体育教师必须冷静面对，不能使自己的情绪失控，导致不良后果的发生。另外，体育教师的自制力还表现在面对成功或失败时，既不得意忘形，也不悲观失望，而是泰然处之。这是一位合格的体育教师应该具备的良好品质。

体育教师的职业道德规范意志是在职业道德规范认识和职业道德规范情感的基础上形成和发展起来的，是职业道德规范信念的体现。它能够指导职业道德行为的方向和方式，并促使体育教师最终实现和完成职业道德行为。因此，它对体育教师进行教育教学工作有着重要的调节作用，是将体育教师职业道德规范内化，形成体育教师职业道德品质的关键性环节。

五、养成体育教师的职业道德规范行为习惯

体育教师的职业道德规范行为习惯是指体育教师在职业道德规范认识、情感、信念和意志的主使下，在教育活动中对他人、集体、社会做出的可以观察到的客观反映及所采取的实际行动。体育教师的职业道德规范行为习惯是其个体道德意识的具体表现和外部标志。体育教师职业道德规范内化就是把社会道德意识转化为每名体育教师的个体道德意识，并且通过个体的道德行为表现出来。一名体育教师是否具有道德品质，不在于他的道德认识有多高，也不在于他的道德情感体验有多深，而在于他的行为是否符合职业道德规范的要求。只有在教育活动中，始终按照体育教师的职业道德规范要求去做，时时处处都表现出一个良好的体育教师风范和形象，经过长期的锤炼，形成良好的行为习惯，才算真正具备了体育教师的道德品质。因此，体育教师职业道德规范内化的归宿和落脚点是形成体育教师良好的职业道德规范行为习惯。

在体育教师职业道德规范内化的过程中，体育教师职业道德规范认识、情感、信念、意志、行为等基本要素并非孤立地存在和发展，而是相互联系、相互渗透、相互制约、相互促进，构成整体发展。例如，体育教师职业道德规范情感、信念、意志、行为是在一定职业道德规范认识的支配下形成的，不是基于正确认识的情感，就只能是没有理智的感情冲动；没有体育教师职业道德规范认识，就不可能形成体育教师职业道德规范信念，不能产生坚强的职业道德规范意志；没有正确的道德认识支配的行动，也是盲目的行动。同样，只有道德认识，没有道德行为，也不能视为有道德的人。通过体育教师职业道德行为，又能提高体育教师职业道德规范认识、增强职业道德规范情感、坚定职业道德规范信念、磨炼职业道德规范意志。要实现由知到行的转化，离不开相应的体育教师的职业道德情感、信念；要使行为成为习惯，又离不开体育教师的职业道德规范意志。

第三节 体育教师职业道德规范内化的条件

体育教师职业道德规范内化过程的实现需要依赖一定的条件。这些条件包括社会道德教育、体育教师个人道德修养、体育教师职业道德评价。

一、社会道德教育

社会道德教育是为了使体育教师履行职业道德规范而对体育教师有组织、有计划地施加系统的道德影响。这是体育教师职业道德规范内化得以实现的重要条件。实践表明，体育教师的道德意识和道德行为是不能自然生成的。要把职业道德规范转化为体育教师个体特殊的道德需要，进而形成道德信念和要求，养成道德行为习惯，就必须对体育教师进行社会道德教育。体育教师的社会道德教育主要通过职业道德教育来进行。体育教师的社会生活主要是职业生活、社会公共生活和家庭生活。这三种生活虽然都是对体育教师进行社会道德教育的途径，但是，相比较而言，其中职业生活途径更为重要。因为职业道德教育作为社会一般道德教育的规范化、具体化形式，更能体现体育教师职业生活的特点，而人的社会活动也主要通过职业生活来体现。因此，对体育教师进行社会道德教育，使体育教师把社会道德内化为自己的道德理想和道德信念，主要是依靠职业道德教育来完成的。

由于体育教师本身就是社会道德教育者，对体育教师进行道德教育不能完全按照其他职业道德教育的模式操作，而应该采取灵活多样、贴近实际的形式。例如，通过报告、演讲、研讨、经验交流和系统学习道德理论，提高体育教师的道德认识，使其树立道德信念，增进道德情感；通过对教育活动中的各种问题的剖析和价值澄清，使体育教师提高道德选择和判断能力；通过对体育教师良好行为的激励和强化，使体育教师坚定道德信念，增强道德意志；通过加强学校的管理工作和对体育教师的严格要求，使体育教师养成良好的道德行为习惯，等等。在对体育教师进行道德教育时，还要看到体育教师知识层次比较高、批判能力比较强的一面，切忌道德说教，讲大道理、空理论，距离现实太远。

二、体育教师个人道德修养

从根本上说，能否把体育教师职业道德规范内化为体育教师的个人道德品质，取决于体育教师的个人道德修养。因为社会道德教育只是一种外在力量，这种外在力量是否对体育教师个体发生影响作用，主要还在于体育教师本人的修养程度，在于体育教师主观能动性的发挥。因此，在体育教师职业道德规范内化过程中，必须看到体育教师自我道德修养的重要性。

"教师个体道德的形成，不可避免地要首先经历一个相当漫长的以义务为特征的他律道德时期"[1]。但是教师个体道德不应只停留在他律的阶段，更重要的应该是自律。教师道德由他律向自律阶段的升华，关键就在于体育教师自己的道德修养。这就是说，社会道德教育固然非常重要，但教师道德修养更加不能忽视。道德教育是教师道德规范内化的外部条件，教师进行自我修养的自觉性才是内部的根据，而且这种自我修养的自觉性，在教师道德规范内化过程中起着决定性的作用。没有高度的自我修养的自觉性，即使外部条件再好也是没有意义的。

体育教师的道德修养是指体育教师自觉地按照体育教师道德规范所进行的自我锻炼、自我改造和自我提高等活动，以及经过努力所达到的体育教师道德境界。体育教师道德修养的目的就是把作为理论形态的外在道德规范转化为个人内在的道德认识、情感、信念和意志，使之成为体育教师进行道德判断和选择的依据，以适应体育教师职业的需要。

提高体育教师职业道德修养的根本途径是理论和实际相结合。一方面，体育教师要积极参与社会实践和教育实践，在实践中积累丰富的道德经验，汲取道德智慧，磨炼道德意志；另一方面，体育教师要认真学习道德理论，用道德理论指导自己的道德行为，以提高实践的自觉性，避免盲目性。为达到加强道德修养的目的，体育教师还要注意修养方法的科学性，根据自己的实际情况采取有效方法

---

[1] 肖祥. 伦理学教程[M]. 成都：电子科技大学出版社，2009.

进行道德修养。在道德修养方法中，最主要的方法就是慎独。慎独一词出于我国古书《礼记·中庸》中："道也者，不可须臾离也，可离非道也。是故君子戒慎乎其所不睹，恐惧乎其所不闻。莫见乎隐，莫显乎微，故君子慎其独也。"这句话的意思是道是不可以片刻离开的，如果可以离开，那就不是道了。因此，品德高尚的人在没有人看见的地方也是谨慎的，在没有人听见的地方也是有所戒惧的。越是隐蔽的地方越是明显，越是细微的地方越是显著，品德高尚的人在一人独处的时候也是谨慎的。这是一种高尚的道德境界。只有道德认识明确、道德情感强烈、道德信念坚定、道德意志坚强的人，又能经常不断认真修养的人，才能达到高尚的道德境界。这是对体育教师职业道德规范最具有道德意义的内化。因此，在道德修养过程中，体育教师要努力约束自己，力争达到慎独的道德境界。另一种道德修养的主要方法是战胜自我，就是以坚强的毅力、顽强的意志抵挡非分的诱惑，克服自身的缺点，改正不良的习惯等。要做到战胜自我，实际上比认识自我更艰难，需要个体具有更大的决心和毅力。如果经过提高自己的修养，能够战胜自我，也就达到了把职业道德规范内化的目的。此外，不断开展自我批评，严于解剖自己，进行自我教育、自我改造、自我监督也是体育教师道德修养的重要方法。

三、体育教师职业道德评价

道德评价是指人们在社会生活中，根据一定社会或阶层的道德原则和规范体系，对自己或他人的行为所做的善恶褒贬的道德判断。体育教师职业道德评价则是人们（包括体育教师自己）根据社会或阶层关于体育教师的道德标准，对体育教师的教育行为所做出的善恶褒贬的判断。道德评价对体育教师职业道德规范的内化具有重要作用。如果一位体育教师能够自觉运用道德评价的手段去审视自己和他人行为的优劣，就表明他对道德规范有比较深刻的认识和理解，同时也意味着职业道德规范已经在他的意识中得到了一定的内化。因此，体育教师道德评价是把体育教师职业道德规范内化为体育教师道德信念，形成体育教师道德行为的重要环节，是促使体育教师不断提高道德认识，加强道德修养，为学生树立学习楷模的重要途径。

进行体育教师道德评价，必须明确道德评价的标准和方式。所谓道德评价的标准，就是衡量人们行为善恶性质的尺度。这个尺度一是国家、集体和个人三者利益的结合，这是职业道德评价的最基本的标准；二是体育教师职业道德的原则和规范，这是职业道德评价的具体标准。其中最重要的是前者，因为具体标准会随着社会、时代的变化而发生改变。因此，在评价体育教师道德时，首先就是依据基本标准做出判断。只要符合基本道德标准，就是善的行为，就值得肯定和褒扬。

体育教师道德评价方式有自我评价和社会评价两种。自我评价是体育教师对自身的教育行为的道德反思，是个人对自己行为善恶的一种判断。这种反思和判断是以良心为评价标准的。当自己行为与良心相吻合时，就会感到满足和欣慰；反之，就会受到良心的谴责，感到内疚和不安。社会评价则是社会有机体对体育教师教育行为的善恶性质的判断，其典型形式是社会舆论和传统习惯。社会舆论即社会公众对某些事情的议论和态度。它通常以反映民众心理倾向为己任，对于符合社会道德要求的行为予以赞同，对于不符合社会道德要求的行为予以谴责，因而是道德评价的一种重要形式。传统习惯是一定社会、民族在长期共同生活中形成的、习以为常的社会倾向、行为习惯和道德心理沉淀等，它对人们的行为具有非常稳定的约束作用，能够在很大程度上左右人们的态度，因而对人们的道德评价也具有重要意义。由于社会上人们的立场不同，看法不一，认识各异，所以不存在统一的道德评价。这就要求体育教师要不断地提高道德认识水平，确立坚定的道德信念，以便保持清醒的头脑去正确看待社会上的各种道德评价，择善而从。

第四节　良心、义务在体育教师职业道德规范内化中的作用

一、良心在体育教师职业道德规范内化中的作用

良心是在道德实践活动过程中形成的一种对他人及社会的道德责任感和自我评价能力。良心属于道德意识范畴，是一定的道德观念、道德情感、道德意志和道德信念在个人意识中的统一。它为一定的社会存在所决定，是人们在社会实践中形成的道德信念、道德理想和道德原则在内心的凝结，是对一定社会存在的反映。体育教师的良心是指体育教师对社会提出的一系列道德规范的自觉认识，是个人对学生、集体和社会自觉履行职责的道德责任和对自己的教育行为进行道德评价的能力。体育教师的良心是体育教师内心的呼声，也是体育教师的一种自我反省、自我检查和自我监督，是体育教师进行道德判断和选择的内在尺度。

体育教师的良心作为一种道德意识，贯穿个体整个道德行为过程。在体育教师的行为之前，它能促使体育教师做出正确的道德行为选择。良心总是根据自己应该履行的道德义务要求，对行为动机进行审视和检查，即行为动机是否符合道德的要求，是否符合自己的体育教师角色。对于符合道德要求的动机就予以肯定，对于有违道德要求的动机就予以否定。这样可以避免体育教师做出不道德的行为。如果缺少良心的审视和检查，在邪恶观念的怂恿下，就可能发生没有理性判断的感情冲动，做出不符合道德规范的行为选择。在体育教师的行为过程中，良心能够对行为进行自我调整和监督。英国作家毛姆在《月亮与六便士》中指出："我把良心看作是一个心灵中的卫兵，社会如果要存在下去，制定出的一套礼规全靠它来监督执行。良心是我们每个人心头的岗哨，它在那里执勤站岗，监督着我们别做出违法的事情来。"[1]这就是说，良心对个人的行为起着监督作用。对于体育教师来说，良心的作用也是如此。体育教师的职业劳动时间不像工厂、机关那样刻板，除上课外，体育教师可以自由支配工作时间。因此，在没有别人干预或无法干预的领域，体育教师的良心是使自己内心世界去服从道德准则的自我法庭，对自己的行为起监督和调整作用。凡是符合道德要求的认识和情感、信念和意志就给予支持和激励，对不符合道德要求的情感、欲望和冲动就予以制止和克服。特别是在行为过程中，当某种行为可能危及个人利益，或个人利益与国家利益、集体利益发生矛盾时，或者是遇到的情况发生突然变化而出乎自己预料时，发现认识错误、情感偏颇、手段失当时，体育教师的良心能够使自己欲吐辄止，中止不道德行为的发生或改变其行动的方向和方式，以避免造成不良后果。

在体育教师的行为之后，良心能够对行为的结果起到评价作用。当体育教师完成某种职业行为之后，其良心会对行为的后果进行自我评价。当发现自己的行为对学生有益、对教育事业有利时，就会心安理得，感到惬意和自豪；否则，就会受到良心的谴责，感到愧疚和不安。这种良心的自我谴责会促使体育教师反省自己的行为，自觉地弥补过失，改正错误，从而对体育教师职业道德规范的内化起到积极的作用。

体育教师的良心是体育教师道德自我完善所需要的重要内省力量，没有这种力量，人们就不能正确认识和评价自己行为的社会后果，也不能从道义上对自己的行为承担责任，更不能把体育教师职业道德规范内化为自己的道德意识和道德

---

[1] 毛姆. 月亮与六便士[M]. 方华文, 译. 郑州：河南文艺出版社，2021.

品质。因此，体育教师职业道德规范的内化必须充分发挥良心的作用。

二、义务在体育教师职业道德规范内化中的作用

义务是指个人对他人和社会应尽的责任，它包括政治义务、职业义务、法律义务、道德义务等。这里所说的义务是指道德义务。所谓道德义务，是指对他人、社会所负的一种道德责任，也是一定的社会道德原则和规范对人们行为的要求。道德义务表现在以下三个方面：①对社会、对人类应尽的义务，如保护环境、维护和平等；②对他人应尽的义务，如对工作负责、助人为乐、受恩回报等；③对自己应尽的义务，如自尊、自重、自爱等。道德义务和其他方面的义务有很大的不同。其他义务都和权利、报偿相联系，如果承担一定的义务，就有一定的权利和报偿。道德义务则不然，它总是以或多或少的自我牺牲为前提。在道德上尽义务，就意味着付出和奉献。如果不能自觉地为社会、他人做出奉献，为社会和他人的利益牺牲自己的利益，就谈不上道德。体育教师的道德义务是指从整个教育事业的客观需要出发，根据体育教师职业劳动的特点和体育教师职业道德原则及道德规范的要求而提出的体育教师对国家和教育事业，以及对学校、学生及学生家长和同事所应该承担的责任。体育教师的道德义务要求体育教师自觉承担起这些责任，尽心尽力地为学生服务，为教育事业和社会做出贡献。

在体育教师职业道德规范内化的过程中，义务的作用是提高体育教师遵守社会公德的自觉性。道德义务一旦升华为道德主体的道德责任感，就成为道德主体的道德意识结构的有机组成部分。受道德责任感的驱使，作为道德主体的体育教师就能够正确认识自己的角色期待，就能够自觉按照体育教师职业道德规范的要求选择正确的道德行为。把国家和人民托付给自己的使命和要求转化为内心的需要，义不容辞地履行体育教师的各种职责。如果个人的利益和社会及他人的利益发生矛盾，就会毫不迟疑地舍弃个人利益，服从整体利益，自觉地为社会和他人承担责任，为教育事业无私奉献一切。

第五节 体育教师职业道德规范的行为选择

职业道德规范内化是教师在现实的无数次道德行为选择的过程中完成的。在道德实践中，教师直接面对现实中的道德冲突和利益冲突，必须依据一定的教师职业道德规范，在"两难选择"或"多难选择"中进行取舍。在道德行为选择的过程中，教师的道德认识、道德情感、道德意志、道德信念得到了深化和提高，形成了教师道德行为习惯，最终实现了教师职业道德规范内化。

一、体育教师职业道德行为选择的含义

从道德行为本质的规定中，我们可以理解道德行为选择是道德主体意志在实践中的一种自由选择。选择本身就意味着行为主体可以在几种客观存在的可能性中自由地择其一而行之。因此，所谓道德行为的选择，是指同时存在几种可能的行动方案时，道德行为主体根据自己的道德观念自主地决定按照某一种方案行动，以实现自己的道德意图的道德活动。道德选择是伦理的本质特征，道德行为选择反映了道德的本质和特点。亚里士多德认为，道德是一种在行为中造成正确选择的习惯，选择是德行所固有的最大特点，它比行为更能判断个人的品格[1]。所谓体育教师职业道德行为选择，是教师在面对两个以上的道德行动方案时，在一定道德意识的支配下，依据一定的道德原则和规范，自主自觉地判断取舍和决定一种道德行动方案的过程。首先，体育教师职业道德行为选择在本质上是一个价值判断和取舍的过程。体育教师职业道德行为选择的逻辑起点，是体育教师职业道德行为主体对不同道德行为方案的价值的判断。选择的过程同时也是一个放弃的过程，在这个过程中，选择什么，放弃什么，取决于体育教师主体的价值观。因此，正确的价值观是体育教师能够进行正确的职业道德行为选择的思想基础。其次，体育教师职业道德行为选择是一种自主的道德活动。虽然体育教师职业道德行为选择必然受到来自学生、学校、社会及其他因素的影响，但是其最终的决定权在行为主体的手中。失去了这一点，其选择也就不再是一种道德活动。自主性表明，选择是体育教师主体独立地按照自己的目的和愿望支配的。自主性使道德行为选择成为选择主体的活动，而不是外在的活动。再次，体育教师职业道德行为选择是体育教师主体意志的体现。体育教师职业道德行为选择的自主性与主体意志是紧密联系在一起的，选择是一种意志行为。意大利哲学家托马斯·阿奎那认为，选择是意志固有的活动，是意志对理性衡量的肯定[2]。真正意义的道德行为选择是道德主体自由意志下的自主活动；相反，没有或缺乏意志，优柔寡断，瞻前顾后，

---

[1] 奥特弗里德·赫费. 亚里士多德[M]. 王俊, 译. 北京：研究出版社, 2022.
[2] 傅乐安. 托马斯·阿奎那传[M]. 石家庄：河北人民出版社, 1997.

就无法做出恰当的道德行为选择。最后，体育教师职业道德行为选择，只有通过外在的行为表现出来，才具有实际的价值和意义。教师道德行为选择是教师认识、权衡、取舍的复杂心理活动的过程，是教师完全自觉进行的。教师道德行为选择的进行来自认识的选择性，又依赖情感，还要借助意志。知、情、意是教师道德行为选择的心理活动过程，以它们为基础，构成了直接作用于教师道德行为选择的心理机制。教师道德行为选择在心理上完成后，又必须通过外部的行为表现出来，只有这种选择才具有实际的价值和意义，才是一种现实的教师道德行为选择。因此，知、情、意、行构成了教师道德行为选择不可或缺的四个要素[①]。

二、体育教师职业道德行为选择的价值冲突

体育教师职业道德行为选择是一种特殊的价值取向，它不仅要面对多种可能性，还要在价值冲突中进行，在不同的价值准则之间做出取舍。这无疑把体育教师推向两难境地，增加了体育教师职业道德行为选择的困难，同时扩大了体育教师职业道德行为选择的意义和作用。价值冲突表现在体育教师身上，是体育教师承担的多种道德义务之间的冲突。当体育教师同时扮演几种不同的社会角色时，往往会在不同的道德义务之间造成冲突。根据引起冲突的原因不同，体育教师的价值冲突有以下几种形式。

（1）由于社会或他人对体育教师的期待或要求不一致所引起的体育教师内心的矛盾。例如，教育行政部门要求教师严格地、毫无偏差地按教学大纲的要求进行教育教学活动，但面对某些有困难的班级或学生，体育教师又不得不对教学进度做一些调整；再如，一些学生家长希望体育教师成为一切美德的典范，甚至希望体育教师在任何时候都不发脾气和提高嗓门讲话。但是，体育教师因为教育的需要又难免要批评学生，甚至采用发脾气的手段。这些要求反映到体育教师头脑中，在特定的情形中会出现尖锐的对立。

（2）由于体育教师改变角色而形成的新旧角色所承担的义务之间的冲突。人在社会生活中总是不断地变换角色的，当角色改变而责任意识没有随之改变时，往往会产生矛盾。例如，一名普通体育教师被提拔到领导岗位后，社会对他的道德要求就不仅仅是忠于职守，而且要正确决策，遇到该下决定时，瞻前顾后，或不敢承担责任，就不能履行领导者的义务，从而在内心中形成冲突。

---

① 管健，杭宁. 知情意行：四维一体铸牢中华民族共同体意识[J]. 南开学报（哲学社会科学版），2021（6）：53-67.

（3）由于社会生活的复杂性，一名体育教师往往身兼几种社会角色，不同的角色往往赋予其不同的义务，从而形成义务间的冲突。例如，一名体育教师在工作中要承担教学义务，在家庭中要履行赡养长辈、抚育后代的义务，对亲朋好友要履行互尊互助的义务等，而在特定的时间同时履行这些义务往往十分困难，从而造成义务间的冲突。

价值冲突表现为两种不同的形式。一种是同一价值体系内部的不同道德要求之间的冲突，是大善与小善、高层次义务与低层次义务之间的冲突；另一种是不同价值体系之间的冲突，是善与恶、履行义务与不履行义务之间的冲突。在同一价值体系中，存在着由低到高不同层次的要求。例如，社会主义道德体系就是由包括一般的社会公德社会主义人道主义、集体主义原则等在内所组成的梯级结构，这些不同层次的要求在本质上是同一的，但在特定的环境中又会出现矛盾，形成价值冲突。例如，体育教师作为家庭一员、学校一员、社会一员，都承担着不可推卸的责任，家庭、学校和社会提出的要求又是不同的，有时选择对学校和社会的责任，就可能意味着放弃或暂时放弃家庭的责任。这种价值冲突同样迫切需要体育教师做出选择。在复杂的社会生活中，普遍的道德要求与特殊的道德要求有时也会发生矛盾和冲突。例如，以诚相待是社会成员的一般道德规范，但在特殊的环境中，如体育教师面对智力低下的学生，为了鼓励他自信，减轻其精神上的负担，就不能完全诚实了。

三、体育教师职业道德行为选择的原则

（一）集体主义原则

集体主义原则是社会主义道德的基本原则，也是体育教师进行职业道德行为选择的基本原则。道德行为选择的主体意义就在于实现主体自身的道德价值，而价值是一个关系范畴，只有在主体和客体之间才存在并能实现它。同样，个人的道德价值也只有在集体中才能实现。主体只有选择那些有利于集体的道德行为，才能最终实现自己的价值，其选择才有意义。因此，以广大人民群众的最大利益为道德行为选择的总根据，是体育教师职业道德行为选择的基本原则。

（二）人道主义原则

体育教师职业道德行为选择的集体主义原则主要调整和解决的是教育过程中

个人与集体之间的利益矛盾与冲突，而人道主义原则主要是调整和解决教育过程中人与人之间的矛盾与冲突。体育教师职业劳动对象的特殊性，决定了人道主义原则在体育教师职业道德行为选择中的特殊地位和意义。体育教师在面对诸多道德行为方案要进行选择时，常常要直接面对学生的人格、尊严，直接面对学生的各类需要。尊重学生、关心学生、爱护学生是体育教师在进行职业道德行为选择时的最基本的出发点和归宿。以人为本，以学生为本，以满足学生发展完善的需要为本，是体育教师职业道德行为选择的人道主义原则的基本要求。

（三）功利主义原则

体育教师职业道德行为选择不是超功利的，同任何选择一样，体育教师职业道德行为选择也是一种功利的取舍。任何一种道德行为选择，在本质上都是一种利益选择。这就要求体育教师在进行职业道德行为选择时要坚持功利主义原则，追求选择效益的最大化。追求最大效益，这是每个道德行为主体的共同要求，是每个社会和单位的利益要求。应当注意的是，在社会主义社会的道德行为选择中，所追求的效益不是个人的私利，而是包括社会效益在内的综合价值。这是一种以社会为基础的选择。贯彻效益最大化原则，一方面要求体育教师在面临个人利益和集体利益的选择时，要立足于集体利益；另一方面在面对眼前利益与长远利益、局部利益和整体利益时，要着眼于更广阔的范围。

（四）精神价值原则

在体育教师职业道德行为选择中坚持功利主义原则，并不意味着一切道德选择都只是追求经济效益的最大化，更不意味着唯利是图；相反，道德行为选择不同于一般行为的地方，就在于它立足于道德行为所创造的审美价值和精神价值。对于一般行为特别是经济行为的评价，社会往往注重其所创造的经济价值和物质财富，因而行为主体在进行选择时，也是把追求最大的经济价值作为行为选择的出发点。然而道德评价和经济评价虽有联系却各有不同，道德评价更关注主体行为所创造的精神价值，即在多大程度上践行了何等层次的道德原则和规范，为人类的道德精神增加了怎样的财富。因此，体育教师在职业道德行为选择中，立足于精神价值的创造是其根本的特点。

第六节　体育教师职业道德规范的实现途径和方法

教师道德修养是教师道德规范由他律向自律升华的关键，是教师职业道德规范内化的必要条件。师德修养的实现途径和方法主要有勤学、自省、慎独、力行等。

一、勤学

加强师德建设的指导思想，坚持以马克思列宁主义、毛泽东思想、邓小平理论、"三个代表"重要思想、科学发展观、习近平新时代中国特色社会主义思想为指引，全面贯彻《中共中央、国务院关于进一步加强和改进大学生思想政治教育的意见》《教育部关于进一步加强和改进师德建设的意见》的精神，大力开展以"崇教厚德，为人师表"为主题的师德师风教育活动，着力解决师德建设工作中的突出问题，不断提高师德水平，为培养德、智、体、美、劳全面发展的社会主义建设者和接班人做出新贡献。

体育教师要通过主动深入学习各种师德知识，达到明理的境界。师德基本知识包括：师德的本质（师德最核心的本质是把学生培养造就为社会主义合格的体育教育专门人才）、师德的基本构成（职业理想、职业责任、职业态度、职业纪律、职业技能、职业良心、职业作风和职业荣誉等）、师德的社会功能、师德的原则、师德的主要规范。体育教师还应当学习教育学、学校体育学、职业道德规范等相关的知识。在学习的过程中，体育教师要善于思考，消化吸收各种道德理论，提高自身的师德认识。如果没有正确的师德认识，没有准确的自我定位，体育教师要想养成良好的师德行为习惯，是绝不可能的。体育教师学习的方式很多，如阅读理论书刊、参加培训、参观访问、进行社会调查和学习先进事迹等。体育教师应该通过在实践中勤学苦练、在教学中深刻反思、在培训中发展提高、在竞赛中大胆展示等途径和方法进行有效的专业发展，从而提高自身的教育教学能力和水平，为体育教育事业做出更大的贡献。

二、自省

作为一种师德修养的方法，自省是指教师严格按照师德要求，经常对自己在教学过程中的思想和行为进行自我检查，对错误的思想和行为进行严肃的自我批评和自我纠正。体育教师在进行师德修养时，要经常进行"理论对照""实践对照""榜样对照"，检查自己的言行，使自己的思想和行为达到师德的高标准、高要求。自我批评是师德修养的重要方法。要提倡自我批评，勇于自我解剖。在师德修养中，教师自我批评的自觉性高，对自己要求严格，进步就快，道德修养的效果就好；反之，缺乏自我批评，师德修养则会停滞不前。

教学是一个人与人互动、人与知识碰触的过程，无论从什么样的教育观点来看，教师都扮演着举足轻重的角色。教学设计的理论一直局限于为教师的教学方法与策略"开处方"，却很少关注教师本身的价值观如何影响其教学目标的设定、教学方法的选择、教学策略的应用，教师的价值观与教育理念极具关键性的作用，而且一般而言，人们往往会落入一套固定的思维、行动，教学也不例外，因此教师自省的教学设计便显得格外重要。所谓教师自省的教学设计，是指教师在计划教学活动时，不限于教学方法与技巧的讲求，更要深刻省思自己的观念、言行是否流于惯性反应、制式表现，透过深省，以求洞察自我的限制与不足、开展个人的自觉与能量，使教师能够从对教学方法与技巧的讲求，回归到对教育意义与理想的思考。就实际层面来说，教学设计也不限于教师个人的单打独斗，在"国民中小学九年一贯"课程推动之后，相同学年或学习领域任课教师常需要共同设计一学年或一学期的该领域的课程与教学，甚至需要跨学年、跨领域合作以形成一套学校本位课程，如此一来，教师团队的内省、觉察与教师个人的自省、自觉同样重要。

三、慎独

慎独是中国传统的道德修养方法，源自儒家典籍《礼记》。体育教师应自省慎独，在生活、学习、工作中要加强自我约束，定期自我检查，长期自我教育。鉴于体育教师活动的特点，慎独应成为提高师德修养的主要方法之一。道德修养中慎独的方法贵在坚持、贵在从小事做起，注意防微杜渐，要牢记"勿以恶小而为之，勿以善小而不为"。

体育教师的慎独要求教师在独处、无人监督的情况下，注意检点自己，严格要求自己，不做任何违背教师道德的事情。教师道德作为在教育职业活动中调整人们行为的规范和准则，主要是通过社会舆论和内心信念来对教师的行为起监督和指导作用的。一般地说，当一名教师处在学校组织、教师集体、学生集体、广大学生家长的监督下，即有社会舆论在起作用时，会比较注意自己外在行为的道德修养。但是，当一名教师独立进行教育职业活动，他的行为为广大教师、学生、家长所"不睹""不闻""莫见""莫显"时，即在没有社会舆论的监督下，这时要坚持道德修养就更加不易，完全要依靠教师的内心信念和自觉性。越是在这种情况下，越要求教师自珍自爱，用社会主义思想和社会主义教师道德的要求进行自我约束。如果不注意在个人独处、无人监督的情况下进行自我道德修养，不养成慎独的品质，在自己内心深处有不可告人的"隐私"，天长日久，益发滋长，必然害己又害人，对学生利益、教育事业的利益造成严重危害。

四、力行

体育教师在体育教学过程中要身体力行，积极参与并引导学生进行体育锻炼，以身作则、严以律己，用人格魅力影响和感染学生。实践是道德修养的根本途径。在教师职业道德修养中，投身体育教育实践是完成教师职业道德修养的根本途径，也是检验教师职业道德修养的唯一标准。师德修养常空谈是不可能实现的。体育教师一定要坚持理论和实践相结合，与时俱进，把从书本上和他人身上学到的道德思想（包括师德）运用到教书育人的实践中，这样才能使师德内化。只有力行，持之以恒地恪守师德原则和价值标准，并努力付诸实践，才能养成道德习惯，逐步进入崇高的精神境界。

西方一些国家对教师的道德培养具有规则化、具体化的特点。教师的概念，教师对学生应如何，与家长、社会、学校应怎样，都有详细明确的规定，学校督导，教师力行。教师的品德是传统的、不具体的，教师似乎是什么样子大家都清楚，但实际又都不清楚，如对学生严格要求，怎样才算严格？要怎么做？具体针对学生哪些方面？如理解学生，理解哪些内容？怎样才算理解？另外，师范院校德育活动应当收集各种信息。相关课程之间的融合，应包括各种知识形式的所有信息，使学生可以用这些信息的特有概念、逻辑结构和评价标准来思考，同时它还必须有一些能够反映出知识形式之间的关系，如它们之间的已经形成的交叉关系及其重要性。这对道德教育尤其重要，因为道德问题只有在广泛的范畴内才能得到较好解决。

第五章 体育教师的道德品质、行为品质及个性心理品质

振兴民族的希望在于教育，振兴教育的希望在于教师。建设一支具有良好品质、结构合理、相对稳定的教师队伍，是教育改革和发展的根本方针。学校教育是实现教育方针的重要过程，作为体育教师，主要担负着学校体育教学工作。体育教师的道德、行为、心理品质潜移默化地影响着每个学生及未来体育教师的发展走向，它是一种内在的精神力量及内在动力，直接支配和调节教师的职业行为。因此，根据新课标的要求，具体讨论体育教师个体的道德品质、行为品质及个性心理品质是尤为重要的。

第一节 体育教师的道德品质

体育教师良好的职业道德品质是自觉意志的凝结，需要通过个人长期的、意志性的锻炼。体育教师在教育工作中并不是一帆风顺的，往往会遇到来自外部或内部的困难和阻力。如果没有坚毅的道德品质，就可能在行为选择时放弃初衷，在困难面前畏缩不前，半途而废。因此，体育教师拥有坚毅的道德品质，是达到较高道德水平的重要条件。教师坚强的职业道德规范意志不仅是教师克服困难、教书育人、开拓进取、事业有成的动力和保证，还对学生形成良好的道德意志品质和道德人格的完善具有潜移默化的影响作用。为此总结出以下四点体育教师职业道德品质。

一、爱岗敬业，释放品德魅力

体育教育不同于其他学科的一个显著特征就是以身体练习和各种活动为主，教师的各种思想意识是通过实际的练习情况所表现出来的。教师的一言一行都会受到学生的监督和模仿，并在学生的身上产生积极或消极的影响，甚至会影响到

他们的一生。因此，体育教师应努力做到爱国守法、团结友爱、敬业奉献，拥有强烈的责任感和事业心，为人民的教育事业呕心沥血，对工作一丝不苟，在教学管理、教学手段等方面不断地提升自身的品德修养和意志品质。体育教师应在学生面前树立热爱祖国、关心集体、团结互助、遵纪守法、勇敢顽强、不怕困难、勇于拼搏的榜样，为人民的教育事业做出贡献。

二、关爱学生，彼此相互尊重

关爱学生，尊重、理解学生，是正确处理教师与学生之间关系的准则。体育教师关爱学生是必须具备的美德，也是教师的天职。每个学生都渴望得到体育教师的关爱，师爱对学生来说是一种激励和鞭策，能推动他们健康成长和进步。尊重是相互的，新课标要求当今体育教育应当是爱心教育和情感教育，体育教师应当在体育课中营造一种热情洋溢的锻炼环境，教学中以亲切关怀的语言、和蔼可亲的态度、温柔亲和的目光组织教学。在良好的教学环境下，学生就会显得精神饱满、兴趣十足、积极锻炼、信心增强，从而获得成功。体育教师要善于把信任和期待的目光洒向每个学生，若当学生做错事或锻炼不积极时，也不要恨铁不成钢，要积极帮助其分析原因，而不是一味地训斥、责怪，向班主任和家长告状等，否则容易伤害学生的自尊心，使他们产生逆反心理和对抗的情绪。因此，在体育教学中，体育教师要把关爱贯穿整个教育教学中，善于倾听学生心声，多找学生谈心，与学生在思想和情感上进行交流，及时了解并掌握其思想动向。只有这样与学生不断地互动，才能彻底解决学生的逆反心理和对抗情绪，最大限度地激发学生学习的主动性。

三、获取信任，以成功为导向

在体育教学过程中，体育教师要对学生怀有较高的期望，多鼓励和支持学生，向学生传递积极的态度并感染学生。大多数学生进入校园时都很自信并渴望成功，而且对教师对他们的期望值很敏感，他们会根据教师对他们的期望及时地进行调整，他们关注着教师的一言一行，渴望引起教师的关注和认可，并将教师对他们的期望进行内在化。因此，在教学中体育教师要向每个学生表现出期望他们都能成功，并能帮助他们成功的意向。教师根据学生的实际情况因材施教，设计不同的技术难度，为每个学生提供成功的机会，特别是对那些运动能力较弱或自信心较低的学生，在布置锻炼任务和活动时，降低练习动作的难度，确保他们都能顺利完成，获得成功的快乐，以增强他们的自信心，从而促使他们去尝试更难的技术动作。

四、提升技能，获得学生敬佩

一名优秀的体育教师应该具有较高的运动技能，在学生面前展示出优美、正确的示范动作，能激发学生的学习兴趣和热情，并获得学生的敬佩。随着素质教育的全面展开，部分难度较高的体育教学内容逐步被删除，大部分以基础技术动作及新课标内容为主。在这一新形势下，体育教师拥有先进的教学手段就显得尤为重要，体育教师要不断钻研教材，掌握先进的教学方法，把自身的体会和经验与现代教学方式相结合，少讲精练，更新教育观念，融入体育教学智慧化方式，不断践行以教师为主导、以学生为主体的教学观念。在组织教学时采用生动、活泼、多变的教学方法，精准把握动作技术的重难点，营造良好的学习氛围和有效控制学生的情绪，讲解示范清晰，练习方法有效，错误动作纠正及时，使学生易学易懂，让不同层次的学生通过练习都有所收获，在日常的工作中，体育教师担负着除教学外的各种运动训练工作，这就要求体育教师平时要注重自身运动技能的保持和提高，要一专多能，适应现代化教学的需要。

总之，体育是增强学生体质、强化学生身心健康的一门学科。体育教师应以身作则、言传身教、胸怀宽广、甘为人梯、忠诚于教育，树立健康的人格魅力，从运动技能、思想品德、学识、自身外在的形象、风趣的语言表达等方面成为学生的榜样，让学生努力有目标、学习有榜样，这样才能真正调动学生自觉参与锻炼的积极性，促进他们的身心健康发展，为学生的终身体育打下坚实的基础。

第二节 体育教师的行为品质

学校是对学生进行品质教育的阵地，而体育教师的个体行为品质也间接性地影响了学生的行为品质及上课态度。

一、热爱

（一）对体育教育事业深切的热爱

体育教学是一项艰辛的劳动，教师在付出复杂的脑力劳动的同时还要付出繁重的体力劳动。体育教师只有对教育事业怀有深切的热爱、执着的追求，才能具备吃苦耐劳、勇敢顽强的意志品质，全身心地投入教育、教学中，克服重重困难，更好地完成教学任务。

（二）对学生真挚的热爱

教师关心热爱学生，可以产生巨大的感染力，不仅增强学生的学习兴趣，提高学习效果，还是建立融洽的师生关系的根本保证，是做好教育工作的巨大动力。它最能激起教师对教育工作的强烈愿望，最能激励教师想方设法地教育好学生。这种情感驱使教师把整个心灵奉献于学生，对学生诲人不倦。挖掘出自身最大潜能，创造出更适用的教育方法，不断取得良好的教学效果，对学生也是一种持续性的学习动力。只有具有了这种行为品质，学生才会把教师当成亲人、知心朋友，师生之间才能建立起感情，才能激起学生对教师的亲近感和仰慕心理，从而把这种情感迁移到教师所教授的知识上。如果教师缺乏这种品质，对学生冷漠无情，甚至对他们感到厌烦，经常严加训斥，学生就会紧闭心灵的门窗，造成心灵上的创伤，最终导致教学的失败。乌申斯基说过："如果你厌恶学生，那么，教育工作刚刚开始时就已经结束了。"教师的教育只有融解在爱的情感里，才能转化为学生自身需要，引起学生积极反应。

二、激励

教师对学生深切的期待能对学生产生积极的心理效应，是学生上进的动力。学生最信赖教师的判断力，对自己学习情况、能力水平的认识往往依赖教师的看法，这样教师的期待之情对学生便尤为重要。它是对学生心灵上的支持，学生从中看到希望，获得自信、勇气和力量。体育教学活动多变，动作复杂，难度较大。学生在学习动作时经常遇到各种各样的困难。这时学生心中往往产生消极情绪、退缩心理，对原本有能力完成的动作丧失信心，自认为做不下来，而不愿继续努力。此时，教师若能用期待的目光来激励学生："一定能成功！你大有实力完成这个动作！来，再来一次！"学生就会被这种深切真挚的期待之情感染，认为自己能成功，从而产生一种无形的力量，消除退缩心理，重新充满希望，鼓足勇气，克服困难，最终完成动作。若教师首先失去信心，表现出无望、厌烦的态度，学生得到教师这样的情感信号，就会认为自己可能确实不行，而放弃对动作的继续尝试。可见教师在任何时候，对任何学生都要饱含期待之情，学生不能没有教师的支持、激励和期望，他们常常按照教师设定的模式来认识自己、要求自己。这种期待情感能激发学生练习的积极性，增添学生战胜困难的信心，是学生上进的动力。

三、愉悦

教师带着愉悦情感走进课堂并自始至终保持愉悦心情，能将学生带进一个和谐、轻松、友爱的学习环境，对课堂气氛、教育效果有重要意义，但体育教师要持之以恒做到这一点并非易事。即使再优秀的教师也是平凡普通的人，也会经常遇到来自家庭、学校及社会的各种冲击和干扰，时常出现忧愁、烦恼、悲伤、激动的情绪，如果把这种情绪带到课堂务必会影响教学质量。这就要求体育教师要有博大胸怀，包容工作和生活中的种种不如意，培养走进课堂之前迅速排遣心理干扰的能力，带着愉悦之情来面对学生。教师在愉悦情感的支配下进行教学工作，思维敏捷，语言丰富有情感，动作优美自如，面部表情自然丰富，从而创设出轻松、欢快、无忧无虑的教学情境，牢牢地抓住学生的心，增添他们的学习兴趣，使之感到体育学习是一种乐趣，可收到较好的学习效果。由于体育教师与学生直接接触的机会较多，加之体育教学本身独有的特点，能够触发情绪的刺激源较多，如学生在投掷教学中不注意安全，违纪现象屡屡发生。在这种情况下，教师愉悦的心境会使之平静理智地来处理问题，使突发事件转化为新的契机，并不至于因发怒而影响原有的良好的教学气氛。反之，教师本来心情烦躁、压抑，遇到这种情况便怒火中烧，失去理智，向学生发泄。结果往往是，语言刺伤了学生的自尊心，导致师生关系紧张，整个教学情境随之变得沉闷、压抑。这样会严重地影响教学效果。因此，体育教师应注意培养稳定的愉悦的行为品质，要带着欢笑走进课堂，以愉悦的心情唤起学生愉悦的情感，使学生在轻松、愉快的情感环境中接受教育。

四、宽容

宽容既是一种教育，又是一种胸怀，是从心底对学生过错的谅解，是缩短师生心理距离、消除师生间隔阂的良药，是拉近师生关系的最佳途径与方法，也是每个教育工作者必备的技能。由于体育教学活动复杂多变，不同阶段的学生会产生不同的行为特点，会出现活泼好动、难于组织的现象。如果学生经常违反纪律，体育教师就应面对不同的问题采取尽可能豁达大度的态度，对学生有宽容之情，采取恰当正确的解决方案。这种宽容之情能卸去学生的心理负担，给其改正错误的机会，使其有勇气纠正错误，当然体育教师对学生的宽容也并非无原则地退让，反而是教师教学时自信的一种表现。相信通过体育教师自身人格魅力的影响、自身教育方法和学生自身的努力，可以更好地达到教学效果及目的。体育教师对待学生的错误应采取冷静的态度，不应一味地增加指责，要站在学生的立场上设身处地地替学生着想，采取恰当、有效的方法帮助学生改正。这种豁达大度的宽容之情能使学生感到体育教师富有人情味，对体育教师产生一种既崇敬又敢于接近、友好相处的心理相容的亲近感，使学生从内心深处反省自己的行为。在教育工作中，宽容比训斥更能有效地教育学生，体育教师要有广阔的心胸，在学生面前展示出良好的教育品德和无穷的人格魅力。

"精诚所至，金石为开。"实践证明，教师的行为品质对教学的成败至关重要。体育教师应努力培养自身良好的品质，在教学中以品感人、以品动人、以品育人，使学生在最佳的情感环境中更好地获取知识、掌握技能、运用技能、爱上体育。

第三节　体育教师的个性心理品质

体育教师的个性心理品质是指体育教师有别于其他学科教师的心理品质。1986年，在当代国际体育教师和教练员世界大会上，比利时学者谈道：对体育教师的个人评价，是与其他学科教师比较而言的，在职业习惯和一些个人特征上存在着一些差异。正是由于体育教师的职业特点、工作性质、文化修养和社会地位的制约，在长期的教育实践中形成了独特的个性心理品质。因此，体育教师在兴趣、气质、情绪、意志和能力等方面都具有明显的特点，并对学生的心理品质产生深刻的影响。

从课堂气氛看，在教学过程中，体育教师良好的个性心理品质特征有利于创造生动活泼的课堂气氛，良好的课堂气氛又为学生进行"快乐的体育"提供了条件，也为师生间的相互交往创造了契机。这种交往的基础是师生双方的个性特征，其中情感是交往的主要信息。当师生关系协调、融洽时，课堂上就会出现生动活泼的气氛，便于利用学生的潜在意识，充分发挥潜移默化的教育功能。

从目标选择看，个性或人格是由多种亚结构组成的复杂而完整的结构系统，其中个性倾向是这个结构系统中的核心，它主要包括需要、动机、兴趣、理想、

第五章 体育教师的道德品质、行为品质及个性心理品质

信念和世界观等成分。这些心理成分的健全发展，正是学校教育的主要目标，学校体育在此担负着最重要的体质、体格的建造任务。这一目标不仅需要理性的传授，还需要性情的陶冶，在此过程中，体育教师的感染作用是举足轻重的。根据有关调查发现，绝大多数优秀运动员对其体育专项的选择，与中小学体育教师启蒙、引导和影响是相关的。

从非智力因素看，非智力因素包括体态、兴趣、动机、情感、意志和自信等，通常称为个性或人格因素。据有关对大学生体育兴趣研究的资料发现：学生体育兴趣的稳定性与体育教师个人特点、学校的传统项目、场地设备及家庭等方面影响有关，其中体育教师起着决定性作用。

因此，体育教师的心理品质也是指从事体育教学活动时人心理活动的特征。众所周知，人类一切活动都要受到心理支配，体育教师从事的一切教育活动都是在心理支配与控制下实施完成的。教师工作质量直接受教师自身的心理素质水平制约。因而，要提高工作质量，体育教师不但要研究教育对象、学生心理，而且要研究教育者、教师心理，即研究制约教师工作质量的内部机理要素——心理品质。体育教师的个性心理品质，对体育教学效果和学生的心理发展都有深刻的影响。体育教师应具备什么样的心理品质，才能对体育教学和学生有最佳、最大的效果和影响呢？本节从体育教师应有良好的个性倾向、健康的情感价值、广泛的兴趣爱好、坚强的意志品质、敏锐的观察能力及勇于开拓的创新精神这六个方面进行阐述分析。

一、良好的个性倾向

良好的个性倾向给人的心理活动和实践活动提供了动力，反映了一个人的整体精神面貌。体育教师良好的个性倾向，表现为正确的政治观点、崇高的道德品质和对体育事业的献身精神，这是形成教师权威，具有教育效果的必要条件。体育教师特别需要献身精神，一方面，体育的教学与训练，培养优秀运动员，增强学生的体质是艰苦而长期的工作，体育教师需要默默无闻地劳动，献出大量的心血，若无献身精神，就无法做到这一切。另一方面，体育教师的热情、进取心和高度的责任感，是体育教学训练成功的关键。对体育采取敷衍态度、不热爱工作的体育教师，不会有好的教学效果，而且会出现违反纪律甚至危害社会的问题。因此，献身于体育事业的精神是教学成功必不可少的首要条件。

二、健康的情感价值

情感是人对于客观事物与自己的需要是否相适应而产生的体验。一个好的体育教师应当有稳定的情绪、幽默和对学生的热爱。优秀的体育教师最重要的标志之一是情绪稳定，若教师易发脾气，就会使学生出现无所适从、违反纪律等情况。体育教师要善于适应工作，快活、热情洋溢和体谅学生；善于创造活跃、轻松的气氛，而这种气氛是有成效的教学所必不可少的条件。幽默不仅有助于和学生很好地相处，还有助于自己的学习。幽默可以使教学中的纠纷减少到最低程度，可以解除竞赛和体育课中的紧张气氛。不过幽默可以是严肃的，也可以是风趣的，不能是无聊的，体育教师要掌握好分寸。体育教师在教育实践中，应不断地与学生进行情感交流，逐渐熟悉学生、理解学生、信任学生，发自内心地关怀爱护全体学生。教师的爱心对学生有直接的感染力，尊师爱生的情感交流，能使师生之间形成亲密无间的关系，这种关系会提高教育和教学的效果，促进学生身心的健康成长。

三、广泛的兴趣爱好

兴趣是人们力求认识事物或从事某种活动的倾向。体育教师完成体育教学和训练工作的兴趣是创造性地完成体育工作的重要心理品质之一。体育教师是体育知识经验的传播者，要让学生学到知识，教师就要掌握更丰富的知识。体育教师要对各种体育项目有广泛的爱好、深厚的专业基础，精通多项体育项目的教学，做到"一专多能"，并能探索各体育项目的特点，结合学生的心理、个性特征进行教学，激发学生对体育的兴趣，提高教学效果，体现"兴趣是最好的老师"这一显著特征。体育教师也应有广泛的兴趣，博览群书，有一定的文学艺术修养，有广泛的爱好，如爱好音乐、美术、集邮、旅行、阅读等，不断提升自我个人能力，有较宽的知识面，这样才能更好地促进体育教学工作的顺利开展。体育教师只有具备广泛的求知欲望与兴趣爱好，才能利用多种途径激发学生对体育锻炼的兴趣，不断启发学生心智能力。

四、坚强的意志品质

意志是人们自觉地确定目的、支配行为去克服困难以实现预定目的的心理过程。爱迪生认为，伟大的人物最明显的标志就是坚强的意志。体育教师的意志品质尤为重要，这也是由体育教育周期长、见效慢及体育运动本身的特点所决定的。增强学生体质，训练运动队，提高运动成绩，都需要有耐心和付出长时间艰辛的劳动。体育教师要有"冬练三九、夏练三伏"的作战精神，要时刻准备着"与天斗，与地斗"，克服自然条件差、教学训练场地设备不足、学生基础差等不利的因素，按计划创造性地完成任务。另外，体育教学与训练是一项实践性很强的工作，它不仅要"讲"，还要身体力行地"做"。体育的内容本身又有它的高难度性和惊险性，体育教师只有不怕困难，具备勇敢和顽强的意志品质，进行准确的讲解与示范，才能达到良好的教学效果。因此，坚强的意志品质是顺利完成教学、训练任务的重要因素。

五、敏锐的观察能力

敏锐的观察能力是体育教师不可缺少的心理品质，是了解学生借以获得教学依据的重要能力。在体育教学过程中，体育教师要通过学生的外部表现，来推断他们的内心世界，为教学提供反馈信息，及时掌握学生对教学的内容是否感兴趣、运动量是否适应等情况。例如，学生学习动作技术时表现出犹豫、退缩等，反映出他们具有胆怯、畏惧的心理状态；松懈、注意力不集中等，反映出他们疲劳、不感兴趣的心理状态。体育教师要及时抓住这些表现形式，推断学生的心理变化，及时采取相应的手段与方法，使学生摆脱不利于体育教学的心理状态，让学生带着愉快、轻松的心情进行学习，这样教学效果会明显提高。只有根据学生的个性、健康水平安排训练方法及运动量，因材施教，因人而异，才能真正达到体育教学与训练的目的。

六、勇于开拓的创新精神

优秀的体育教师必须具有开拓进取的创新精神。这种精神是做好教师工作不可缺少的性格特征。当今社会发展一日千里，教师所传授的科学知识日新月异，教师采用的教学手段与教学方法要不断更新，这些都需要体育教师不断地接受新事物，并在体育教育实践中加以应用。就体育教学本身来说，不论是提高运动成绩的训练过程，还是增强体质、科学锻炼身体的过程，都是一个创造过程。这都需要体育教师具备开辟、创新精神。

总之，体育教师的心理品质，既是一个理论问题，又是一个实践问题。体育教学实践是体育教师心理品质形成的必要条件。体育教师要在教学实践中严格要求自己，有意识、有目的地锻炼自己的各种心理品质，这样才能适应新时代体育教育的需要，为国家培养身体健康的合格人才做出自己应有的贡献。

下 篇
体育教师法律素养

第六章 体育教师的法律意识与法律素养

教师法律意识与法律素养是教师实现依法执教、提高青少年法治教育质量的基础与保障，也是建设高素质教师队伍的时代诉求。近年来，我国教师主动学法、积极维权的意识有所增强，但一些教师在教育教学过程中所出现的违法违规行为，折射出其基本法律素养的缺乏。基于此，有必要系统分析教师法律素养基本要素及存在的问题，探索培育与提高教师法律素养的有效路径，为依法治国背景下增强普法教育实效性、维护学校和师生合法权益奠定坚实的基础。

第一节 法律的内涵与特征

一、法律的内涵

法律是由国家制定或认可并依靠国家强制力保证实施的，反映了由特定社会物质生活条件所决定的统治阶级意志，以权利和义务为内容，以确认、保护和发展对统治阶级有利的社会关系和社会秩序为目的的行为规范体系。

法律是维护国家稳定、各项事业蓬勃发展的最强有力的武器，是捍卫人民群众权利和利益的工具，也是统治者统治被统治者的手段。法律是一系列的规则，通常需要经由一套制度来落实，但在不同的地方，法律体系会以不同的方式来阐述人们的法律权利与义务。其中一种区分的方式便是分为大陆法系和英美法系两种。有些国家则会以它们的宗教法条为其法律的基础。

法学家们从不同的角度来研究法律，包括从法制史和哲学，或从经济学与社会学等社会科学的方面来探讨。法律的研究来自对何为平等、公正和正义等问题的讯问，这并不都是简单的。法国作家阿纳托尔·法朗士于1894年说："在其崇高的平等之下，法律同时禁止富人和穷人睡在桥下、在街上乞讨和偷一块面包。"

在一个法制健全的国家中，创造和解释法律的核心机构为政府的三大部门：公正不倚的司法、民主的立法和负责的行政。官僚、军事和警力则是执行法律，并且让法律为人民服务，是相当重要的部分。除此之外，若要支持整个法律系统

第六章 体育教师的法律意识与法律素养

的运作,同时带动法律的进步,则独立自主的法律专业人员和充满生气的公民社会也是不可或缺的一部分。

二、法律的特征

(一)法律是一种概括、普遍、严谨的行为规范

法律首先是指一种行为规范,因此规范性就是它的首要特性。规范性是指法律为人们的行为提供模式、标准、样式和方向。法律同时还具有概括性,它是人们从大量实际、具体的行为中高度抽象出来的一种行为模式,它的对象是一般的人,是反复适用多次的。法律还具有普遍性,即法律所提供的行为标准是按照法律规定所有公民一概适用的,不允许有法律规定之外的特殊,即要求"法律面前人人平等",一旦触犯法律,便会受到相应的惩罚,并接受改良教育。

法律规范不同于其他规范的另一个重要特征是它的严谨性。它由特殊的逻辑构成。构成一个法律的要素有法律原则、法律概念和法律规范。每个法律规范都由行为模式和法律后果两部分构成。行为模式是指法律为人们的行为所提供的标准和方向。其中行为模式一般有三种情况:①可以这样行为,称为授权性规范;②必须这样行为,称为命令性规范;③不许这样行为,称为禁止性规范。

(二)法律是国家制定或认可的行为规范

国家制定或认可的行为规范是法律来源上的一个重要特征。所谓国家制定或认可,是指法律产生的两种方式。国家制定形成的是成文法,国家认可形成的通常是习惯法。

(三)法律是国家确认权利和义务的行为规范

法律是国家确认权利和义务的行为规范,它通过立法和司法程序来确立和执行。法律涉及各种领域,包括刑法、民法、行政法等,旨在维护社会秩序和公正。

(四)法律是由国家强制力保障实施的行为规范

由于法律是一种国家意志,它的实施就由国家强制力来保障。法律所规定的权利和义务是由专门的国家机关以强制力保证实施的,国家的强制力部门包括军队、警察、法庭、监狱等有组织的国家暴力机关。

（五）法律是调整社会关系的行为规范

因为社会是指以物质生产为基础而结成的人们的总体，所以法律的调整是指向人们的行为，是对人们行为所设立的标准，即调整一定的社会关系。

（六）法律是具有普遍性的社会规范

普遍的有效性是指在一国主权内，法律具有普遍效力。普遍的一致性是指法律不可以强人所难。法律的普遍性意味着它适用于所有的人和组织，无论其社会地位、财富、种族、性别等因素，都必须遵守法律规定的权利和义务。法律的普遍性也体现在其适用范围上，即法律通常适用于整个国家的领土范围内，并具有约束力。因此，法律作为社会规范具有普遍性，意味着它对所有人都具有约束力，是社会秩序和公正的基础。

第二节　体育教师法律意识的内涵与特征

一、体育教师法律意识的内涵

新时代的体育教师需要培养良好的体育法律意识，运用自身掌握的体育相关法律知识调整与自身工作相关的体育关系。增强体育教师的体育法律意识要依赖体育教师本身良好的学习动机。

（一）法律意识内涵的构成因素

体育教师法律意识的内涵包括知识因素、心理因素及行为因素。

（1）知识因素是体育教师在学习和实践法律过程中获得的法律信息，包括法律认识、法律思想和法律观念等。知识因素是法律意识的地基，是法律意识的中心内容，对于心理因素及行为因素具有直接影响的作用。

（2）心理因素是体育教师对于法律现象的心理体验，包括法律感情、法律态度、法律评价等。心理因素是体育教师活动的心理基础，与知识因素之间相辅相成，从而创造出守法的高度心理倾向和气氛，一定程度上影响着行为因素。体育教师的法治情感是对现行法律制度、现象及社会主义法治的心理态度与情绪体验，表现为"亲法""恶法""疏法"三种类型，在前进过程中指引着体育教师的法律行为。

（3）行为因素是体育教师行为的法律动机，包括体育教师行为的动机、意向、准备、意愿等，集中反映知识因素和心理因素，并直接与体育教师的意志、立场及要达到的一定活动目的心理相联系，是活动的内在动力。法治理念是法治情感升华到理性认识的结果，是公众对法的本质、发展规律、法治实践及其价值取向的整体反思与宏观把握。中小学体育教师不仅仅要坚定民主法治、自由平等与公平公正的法治信念，更要将法治精神渗透到日常生活中，并以此来指导教育教学行为。

（二）法律意识内涵的总体概括

法律意识是社会意识的组成部分，是人们关于法的思想、观点、理论和心理的统称。体育教师需要提升对教育法律现象的高度敏感力，正确理解法治与德治的关系；善于依法行使教育权，教育和引导学生；遵守教育法律规范，坚守体育教师职业道德底线；依法制定学生管理制度，日常管理体现法治精神；提高体育教师的法律素养，增强学校法治教育的实效。体育教师还应具备营造法治文化氛围的能力。

体育教师法律意识是体育教师对于法及法律现象的思想、看法、意见和情绪，如理解教育法律精神的实质，评价教育法律实施的作用，坚持有法必依、执法必严、违法必究的信念及对任何不公正、违法乱纪、非法专横行为的谴责等。

二、体育教师法律意识的特征

（一）法治知识碎片化

现今体育教师队伍法治知识体系不完善，很难从宏观层面把握中国特色社会主义法律体系的内部构成、相互关系及其运行机制，对于深入理解法治的本质内涵、精神底蕴与价值追求无迹可寻，并且对法律的具体执行程序及其他重要部门法的制度和条文知之甚少，缺乏完整性与内在逻辑关系的碎片化知识，不利于体育教师将理论与实践融会贯通，构建自我法治知识体系。因此，为使体育教师能初步了解中国特色社会主义法治体系中常用的法律概念与法律规范，及时关注国家宏观教育政策的变化，知晓教育领域法律法规的主要内容及基本原则，基于思想道德修养与法律基础知识的学习必不可少。

（二）法治意识偏狭化

体育教师的法治意识具有层次性、矛盾性与不平衡性。体育教师对建设社会主义法治国家与法治社会的重要意义具有较高的感性认知度，对宪法法律至上、公平与正义、规则与程序等基本原则具有热切期待与追求；然而他们的精神境界多局限于宏观层面，涉及体育教师职业权利受到侵犯时，多数体育教师消极逃避或忍气吞声、息事宁人。这表明真正践行法治理念仍存在一定的思想障碍与实践阻力。

（三）法治能力虚构化

法治能力是法治思维与法治方式的有机统一，分别从思想层面与行为层面体现了体育教师对法治的解释、推理及运用。体育教师一般能运用法治知识及原理思考与解决社会生活中的法律事件，但由于缺乏完整的法治知识体系、对规则及程序等法治原则认知偏颇、惯性思维阻滞，会潜意识地以生活经验或伦理道德评判本应属于教育法律调整的事件，混淆合法实施管理学生权与侵犯学生教育权及人格尊严的界限，无法依据法治的逻辑规则及规范分析问题、准确预测法律后果，涉嫌违法而不自知，守法与违法处于迷茫状态；真正运用法治方式解决问题、处理纠纷的能力还有所欠缺，尤其是在如何选择合法合理的途径表达个人权利诉求、通过法定的申诉制度或诉讼程序寻求法律救济等方面能动性不足，对社会上一些违法行为愤慨有余而又无所作为，用法、护法意识与能力相脱节。

（四）法治信仰低迷化

法治信仰是个体对法治价值与意义的终极追求，是法治精神的最高境界，也是推动体育教师守法、用法与护法的内在驱动力。体育教师从思想上高度认同"建设社会主义法治国家"、全面推进"依法治国、依法执政"，引领社会法治风尚与依法执教的意识也已逐渐深入人心；在生活和工作中，有些体育教师依然习惯通过拉关系办事、以人情解决问题的方式来处理事务，对法治精神的深层次追求与现实的行为表现相背离，反映出部分体育教师对法治公正性与权威性仍然心存疑虑，陷入理想化法治屈从于法律工具性的两难困境。由于缺乏对法治正义实现功能坚定不移的信任与发自内心的尊崇和敬畏，体育教师一是难以抵御利益的诱惑与侵蚀，二是因心存侥幸而无视法律制裁的后果，逾越法律底线走向违法犯罪的歧途，严重损害了体育教师的职业声望与整体形象。

综上，体育教师的法律意识体现了以下特点：认识到教育法治的重要性，其自身法治能力欠缺；把握深层次的法律观念，现实中守法、用法践行能力差；坚守权威的法律信仰，亲身跨越法律的红线。

第三节　体育教师法律素养的意义与价值

一、体育教师法律素养提升的意义

体育教师法律素养是指一个人为从事体育教师职业，通过后天的学习和培养，去获得的有关体育教师职业法规知识、能力及在此过程中形成相应的思想观念、意识、态度等，也可以称为法律素质[①]。

在国家法治化建设中，从"法制"到"法治"提法的变化，表明其重心由静态的法律规制建设转向动态的法律实施落实，标志着我国法治化建设站上新的台阶，意味着有关法律的教育是注重执法与守法能力的教育。国家相关政策的转变，促使学校法治教育不能再局限于一门课程，应该着力于"将法治教育纳入素质教育体系，融入校园生活，使学校法治教育常态化，成为教育生活的内在结构"。由此也必然对体育教师的法律素养，特别是法治教育能力提出了更高的要求。

（一）体育教师法律素养的提升是形势发展的迫切需求

《中华人民共和国教师法》（以下简称《教师法》）中将"遵守宪法、法律和职业道德，为人师表"列为体育教师应当履行的义务之一，《中小学教师职业道德规范（2008年修订）》中将"爱国守法"作为体育教师职业道德的一个重要方面。故此，教育法律要求与教育道德要求是相互渗透的，树立教育法律意识，做到自觉依法执教，教育工作者如果缺乏必要的法律知识，没有正确的权利义务观和自我约束的道德水准，就难以做到依法约束自己的行为。

我国自改革开放之初，极力推行国家的民主与法制建设，在教育领域也展开了教育法制的建设。20世纪80年代以来，国家权力机关在教育立法方面进展迅速，陆续颁布了《中华人民共和国学位条例》（以下简称《学位条例》）、《中华人

---

① 李晓燕. 中小学教师法律素养在法治教育中的师表作用及其实现[J]. 中国教育学刊, 2018, 299 (3): 7-10, 21.

民共和国义务教育法》(以下简称《义务教育法》)、《中华人民共和国未成年人保护法》(以下简称《未成年人保护法》)、《教师法》、《中华人民共和国教育法》(以下简称《教育法》)、《中华人民共和国职业教育法》(以下简称《职业教育法》)、《中华人民共和国高等教育法》(以下简称《高等教育法》)等重要的教育法律条例,依法治教已经提上日程,体育教师必须适应时代发展的这一要求,树立教育法制观念,养成教育法律意识,成为知法、懂法,能够依法行教的新型体育教师。

从某种意义上说,体育教师的授课能力的确与教育教学质量有着密切的关系。当今学校体育反映出来的种种弊端,反映出体育教育过程并不仅仅是一个技术操作过程,更是人与人的交往过程。交往过程是多样化的,主体间交织着知识、情感、人格、利益等各种因素的复杂影响。体育教师作为这个过程中的主导者,要想从容应对这一新情况的挑战,必须不断提升自身的各种人文素养,尤其是法律素养。体育教师在教育过程中知法、懂法、守法的执教行为会使年轻一代在成长过程中受到法治的熏陶,对于其养成依法办事的观念和习惯,成为未来法治社会的新一代守法公民具有极为重要的作用。

(二)体育教师法律素养的提升是体育教师队伍发展的必然要求

《教育法》《教师法》中未对体育教师在课堂上应有的权力进行规范,加上体育教师队伍自身存在着理念的偏差和教学方法上的不当之处,导致在实际教学过程中,课堂被分数操控,体育教师被升学捆绑,学生被异化为进行分数转化的工具,使整个教育过程蜕变为现代工人的训练过程。

体育教师法律意识的缺失最先导致对自身权利认识、保护的不足,因此自身极易受到侵害。出现这一现象的主要原因在于相对于整个高校师资队伍,体育教师是一个"弱势群体",一些普通高等院校对体育工作不够重视;同时一些院校领导的法律意识又较为淡薄,体育教师的法定地位和权利往往被忽视,甚至难以保证。在这种时代背景下,大多数体育教师随遇而安。

教育工作虽然需要体育教师具备一定的知识、道德及管理的权威性,但这种权威性必须服务于教育的平等性[①]。这是因为教育过程并不仅仅是单向的教的过程,更应该是一种互动、互进的过程,在双方平等的基础上表达各自的声音、权利,从而捍卫自己的意志,这样教育者才能真正地前行,思想才能真正地解放。广大体育教师队伍从总体上看,为国民素质的提高做出了不可低估的贡献。然而,

---

① 叶飞. 教师角色与权威的合法性探析[J]. 中国教育学刊,2008,179(3):31-34.

在现实教学过程中，体育教师凭借自身的优势牢牢地掌握着整个课堂的主动权，压抑学生在学习过程中表现出的自我、同化差异行为，以独断的方式对班级进行掌控。体育教师虽然拥有着相对的权力，却没有发挥出权力所应带来的积极效应。部分体育教师法律意识淡薄，不懂得如何依法维护自身的权利，依法维护学生的权利，肆意侵犯未成年的合法权益，甚至以"教育名义"对学生进行人格侮辱、身体殴打，使学生身心发展遭受严重损害[①]。

（三）体育教师法律素养的提升是培养未来社会守法公民的路径选择

体育教师担负着培养现代合格理性公民的职责，其职责实现与否不仅关系到体育教师个人的业绩，还影响着整个社会的健康、有序发展。体育教师具有法律素质，在教育教学工作中依法行政，必将使学生受到法治的熏陶，这对年轻一代养成依法办事的观念和习惯，成为新一代合格公民具有重要意义。

体育教师的身份意识是指体育教师对自身职业定位、职责范围、角色含义的一种认识和理解，受到个体经历、知识结构及主观因素的影响而存在着一定的差异。体育教师职业作为现代职业中的一个分类，其本身蕴含着一些内在的、本质的及应该被共享的有关体育教师的身份观念。众多优秀教育者的经验表明，要求学生做到的，体育教师自己首先要做到，如同体育教师在对学生进行法制教育时自己却不能守法，那么进行的法制教育将苍白无力。体育教师的职责与身份意识应该通过对体育教师队伍的培训予以巩固、强化和拓展，以此实现正确乃至卓越体育教师身份的转变。

（四）体育教师法律素质的提升是促进全社会民主与法制建设的需要

在传统意识中，注重培养知识的识记，而缺乏对个体个性发展的重视，导致过去体育教学过程中灌输式、命令式教学现象普遍存在。因此，必须摒弃过去只注重社会化教育的倾向，应采取更为灵活的教学模式，以此激发个性的发展，进而实现个体创新意识，运用民主方式唤醒学生个体权利的意识。在传统模式中，体育教师习惯采用专断式的手法进行责任、义务教育，而缺乏个体有关民主参与和个体权利的教育，导致部分学生在进入社会后，同样采取暴力的、非理性的方式去解决社会生活中的问题。这不仅为社会稳定带来隐患，还揭示出过去教育模式的不足。诸多问题的涌现迫切需要提升体育教师的法律素质，在强调个人责任、

---

① 郭立强，梁莹. 关于当前教师课堂权力问题的探讨[J]. 教学与管理，2015，634（21）：54-56.

义务的同时，赋予个体权利去进行民主交往、民主实践。通过丰富的民主锻炼来提高个体理性解决冲突的能力，以此来提高个体素养，也为建设社会主义和谐社会增添新动力。

二、体育教师法律素养的价值

（一）遵守教育法律规范，守住体育教师职业道德底线

从内容上看，教育法律规范是体育教师职业道德要求的底线，是体育教师不能违背的最基本要求。教师职业道德规范是一般化的原则，对体育教师的行为起到引导作用，体育教师具有自由操作的弹性空间，当然也会具有不可逾越的边界。但是这个边界仅靠职业道德守护会变得不够确定，因为其作用的实现对主体的主观认识与态度具有较高的依赖程度，只有转化成为外在的法律责任要求，其作用的实现才具有比较切实的保障。因此，教育法律与教育道德在调节教育行为过程中具有互补作用。教育法律规范与体育教师职业道德规范只有结合起来，共同调节教育工作者的执教行为，做到既能事前积极预防违法，又能事后客观追究责任，弥补权利受到侵害的损失，才能促使各种教育利益关系更加和谐。

由于教育法律规范与教育道德规范相互交叉，加之我国有深厚的"以德治教"的传统，在很多情况下，当发生教育纠纷时，或者明显是学校体育教师的教育、管理学生的手段不当时，常常仅仅被看作是违反"师德"的行为。诚然，这些行为首先是违反师德的，但是通过对教育道德规范和教育法律规范的分析可以看到，教育法律要求往往是教育道德要求的底线，即教育法律规范将软性的教育道德最低要求转化成了刚性的要求，成为不可逾越的最低界限。一旦逾越就会产生相应的法律责任，这使教育法律规范与教育道德规范有了显著的区别。因而，我们必须转变观念，通过对法律知识的系统学习和研究，提高对教育法律现象的敏感度，这样才能适应法治管理模式和手段的要求。

（二）善于依法运用教育权，教育和引导学生

发展体育教师要善于依法运用自己的教育权。在很多情况下，教育法律规范对体育教师行为的约束带有一定原则性。这是体育教师劳动具有自主性的特点，在这种情况下，对体育教师的守法自觉性提出了更高的要求。原则意味着具有一定的灵活性，体育教师要能在原则允许的灵活幅度范围内充分发挥自己的创造性，

而不能违背原则另搞一套，也不能超过原则允许的幅度。体育教师只有较好地掌握原则的精神，明确合法与违法的界限，才能恰如其分地行使自己的职业权利。

通过对客体的把握，体育教师应正确认识教育对象的特点、心性和发展水平，认识可以借用的工具性要素的特征、功能和作用规律，进而弄清客观条件允许主体在教育过程中进行价值创造活动的范围和程度；通过对主体自身的把握，弄清自身真正需要的是什么，自己所拥有的知识有多少、能力有多大，以使主观需要转化为对象性的需要，形成自觉地进行价值创造的活动动机，并对教育活动价值创造可能达到的成果有一个合理的预期。

第七章　体育教师相关法律法规

体育教师作为体育教育的主导者，肩负着培育未来优秀接班人的重任，担负着"健康第一"的教育使命。由于体育活动本身存在着各种不可控风险，长期以来"安全第一"的观念演变为"安全压倒一切"，这牢牢束缚着高校体育活动的广泛开展。高校体育教师作为体育法的运用者、实践者和传播者，未能做到对体育法的熟知和运用，其法律知识欠缺、法治意识淡薄，这在一定程度上影响着体育活动的开展。基于此，提升体育教师的法律素养迫在眉睫，同时也具有重要价值和现实意义。

第一节　体育教育相关法律法规

一、法律

（一）《中华人民共和国宪法》

《中华人民共和国宪法》（以下简称《宪法》）共四章一百四十三条。中华人民共和国成立前夕召开的中国人民政治协商会议的第一届全体会议通过的《中国人民政治协商会议共同纲领》（已失效）于1949年9月29日颁布，具有临时宪法的作用。随后起草制定的《宪法》历经四部，均以相应的年号作为区别。一般默认的《宪法》为2018年修正版。本宪法以法律的形式确认了中国各族人民奋斗的成果，规定了国家的根本制度和根本任务，对中华人民共和国教育事业的方针、政策、教育方法、公民受教育的权利和义务都做了明确的规定，是国家的根本法，具有最高的法律效力。全国各族人民、一切国家机关和武装力量、各政党和各社会团体、各企业事业组织，都必须以宪法为根本的活动准则，并且负有维护宪法尊严、保证宪法实施的职责。

《宪法》第一章第二十一条和第二章第四十六条，在明确我国体育事业发展及其价值导向的基础上，还明确了公民的教育权，提出国家对青年、少年、儿童在品德、智力和体质等方面的义务。上述条款既是我国学校体育法律法规立法的根本依据，也是学校体育法律法规体系构建的宪法基础。

强调发展社会主义教育事业的重要作用。《宪法》第十九条规定："国家发展社会主义的教育事业，提高全国人民的科学文化水平。""国家发展各种教育设施，扫除文盲，对工人、农民、国家工作人员和其他劳动者进行政治、文化、科学、技术、业务的教育，鼓励自学成才。""国家鼓励集体经济组织、国家企业事业组织和其他社会力量依照法律规定举办各种教育事业。"第二十三条规定："国家培养为社会主义服务的各种专业人才，扩大知识分子的队伍，创造条件，充分发挥他们在社会主义现代化建设中的作用。"

《宪法》将公民受教育的权利与义务一致起来。《宪法》第三十三条规定："中华人民共和国公民在法律面前一律平等。""任何公民享有宪法和法律规定的权利，同时必须履行宪法和法律规定的义务。"根据这个总的原则，第四十六条规定："中华人民共和国公民有受教育的权利和义务。"

建设社会主义精神文明，培养德、智、体等方面全面发展的社会主义新人。《宪法》第四十六条规定："国家培养青年、少年、儿童在品德、智力、体质等方面全面发展。"第二十四条规定："国家通过普及理想教育、道德教育、文化教育、纪律和法制教育，通过在城乡不同范围的群众中制定和执行各种守则、公约，加强社会主义精神文明的建设。国家倡导社会主义核心价值观，提倡爱祖国、爱人民、爱劳动、爱科学、爱社会主义的公德，在人民中进行爱国主义、集体主义和国际主义、共产主义的教育，进行辩证唯物主义和历史唯物主义的教育，反对资本主义的、封建主义的和其他的腐朽思想。"

《宪法》中的教育条款是对中华人民共和国教育工作的经验总结，是制定各种教育法规的依据。

（二）《教育法》

《教育法》于1995年3月18日由第八届全国人民代表大会（以下简称全国人大）第三次会议通过，并于1995年9月1日起施行。《教育法》（现行版本为2021年修正版）共十章八十六条，立法目的是发展教育事业，提高全民族的素质，促进社会主义物质文明和精神文明建设。在中华人民共和国境内的各级各类教育适用本法，主要用于规范教育基本制度、教育机构、教育工作者、受教育者法律关系。法律规定，全社会应当关心和支持教育事业的发展，应当尊重教师。公民不分民族、种族、性别、职业、财产状况、宗教信仰等，依法享有平等的受教育机会。

《教育法》是我国最高权力机关——全国人大审议通过的基本法。《宪法》是国家的根本大法，《教育法》是《宪法》之下的国家的关于教育的基本法律。《宪法》是制定《教育法》的依据，《宪法》中有关教育的条款具有最高的法律效力，《教育法》不能同其抵触。《教育法》又是一个独立的法律部门，它以教育关系作为调整对象，有着特有的法律关系主体和法律基本原则，并运用相应的处理方式。它与刑法、民法、劳动法等基本法律相并列，处于同等的法律地位。

《教育法》是国家全面调整各类教育关系，规范我国教育工作的基本法律，在我国教育法规体系中处于"母法"地位，具有最高的法律权威。其他单行教育法规都只是调整和规范某一方面的教育关系，或某一项教育工作的，都是"子法"。这些单行教育法规的制定和实施都要以《教育法》为依据，不得与《教育法》确立的原则和规范相违背。《中国教育改革和发展纲要》提出，要在 20 世纪末，初步建立起教育法律、法规的基本框架，形成协调一致、层次有序、完整统一的教育法规体系。在这个体系中，《教育法》是统帅，起着统领作用。

《教育法》以党的政策为依据，明确规定教育是社会主义现代化建设的基础，国家保障教育事业优先发展。第一次以法律形式确立了教育是立国之本的思想，这无疑对于落实教育优先发展的战略地位具有重要意义。教育优先发展战略地位的确立，将会使一系列法律措施，特别是教育投入措施得以落实，这就会极大地促进教育事业的发展。《教育法》对维护教育主体的合法权益提供了法律保障。

过去，无论是教育者还是受教育者，权利意识都很淡薄。在教育没有得到应有尊重的情况下，教育关系主体的权益往往受到损害。为了保护各类教育关系主体的合法权益，《教育法》对学校及其他教育机构的权利、教师和其他教育工作者的权利、受教育者的权利，都做了法律规定，并对侵犯教育关系主体合法权益的行为规定了法律责任，以法律手段保障教育关系主体的合法权益。

（三）《教师法》

《教师法》从 1986 年开始起草，后经过八年酝酿、修改，于 1993 年 10 月 31 日经第八届全国人大常委会第四次会议通过，1994 年 1 月 1 日起施行。《教师法》的制定和颁布，对于提高教师的地位，保障教师的合法权益，造就一支具有良好的思想品德和业务素质的教师队伍，促进我国社会主义教育事业的发展，有着重要的意义。

《教师法》（现行版本为2009年修正版）共九章四十三条，立法目的是保障教师的合法权益，建设具有良好思想品德修养和业务素质的教师队伍，促进社会主义教育事业的发展。本法适用于在各级各类学校和其他教育机构中专门从事教育教学工作的教师。法律规定各级人民政府应当采取措施，加强教师的思想政治教育和业务培训，改善教师的工作条件和生活条件，保障教师的合法权益，提高教师的社会地位。

社会主义现代化建设事业需要一批又一批既具有坚定、正确的政治方向，又掌握现代科学文化知识的社会主义事业的建设者和接班人。人才的培养关键在于教师，建设一支具有良好思想品德修养和业务素质的教师队伍，是搞好社会主义事业的关键。振兴民族的希望在教育，振兴教育的希望在教师。为此，通过《教师法》加强教师队伍的建设。

（四）《体育法》

1995年8月29日，第八届全国人大常委会第十五次会议全票通过《体育法》，填补了国家在体育领域立法的一项空白，结束了体育事业无法可依的历史，使体育工作走上了依法行政的轨道。

《体育法》（现行版本为2022年修订版）共十二章一百二十二条，包含总则、全民健身、青少年和学校体育、竞技体育、反兴奋剂、体育组织、体育产业、保障条件、体育仲裁、监督管理、法律责任和附则。针对新时代出现的新挑战和新问题，《体育法》直面体育现实问题，积极回应人民群众的新要求、新期待，为新时代体育事业发展提供了坚实的法治保障。《体育法》的立法目的是促进体育事业，弘扬中华体育精神，培育中华体育文化，发展体育运动，增强人民体质。

关于青少年和学校体育方面。为增强青少年体育健身意识，促进青少年身心健康和体魄强健，《体育法》提出"国家实行青少年和学校体育活动促进计划，健全青少年和学校体育工作制度"，将青少年和学校体育置于优先发展的战略地位。为解决体育科目不受重视、体育课时经常被占用等问题，《体育法》明确要求学校必须开齐、开足体育课，保障学生在校期间每天参加不少于1小时体育锻炼。针对青少年体质下降问题，明确体育行政部门应当在传授体育知识技能、组织体育训练、举办体育赛事活动、管理体育场地设施等方面为学校提供指导和帮助，组织、引导青少年参加体育活动，预防和控制青少年近视、肥胖等不良健康状况。

为厚植竞技体育后备人才基础，要求体育行政部门配合教育行政部门推进学校运动队和高水平运动队建设。

关于竞技体育方面。《体育法》从体育竞赛管理、运动员权利保护、职业体育规范与促进等方面修改完善了竞技体育条款。特别是在运动员权利保护方面，多措并举，全面发力，规定对运动员实行科学、文明的训练，维护运动员身心健康；依法保障运动员接受文化教育的权利；依法保障运动员选择注册与交流的权利；对优秀运动员在就业和升学方面给予优待；加强对退役运动员的职业技能培训和社会保障，为退役运动员就业、创业提供指导和服务。为确保选用公廉，规定代表国家和地方参加国际、国内重大体育赛事的运动员和运动队，应当按照公开、公平、择优的原则选拔和组建。

关于全民健身方面。为突出全民健身在体育事业发展中的基础性作用，《体育法》将原本第二章"社会体育"章名修改为"全民健身"，明确国家实施全民健身战略，构建全民健身公共服务体系，鼓励和支持公民参加健身活动，促进全民健身与全民健康深度融合。为加强对全民健身工作的领导和协调，增加"国家建立全民健身工作协调机制"的规定。为充分发挥社会体育指导员对全民健身活动的指导作用，确立了社会体育指导员制度。针对全民健身场地设施问题，《体育法》在第八章"保障条件"中，从规划设计、建设配置、开放管理等方面，细化了全民健身保障条件，从制度上解决老百姓"健身去哪儿"的难题。

关于弘扬中华体育精神方面。以"为国争光、无私奉献、科学求实、遵纪守法、团结协作、顽强拼搏"为主要内容的中华体育精神反映了我国体育事业的价值导向和文化追求，是中华优秀传统文化在中国体育实践中的具体体现，是中国精神的重要体现。《体育法》在总则中明确"弘扬中华体育精神"，提出开展和参加体育活动遵循"诚实守信、尊重科学"等原则，在第四章"竞技体育"中明确"体育赛事实行公平竞争的原则"，在第五章"反兴奋剂"中提出"国家提倡健康文明、公平竞争的体育运动"等。《体育法》对"中华体育精神"的规定和在具体条款中的落实，将进一步激发体育人"使命在肩、奋斗有我"的精神，为社会传递更多正能量，为中华民族伟大复兴提供凝心聚气的强大精神力量。

（五）《义务教育法》

《义务教育法》是为了保障适龄儿童、少年接受义务教育的权利，保证义务教育的实施，提高全民族素质，根据宪法和教育法而制定的法律。本法于1986年4

第七章 体育教师相关法律法规

月12日第六届全国人大第四次会议通过，2006年6月29日第十届全国人大常委会第二十二次会议修订，2015年4月24日进行第一次修正，2018年12月29日进行第二次修正。

《义务教育法》（现行版本为2018年修正版）共八章六十三条，对各级政府举办义务教育的责任、素质教育的实施、义务教育的均衡发展等重大问题做出了法律规定，提供了法律保障，具有极其重大而深远的意义，推进我国义务教育步入一个新的发展阶段。

《义务教育法》明确了我国义务教育的公益性、统一性和义务性。这是义务教育的三个基本性质。

公益性，也就是"免费"，就是明确规定"不收学费、杂费"。例如，第二条第二款～第四款规定："义务教育是国家统一实施的所有适龄儿童、少年必须接受的教育，是国家必须予以保障的公益性事业。实施义务教育，不收学费、杂费。国家建立义务教育经费保障机制，保证义务教育制度实施。"

统一性，强调在全国范围内实行统一的义务教育，包括要制定统一的义务教育阶段教科书设置标准、教学标准、经费标准、建设标准、学生公用经费的标准等。例如，第三十九条规定："国家实行教科书审定制度。教科书的审定办法由国务院教育行政部门规定。未经审定的教科书，不得出版、选用。"

义务性又叫强制性。例如，第五条规定："各级人民政府及其有关部门应当履行本法规定的各项职责，保障适龄儿童、少年接受义务教育的权利。适龄儿童、少年的父母或者其他法定监护人应当依法保证其按时入学接受并完成义务教育。依法实施义务教育的学校应当按照规定标准完成教育教学任务，保证教育教学质量。社会组织和个人应当为适龄儿童、少年接受义务教育创造良好的环境。"

《义务教育法》进一步推动实施素质教育，明确了义务教育的质量要求。第五章专门对教育教学做出规定，要求促进学生的全面发展，保证教育教学的质量。例如，第三十四条规定："教育教学工作应当符合教育规律和学生身心发展特点，面向全体学生，教书育人，将德育、智育、体育、美育等有机统一在教育教学活动中，注重培养学生独立思考能力、创新能力和实践能力，促进学生全面发展。"第三十五条规定："国务院教育行政部门根据适龄儿童、少年身心发展的状况和实际情况，确定教学制度、教育教学内容和课程设置，改革考试制度，并改进高级中等学校招生办法，推进实施素质教育。学校和教师按照确定的教育教学内容和课程设置开展教育教学活动，保证达到国家规定的基本质量要求。国家鼓励学校和教师采用启发式教育等教育教学方法，提高教育教学质量。"

（六）《中华人民共和国民办教育促进法》

《中华人民共和国民办教育促进法》（以下简称《民办教育促进法》）由第九届全国人大常委会第三十一次会议于2002年12月28日通过，自2003年9月1日起施行，2013年6月29日进行第一次修正，2016年11月7日进行第二次修正，2018年12月29日进行第三次修正。

《民办教育促进法》（现行版本为2018年修正版）共十章六十七条，为实施科教兴国战略，促进民办教育事业的健康发展，维护民办学校和受教育者的合法权益，根据宪法和教育法而制定。法律规定国家机构以外的社会组织或者个人，利用非国家财政性经费，面向社会举办学校及其他教育机构的活动，适用本法。各级人民政府应当将民办教育事业纳入国民经济和社会发展规划。民办学校的教师、受教育者与公办学校的教师、受教育者具有同等的法律地位。

第一章"总则"，加强民办学校党的建设，强调了民办学校的办学方向，明确了支持和规范民办教育发展的原则，强调鼓励、支持、引导民办学校提高质量、办出特色，满足多样化的教育需求。

第二章"设立"，系统规定了民办学校举办者的权利和义务，以及审批、设立等各环节的要求；明确了民办学校举办的鼓励与限制规范，针对不同性质民办学校的举办者做出了相关规定。

第三章"学校的组织与活动"，落实法律规定，进一步完善了民办学校法人治理结构，对民办学校决策机构、监督机构的组成与运行规则做了补充或者完善。针对考试招生规范等实践中的突出问题，明确了法律规则。

第四章"教师与受教育者"，重点落实法律关于师生权益保障的规定，进一步强调和细化了对民办学校教职工和受教育者的平等对待，规范和支持民办学校加强师资队伍建设。

第五章"学校资产与财务管理"，着重依法落实、完善了民办学校收费和管理机制，健全了民办学校资金和资产的管理使用规则，以坚决防止以非营利之名行营利之实。

第六章"管理与监督"，将实践中行之有效的监管机制进一步体系化，着力构建符合民办教育特点的监管体系，以规范管理促进健康发展。

第七章"扶持与奖励"，明确了对非营利性和营利性民办学校在财政、税收、金融、用地等方面给予差别化扶持举措的导向，强调支持和鼓励社会组织和个人到少数民族地区、边远贫困地区举办民办学校，发展教育事业。

第八章"变更与终止"，明晰了民办学校的分立与合并程序的后续跟进工作，强调民办学校终止时应当妥善安置在校学生、依法进行财务清算，规范了民办学校的变更与终止工作。

第九章"法律责任"，细化了民办学校及民办学校举办者、实际控制人、决策机构和监督机构组成人员等主体的法律责任。

第十章"附则"，规范了"民办学校""校长"的概念。

《民办教育促进法》在立法思路上把握了以下几点：一是在办学方向上，始终坚持和不断加强党对民办教育的全面领导，坚持教育的公益属性，落实"立德树人"的根本任务，确保党的教育方针在民办学校得到贯彻落实。二是在发展目标上，更加注重优质特色，着力引导民办学校提供差异化、多元化、特色化的教育供给，致力于解决好人民群众最关心、最直接、最现实的教育问题。三是在法律地位上，更加体现平等原则，充分保障民办学校师生的同等权利，依法维护民办学校的同等地位。四是在政策要求上，更加强调支持规范并重、双轮驱动促进民办教育高质量发展。五是在动力机制上，更加依靠改革创新，充分发挥民办学校灵活、敏锐的优势，有效激发民办教育的内生动能。

（七）《职业教育法》

《职业教育法》于1996年颁布实施，2022年4月20日进行修订，其对职业教育的基本体系、实施与保障从法律层面做了具体规定。

《职业教育法》（现行版本为2022年修订版）共八章六十九条，以法律形式规定了职业教育是与普通教育具有同等重要地位的教育类型，是国民教育体系和人力资源开发的重要组成部分，是培养多样化人才、传承技术技能、促进就业创业的重要途径。本法的立法目的是推动职业教育高质量发展，提高劳动者素质和技术技能水平，促进就业创业，建设教育强国、人力资源强国和技能型社会，推进社会主义现代化建设。《职业教育法》对有关行业主管部门、工会和中华职业教育社等群团组织、行业组织、企业、事业单位等应当依法履行实施职业教育的义务，参与、支持或者开展职业教育都做出了明确的规定。

在职业教育的定位方面，为了使职业教育明显区别于普通教育，使职业教育为国家的社会主义现代化建设培养高素质的技术技能型人才，适应产业发展的需要,《职业教育法》首先明确地规定了职业教育的目的和定位。《职业教育法》规定,职业教育的目的是"推动职业教育高质量发展,提高劳动者素质和技术技能水平,促进就业创业,建设教育强国、人力资源强国和技能型社会,推进社会主义现代化建设"。《职业教育法》强调职业教育是为了培养具有素质和技术技能水平的劳动者,以便为我国建设教育强国、人力资源强国和技能型社会,推进我国的现代化建设提供合格的人才。我国正处于转变发展方式、推进经济高质量发展、产业向中高端转换的时期,需要大量高素质和具有高技术技能水平的人才。同时,就业是民生之本,培养高素质和具有高技术技能水平的劳动者,有利于增强劳动者的就业能力,推动高质量就业目标的实现。职业教育需要担负起提高劳动者素质和技术技能水平的责任,通过培养高素质的技术技能人才,促进就业创业,为国家的现代化建设提供合格的技术技能人才。

(八)《高等教育法》

1998年,全国人大常委会制定了《高等教育法》,进一步推动了科教兴国战略的发展,为高等教育的健康、全面发展,高等教育管理体制改革和教育教学改革,培养跨世纪的社会主义现代化建设的合格的高级专门人才,提供了切实的法律依据和法律保障。

《高等教育法》(现行版本为2018年修正版)共八章六十九条,包括总则、高等教育基本制度、高等学校的设立、高等学校的组织和活动、高等学校教师和其他教育工作者、高等学校的学生、高等教育投入和条件保障、附则。本法的立法目的是发展高等教育事业,实施科教兴国战略,促进社会主义物质文明和精神文明建设。国家坚持以马克思列宁主义、毛泽东思想、邓小平理论为指导,遵循宪法确定的基本原则,发展社会主义的高等教育事业。在中华人民共和国境内从事高等教育活动都需以本法为依据。本法所称高等教育,是指在完成高级中等教育基础上实施的教育。

《高等教育法》明确确认与高校教师相应的法律地位,要建立一支高素质、负责任的教育队伍则必须通过立法的形式来规范教师的行为和培养。制度建设应该带有根本性、全局性、稳定性和长期性。为了贯彻国家的教育方针,提高国家的教育质量,国家应该首先建立一套成熟的教师制度。该制度由教师资格制度、职务制度、任用制度、培训进修制度、奖惩制度、申诉制度等组成。其次,应该顺应我国教育体制改革的趋势,再次进一步建设配套有关教育体制改革高校管理的法律法规,加强对所有高校教师权益保障的法律的建设。教育法的贯彻、实施关系到国家教育改革的深入发展和社会主义现代化建设的全过程。教育事业作为国家大战略地位的重要性事务,本应该被导入现有的法治系统中,加强教育法制建设是时代的需求,教育法制是现代教育文明与法制文明具有历史必然性的理性结合。教育法保证了每个人受现代教育的权利。

《高等教育法》将实施专科教育的高等学校和其他高等教育机构的设立审批权限明确下放到省、自治区、直辖市人民政府,规定:"设立实施本科及以上教育的高等学校,由国务院教育行政部门审批;设立实施专科教育的高等学校,由省、自治区、直辖市人民政府审批,报国务院教育行政部门备案;设立其他高等教育机构,由省、自治区、直辖市人民政府教育行政部门审批。审批设立高等学校和其他高等教育机构应当遵守国家有关规定。"

《高等教育法》第四条规定:"高等教育必须贯彻国家的教育方针,为社会主义现代化建设服务、为人民服务,与生产劳动和社会实践相结合,使受教育者成为德、智、体、美等方面全面发展的社会主义建设者和接班人。"此条法规明晰了培养什么样的人、怎样培养人。首先,要引导、培养学生树立人民利益至上的观念,从教育的价值理念上来看,要"为人民服务";其次,从培养内容上来看,应用型人才在人才培养结构中占有重要比重,他们必须与社会需要相适应,要"和社会实践"相结合;最后,在培养规格上,美育也很重要。与之相关的是,第五条关于高等教育的任务,在人才培养目标中,"社会责任感"是非常必要的,人才培养要以德为先,立德树人最重要的内容就是社会责任感。《高等教育法》的修正符合现代教育观和高等教育发展导向,也符合问题导向。

《高等教育法》是一部规范我国高等学校设立、组织和管理的法律,它的颁布与实施标志着我国高等教育走上了法治化的道路,对保障高等教育健康发展、落实我国科教兴国战略都有重要的意义。

二、行政法规

(一)《学校体育工作条例》

《学校体育工作条例》(以下简称《条例》)是为保证学校体育工作的正常开展,促进学生身心的健康成长而制定的。本条例于1990年2月20日经国务院批准,1990年3月12日发布,2017年3月1日进行修订。

《条例》(现行版本为2017年修订版)包括总则,体育课教学,课外体育活动,课余体育训练与竞赛,体育教师,场地、器材、设备和经费,组织机构和管理,奖励与处罚,附则,共九章三十一条。《条例》规定学校体育工作的基本任务是:增进学生身心健康、增强学生体质;使学生掌握体育基本知识,培养学生体育运动能力和习惯;提高学生运动技术水平,为国家培养体育后备人才;对学生进行品德教育,增强组织纪律性,培养学生的勇敢、顽强、进取精神。

《条例》在学校体育法律体系中起到承上启下作用。从法律完善程度方面来看,《条例》是《宪法》《教育法》《教师法》《体育法》等在学校体育方面的综合体现,使宪法和法律的原则性条款能够得到进一步的细化和实施。同时,《条例》在我国学校体育法规体系中占据了极高的地位,是学校体育规章制定的直接依据,为我国学校体育工作的开展提供了指导方向及保障,能够指导地方教育部门制定符合本地区或本部门实际情况的学校体育工作具体实施方案。在《条例》的指导下,我国各级教育行政部门和各级各类学校有力地推动了学校体育工作的改革与发展,对提高学生体质健康水平起到重要作用,取得显著成绩。

体育教师作为教师群体中的一部分,理应享受同等待遇和相关权益。在长期得不到良好或同等待遇的情况下,体育教师工作的积极性和主动性不断下降,职业倦怠与焦虑情绪越发严重。因此,《条例》第五章第十九条第一款规定:"各级教育行政部门和学校应当有计划地安排体育教师进修培训。对体育教师的职务聘任、工资待遇应当与其他任课教师同等对待。按照国家有关规定,有关部门应当妥善解决体育教师的工作服装和粮食定量。"

我国幅员广大、地域辽阔,导致学校体育发展方面表现出各种区域性问题,当前难以通过普适性的法律法规予以改善,因此,地方人大和相关部门积极推进政策建设。例如,贵州省通过了《贵州省学校体育工作规定》,对学校体育工作机构、教研机构和管理体制、管理人员、体育课教学、课外体育活动、课余体育训练和竞赛、体育教师、场地器材、经费保障等方面做出了明确规定。作为地方立法典范的广东省在学校体育场馆方面相继颁布了《广东省学校体育场馆向社会开放实施办法》《广州市体育设施向社会开放管理办法》等。上述政策推动了地方学校体育的发展。

(二)《全民健身条例》

《全民健身条例》于2009年8月19日经国务院第77次常务会议通过,自2009

年10月1日起施行，2013年7月18日进行第一次修订，2016年2月6日进行第二次修订。

《全民健身条例》（现行版本为2016年修订版）共六章四十条，是为了促进全民健身活动的开展，保障公民在全民健身活动中的合法权益，提高公民身体素质，由国务院制定的法律条款。

2008年成功举办奥运会，我国取得了金牌总数第一的骄人成绩，赢得了良好的国际声誉。与此形成鲜明对比的是，我国对群众体育的重视程度不高，全民健身运动开展得不够普遍，亚健康群体不断扩大，青少年的身体素质近20年来持续下降。在增强公民身体素质方面，全民健身运动是最重要的环节，但同时也是十分薄弱的环节。对此，社会反响强烈，呼吁加强相关立法，从制度建设入手，推动全民健身工作。奥运会后，群众健身热情高涨，积极参加各种全民健身活动。为了激励人民群众参与健身活动的积极性，2009年1月7日，国务院决定每年8月8日为"全民健身日"。为进一步促进全民健身活动的开展，保障公民参加全民健身活动的权利，提高公民身体素质，有必要在总结实践经验的基础上，制定《全民健身条例》。

《全民健身条例》在立法思路上主要把握了以下几点：一是在组织方面，坚持政府统一领导、部门各负其责、社会共同支持、全民积极参与，组织公众从日常工作中抽出部分时间投身全民健身运动。二是在管理方面，要求政府加大对农村地区和城市社区等基层公共体育设施建设的投入，明确管理责任，扩大现有公共体育设施的开放范围，促进全民健身事业均衡、协调发展。三是在安全方面，加强对高危险性体育项目经营活动的监管，加强社会体育指导人员队伍建设，确保公众参加健身活动的安全。

为增强公民健身意识，使公民能从日常工作中抽出时间参加全民健身活动，《全民健身条例》主要做了以下规定：一是规定国务院制订全民健身计划，明确全民健身工作的目标、任务、措施、保障等内容；县级以上地方政府根据本地区的实际情况制订本行政区域的全民健身实施计划。国家定期开展公民体质监测和全民健身活动状况调查，并将监测结果和调查结果作为修订全民健身计划的依据。县级以上人民政府体育主管部门应当在本级人民政府任期届满时会同有关部门对全民健身计划实施情况进行评估，并将评估结果向本级政府报告。二是要求县级以上政府及其有关部门应当在全民健身日加强全民健身宣传，国家机关、企业事业单位和其他组织应当在全民健身日结合自身条件组织本单位人员开展全民健身活动，县级以上人民政府体育主管部门应当在全民健身日组织开展免费健身指导服务，公共体育设施应当在全民健身日向公众免费开放。三是要求国务院有关部门和地方政府定期举办群众体育比赛活动，县级政府体育主管部门在传统节日和农闲季节组织开展与农村生产劳动和文化生活相适应的全民健身活动。四是要求国家机关、企业事业单位和其他组织在本单位组织开展工间、工前操和业余健身活动；有条件的，可以举办运动会，开展体育锻炼测验、体质测定等活动。

（三）《国家体育锻炼标准施行办法》

我国现行的《国家体育锻炼标准》（以下简称《锻炼标准》），是在20世纪50年代"准备劳动与卫国体育制度"的基础上发展起来的，是我国一项基本体育制度。2013年12月16日，国家体育总局、教育部、全国总工会印发《国家体育锻炼标准施行办法》（以下简称《施行办法》）中修订的《锻炼标准》，是在青少年和普通人群锻炼标准的基础上进行的补充和完善，依然包括力量、速度、耐力、灵敏、柔韧五类身体素质测验项目。《施行办法》包括六章二十七条，明确提出施行《锻炼标准》是一项基本体育制度，在第二条中将《锻炼标准》定义为"是以检验公民体育锻炼效果、评价身体素质为目的，以测验达标为手段的评价体系"。《施行办法》明确了《锻炼标准》施行范围和相关部门的职责，在第三条中规定"由有关部门负责，在国家机关、企业事业单位、学校、社区、乡村和有关组织中全面开展"。同时，《施行办法》将《锻炼标准》作为一个开放的体系，第五条规定："有关部门和单位可以根据实际情况制定实施特定人群的体育锻炼标准和施行办法，并报国家体育总局备案。"

《锻炼标准》主要具有七个特点：一是实现了6~69岁人群的全覆盖，包括儿童、少年、青年、壮年和老年五个组别，适用面更加全面、适用人群更加广泛；二是项目设置删繁就简，包括力量、速度、耐力、灵敏、柔韧五类身体素质测验项目，并设有选测项目，测验成本较低；三是借鉴和融合了国内外的身体素质测验项目；四是充分考虑各组别的年龄特点，在尽量保持测验项目一致性的同时，在项目设置的难易度、评分评级标准等方面，尽量符合不同年龄人群的生长发育规律和特点；五是测验项目本身也可作为锻炼项目，既能评价体育锻炼效果，也鼓励广大人民群众树立通过努力锻炼获得较好测验成绩的理念；六是开发了专门的评价软件系统，实现了数据录入、处理、评价的一体化和数字化；七是《锻炼标准》是一个开放的体系，有关部门和单位可以根据实际情况制定、施行特定人群的体育锻炼标准。

《锻炼标准》标志着群众体育工作向着适应社会发展需要的应用领域又迈进了一步，使我国体育法规体系得到了进一步完善。这将对增强人民群众的体育意识，引领人民群众参加体育锻炼，推动全民健身活动广泛开展，有效提高人民群众身体素质起到十分重要的作用。实施《锻炼标准》是新时期贯彻落实党和政府关于体育工作方针政策的具体举措；是切实履行政府公共体育服务职责，构建完善全民健身公共服务体系的重要抓手；有利于完善运动效果评价体系，建立增强群众体育意识的长效机制。

三、其他规范性文件

（一）《体育强国建设纲要》

按照国务院部署，2017年10月，体育总局启动了《体育强国建设纲要》（以下简称《纲要》）研究工作，组织相关司局同志和有关专家、学者成立起草组。2017年11月，体育总局召开专题会议，部署《纲要》起草工作，对文件的总体思路、重点任务、组织实施、进度安排等提出了明确要求。起草小组先后赴江苏、浙江、上海、陕西、四川等多个省份开展调研；与多个部门及相关专家学者座谈；召集具有代表性的体育企业负责人召开专题座谈会；委托全国相关专家学者开展体育强国建设涉及的重大问题决策咨询研究。2018年11月，形成了《纲要》征求意见稿，征求并采纳了41个中央和国家机关部门的意见。《纲要》正式上报国务院后，国务院办公厅于2019年5月正式征求了39个相关部门的意见，根据反馈意见再次对《纲要》进行了修改完善。在此过程中，《纲要》制定者按照《中共中央办公厅关于解决形式主义突出问题为基层减负的通知》精神，对《纲要》的篇幅进行了严格控制。

《纲要》从总体要求、战略任务、政策保障和九个重大专项工程方面全面规划了战略目标、阶段任务、行动路径和推进保障措施，系统回答了什么是体育强国、如何全面建设体育强国这两个根本性问题，政策文本充分体现了以人民为中心发展体育和以强体促强国两个鲜明特点。

在总体要求中，《纲要》明确提出坚持以人为本，大力推动全民健身与全民健康深度融合，不断满足人民对美好生活的需要。在战略目标中，提出到2035年全民健身更亲民、更便利、更普及，经常参加体育锻炼人数达到50%以上，人均体育场地面积达到2.3平方米，城乡居民达到《国民体质测定标准》合格以上的人数比例超过90%；青少年体育服务体系更加健全，身体素质极大提升，健康状况显著改善。在战略任务中，更是将落实全民健身国家战略，助力健康中国建设作为首要任务，并从完善全民健身公共服务体系、统筹建设全民健身场地设施、广泛开展全民健身活动、优化全民健身组织网络、促进重点人群体育活动开展、推进全民健身智慧化发展六个方面提出明确具体的工作要求。

在指导思想和战略目标上，《纲要》对照党的十九大确立的社会主义现代化强国建设的阶段，将体育强国建设融入"五位一体"总体布局和"四个全面"战略布局及社会经济发展的大局之中，纳入实现中华民族伟大复兴中国梦之中，明确提出要把体育建设成为民族伟大复兴的标志性事业。在战略任务方面，《纲要》从促进经济增长、社会建设、文化发展、对外交往四个方面提出了要求。在经济增长方面，明确提出要加快体育产业，培育经济转型发展新动能，并从打造现代体育产业体系、激发市场主体活力、扩大居民消费、加强体育市场监管四个方面提出了任务要求，推动体育产业成为国民经济支柱性产业。在社会建设方面，提出要完善全民健身公共服务体系，逐步推动基本公共体育服务在地域、城乡、行业和人群间的均等化；推动全民健身公共服务资源向农村倾斜，重点扶持革命老区、民族地区、边疆地区、贫困地区发展全民健身事业；推进各级体育总会建设，完善覆盖城乡、规范有序、富有活力的全民健身组织网络，建立全民健身志愿服务长效机制等。在文化发展方面，提出要促进体育文化繁荣发展，大力弘扬中华体育精神，并将其融入社会主义核心价值观体系建设，精心培育和发展体育公益，完善中国体育荣誉体系，倡导文明观赛、文明健身等体育文明礼仪，促进社会主义思想道德建设和精神文明建设。在对外交往方面，提出要加强对外和对港澳台体育交流，服务大国特色外交和"一国两制"事业。引导、支持和鼓励体育类社会组织、体育明星、大众媒体、体育企业、海外华侨等社会力量在体育对外交往中发挥作用。制订实施共建"一带一路"体育发展行动计划，积极搭建各类体育交流平台，鼓励丰富多样的民间体育交流，推动与共建"一带一路"国家体育旅游深度合作，打造"一带一路"精品体育旅游赛事和线路等。

《纲要》对照我国社会主义现代化强国建设阶段，对体育强国建设2020年、2035年、2050年分阶段提出了奋斗目标，对体育强国的战略任务进行了安排，首次从政策层面回答了什么是体育强国、如何建设体育强国的问题。《纲要》充分体现了坚持以人民为中心、办人民满意的体育事业的发展思想，紧紧围绕全民健身

第七章 体育教师相关法律法规

和健康中国国家战略的实施，紧紧围绕广大人民群众的实际需求和对美好生活的向往建设体育强国。《纲要》体现了改革创新的思路，强调了大开放、大协作、大整合的发展思路，完善了调动社会和市场力量，推动体育创新发展的政策措施。《纲要》充分把握了体育强国建设的系统性、复杂性及跨领域、跨部门的特点，注重机制，协同创新，强调体育部门要与相关部门和单位协同发力，共同推动体育强国的建设。

(二)《课外体育培训行为规范》

2021年12月14日，国家体育总局办公厅正式印发了《课外体育培训行为规范》（以下简称《规范》），旨在深化"双减"政策下的体教融合，并进一步完善课外体育培训监管。《规范》是贯彻落实《关于进一步减轻义务教育阶段学生作业负担和校外培训负担的意见》《关于促进和规范社会体育俱乐部发展的意见》等文件要求，深化体教融合，进一步完善课外体育培训监管，促进体育培训市场形成良好生态、健康有序发展，适用于4~6岁学龄前儿童的体育培训行为规范。

《规范》要求，培训场地和设施应符合安全、质检、消防、卫生、环保等标准；体育器材应符合国家相关产品标准，室内场地应在主要位置悬挂中华人民共和国国旗。特别值得一提的是，中小学校在完成教学计划后，应因地制宜将体育场地设施向儿童青少年开放，可组织学校体育社团或遴选符合条件的青少年体育俱乐部、体育培训机构等为学生提供课外体育培训服务。

《规范》对执教人员做出明确要求，执教人员应至少持有体育教练员职称证书、社会体育指导员职业资格证书、全国性单项体育协会颁发的体育技能等级证书、体育教师资格证书、体育职业技能等级证书、经省级（含）以上体育行政部门认可的相关证书其中一种。培训主体应公示执教人员的姓名、照片、资质证书编号等信息。培训主体应定期组织教练员参加体育部门组织举办的各级各类教练员继续教育培训，每季度至少组织一次内部培训，培训时长年度累计不少于90个学时（45分钟计1学时）。

《规范》明确指出，课外体育培训主体单次收取的课程费用不超过3个月，不得以欺骗、威胁等手段强迫培训对象接受培训。在安全方面，同一时间开展两项及以上体育项目，各体育项目培训区域之间应设置连续性隔离带，室内外场所应安装视频图像采集装置。

在《规范》中，第六章关于安全的要求最多，总共有六条。其中，第二十三条规定:"课外体育培训主体应配备常规医疗急救药品及设备,包括消毒包扎药物材料等。鼓励配备自动体外除颤仪(AED)。课外体育培训主体应根据自身规模配备不少于 1 名经过培训并获得急救证书的人员。"第二十六条规定,鼓励课外体育培训主体购买经营场所责任险。鼓励课外体育培训主体为参加培训人员购买人身意外险。鼓励课外体育培训主体为参加高危项目培训的人员购买专门保险。

《规范》有很强的引导作用:第一,它的一个基本目的是希望明确从事课外体育培训的相关机构要符合一些最基本的要求。第二,对于一些标准提出了明确要求,如场地设施、执教人员公示、背景调查等,这些要求让以前一些比较模糊的地方变得更加明晰。第三,因为接受课外体育培训的主体是 7~18 岁的青少年,所以把安全方面的要求摆在了突出位置,涉及安全培训制度、演练、设施、保险等方面,这种导向作用是非常突出的。

(三)《〈体育与健康〉教学改革指导纲要(试行)》

2021 年 6 月 23 日,教育部办公厅印发了《〈体育与健康〉教学改革指导纲要(试行)》(以下简称《指导纲要》),这是学校体育有史以来教育部颁布的首个关于体育教学改革的指导纲要,具有里程碑意义。

为贯彻落实习近平总书记在全国教育大会上的讲话精神,落实中共中央办公厅、国务院办公厅《关于全面加强和改进新时代学校体育工作的意见》和体育总局、教育部《关于深化体教融合 促进青少年健康发展的意见》,进一步深化体育教学改革,指导全国中小学体育教师科学、规范、高质量地上好体育课,更好地帮助学生在体育锻炼中"享受乐趣、增强体质、健全人格、锤炼意志",促进青少年学生身心健康全面发展,特制定《指导纲要》。

《指导纲要》共有五部分十七项具体内容:总体要求包括指导思想、改革内容、改革目标;主要任务是更新教学观念、优化教学内容、创新教学过程、完善教学评价;组织保障涉及组织管理、课时保障、师资保障、场地器材等方面;督导评价从加强对教育行政部门的督导评估、强化学校落实学校体育教学改革的主体责任、注重教师实施体育教学改革的过程与结果、强调学生达成体育教学改革的目标与效果等方面开展;工作要求提出了确定试点、教改培训两个方面。

内容是体育与健康课程教学的重要载体,《指导纲要》也在内容上做了新的调整和规定:"重点教会学生健康知识、基本运动技能和专项运动技能。其中,健康知识与基本运动技能作为体育课必修必学内容要在中小学广泛开展,专项运动技能作为必修选学内容,中小学校结合实际有选择地开展。"从要求中不难看出,一方面,《指导纲要》强化了中共中央办公厅、国务院办公厅《关于全面加强和改进新时代学校体育工作的意见》中首次提出的教会学生三项主要内容;另一方面,《指导纲要》对各项内容实施的类型进行了规定,"健康知识与基本运动技能"为必修必学,"专项运动技能"为必修选学。这就为新时代新课堂教学在内容方面的改革明确了方向。

《指导纲要》中明确提出,"深化体育教学改革,强化'教会、勤练、常赛',构建科学、有效的体育与健康课程教学新模式"。贯彻落实好"教会、勤练、常赛",不仅有利于"享受乐趣","增强体质、健全人格、锤炼意志"也均将有望实现。"教会、勤练、常赛"三者之间既独立存在又相互关联。"教会"是理解了、掌握了、能用了。"勤练"是既要保证数量,又要注重质量;既强调课上,也强化课外和校外,并成为一种习惯。"常赛"是要让比赛成为常态。《指导纲要》提出,"面向全体学生,根据体育教学内容合理组织每堂课上的教学比赛,结合体育课堂教学组建班队,要周周打比赛,周六周日可组织全校体育比赛,以赛促练"。比赛常态化将有助于学生享受乐趣、增强体质、健全人格和锤炼意志。

关于"学、练、赛",《指导纲要》明确提出:"要根据不同年龄、性别、教材、课型、场地、气候等科学安排运动强度,合理设计练习密度,针对学生素质发展敏感期合理组织学、练、赛,科学推进基本运动技能'课课练'活动。"就"学、练、赛"而言,均为课堂教学基本方式,过去几乎每堂课上都有"学"与"练",部分课上有"赛",而未来的体育课堂三者均不可或缺。

《体育与健康》教学改革明确了新目标,设置了新内容,倡导了新方式,提出了新评价,"四新"将有力推动《体育与健康》教学改革。贯彻落实好《指导纲要》,要从了解和把握"四新"开始,并将其具体化,结合实际深化改革,如此,体育与健康课程的教育教学必将朝向高质量发展,人才培养必将更加全面。

(四)《关于全面加强和改进新时代学校体育工作的意见》

《关于全面加强和改进新时代学校体育工作的意见》的出台是贯彻落实习近平总书记关于教育、体育的重要论述和全国教育大会精神的重要体现,把学校体育工作摆在更加突出位置,构建德、智、体、美、劳全面培养的教育体系。

对于以往体育课被挤占的现象时有发生,本意见要求各地开齐开足上好体育课,严格落实学校体育课程开设刚性要求,不断拓宽课程领域,逐步增加课时,丰富课程内容。学校体育课程要注重大中小幼相衔接,聚焦提升学生核心素养。

义务教育和高中教育阶段学校课程严格按照国家课程方案和课程标准开齐开足上好体育课。鼓励基础教育阶段学校每天开设1节体育课。高等教育阶段学校要将体育纳入人才培养方案，学生体质健康达标、修满体育学分方可毕业。鼓励高校和科研院所将体育课程纳入研究生教育公共课程体系。

为充分调动"师生校家社"各方主体参与学校体育工作积极性，本意见明确提出以下三个方面的改革举措。

（1）推进学校体育评价改革。建立日常参与、体质监测和专项运动技能测试相结合的考查机制，将达到国家学生体质健康标准要求作为教育教学考核的重要内容。完善学生体质健康档案，中小学校要客观记录学生的日常体育参与情况和体质健康监测结果，定期向家长反馈。将体育科目纳入初、高中学业水平考试范围。改进中考体育测试内容、方式和计分办法，科学确定并逐步提高分值。积极推进高校在招生测试中增设体育项目。启动在高校招生中使用体育素养评价结果的研究。加强学生综合素质评价档案使用，高校根据人才培养目标和专业学习需要，将学生综合素质评价结果作为招生录取的重要参考。

（2）完善体育教师岗位评价。围绕教会、勤练、常赛的要求，完善体育教师绩效工资和考核评价机制。将体育教师课余指导学生勤练和常赛，以及承担学校安排的课后训练、课外活动、课后服务、指导参赛和走教任务计入工作量，并根据学生体质健康状况和竞赛成绩，在绩效工资内部分配时给予倾斜。完善体育教师职称评聘标准，确保体育教师在职务职称晋升、教学科研成果评定等方面，与其他学科教师享受同等待遇。优化体育教师岗位结构，畅通体育教师职业发展通道。

（3）健全教育督导评价体系。将学校体育纳入地方发展规划，明确政府、教育行政部门和学校的职责。把政策措施落实情况、学生体质健康状况、素质测评情况和支持学校开展体育工作情况等纳入教育督导评估范围。完善国家义务教育体育质量监测，提高监测科学性，公布监测结果。把体育工作及其效果作为高校办学评价的重要指标，纳入高校本科教学工作评估指标体系和"双一流"建设成效评价。

（五）《关于强化学校体育促进学生身心健康全面发展的意见》

《关于强化学校体育促进学生身心健康全面发展的意见》就推动学校体育改革发展和强化学校体育工作做出全面部署。

本意见强调，要坚持课堂教学与课外活动相衔接、培养兴趣与提高技能相促进、群体活动与运动竞赛相协调、全面推进与分类指导相结合的原则，改革创新体制机制，全面提升体育教育质量，健全学生人格品质，切实发挥体育在培育和践行社会主义核心价值观、推进素质教育中的综合作用。到2020年，体育教学质量明显提高，学生体育锻炼习惯基本养成，运动技能和体质健康水平明显提升，规则意识、合作精神和意志品质显著增强，基本形成体系健全、制度完善、充满活力、注重实效的中国特色学校体育发展格局。

本意见提出，一是要深化教学改革，强化体育课和课外锻炼。以培养学生兴趣、养成锻炼习惯、掌握运动技能、增强学生体质为主线，建立大中小学体育课程衔接体系。严禁削减、挤占体育课时间，切实保证学生每天1小时校园体育活动。鼓励学生积极参加校外全民健身运动，家长、社区要为学生体育活动创造便利条件。二是要注重教体结合，完善训练和竞赛体系。学校要积极开展课余体育训练，为有体育特长的学生提供成才路径。进一步完善竞赛体系，建设常态化的校园体育竞赛机制。三是要增强基础能力，提升学校体育保障水平。加强体育教师队伍建设，着力培养一大批体育骨干教师和体育名师等领军人才。大力推进体育设施建设和综合利用，多渠道增加学校体育投入。四是要加强评价监测，促进学校体育健康发展。完善考试评价办法，构建课内外相结合、各学段相衔接的学校体育考核评价体系。加强体育教学质量监测，建立中小学体育课程实施情况监测制度。五是要强化学校体育的组织实施。进一步加强青少年体育工作部际联席会议制度，把学校体育工作列入政府政绩考核指标、教育行政部门与学校负责人业绩考核评价指标。对学生体质健康水平持续三年下降的地区和学校，在教育工作评估中实行"一票否决"。

新时代人民美好生活需要日益广泛，对于体育活动的多元化和高质量需求也日益显现，人民是发展体育事业的主体，在体育强国建设进程中，需要做到坚持以人民为中心，从人民群众的根本利益和实际需要出发，切实解决人民群众最关心、最期盼、最现实的问题。为加快推进体育高质量发展，加强体育强国建设，各地、各部门不断出台政策措施，政策关于地方政府、各级各类学校、教师、学生等都提出明确的任务要求及规定，可见发展体育的重要性。未来，中国体育将坚持以人为本、改革创新、依法治体、协同联动，持续提升体育发展的质量和效益，大力推动全民健身与全民健康深度融合，更好发挥举国体制与市场机制相结合的重要作用，不断满足人民对美好生活的需要，努力将体育建设成为中华民族伟大复兴的标志性事业。

第二节　学校体育安全法律法规

学校体育是实现立德树人根本任务、提升学生综合素质的基础性工程，是加快推进教育现代化、建设教育强国和体育强国的重要工作，对于弘扬社会主义核心价值观，培养学生爱国主义、集体主义、社会主义精神和奋发向上、顽强拼搏的意志品质，实现以体育智、以体育心具有独特功能。以下将从《中华人民共和国民法典》（以下简称《民法典》）、《教育法》、《教师法》、《未成年人保护法》、《中华人民共和国预防未成年人犯罪法》（以下简称《预防未成年人犯罪法》）、《学生伤害事故处理办法》六部国家法律多维度地对学校体育安全做出明确规定及要求。

一、《民法典》

2020年5月28日，第十三届全国人大三次会议表决通过了《民法典》，自2021年1月1日起施行。《中华人民共和国婚姻法》（以下简称《婚姻法》）、《中华人民共和国继承法》、《中华人民共和国民法通则》、《中华人民共和国收养法》、《中华人民共和国担保法》、《中华人民共和国合同法》、《中华人民共和国物权法》、《中华人民共和国侵权责任法》（以下简称《侵权责任法》）、《中华人民共和国民法总则》同时废止。

《民法典》共七编一千二百六十条，立法目的是保护民事主体的合法权益，调整民事关系，维护社会和经济秩序，适应中国特色社会主义发展要求，弘扬社会主义核心价值观。《民法典》的颁布，标志着我国公民个人权益的保护跨入了全新时代。学生作为独立民事主体，其生命权、健康权等人格权和财产权受到法律的保护。校园安全的管理模式与管理理念也应当与时俱进，在法治理念的指导下，为学生编织一张安全保护网。

《民法典》明晰学校在校园安全管理中的法定职责，是有效预防和妥善处理校园安全事故的必修课。随着《民法典》的施行，《侵权责任法》成为历史。《民法典》有关学生安全事故的规定，基本保留了《侵权责任法》中的相关内容。学生在校可能受到的人身损害主要归纳为以下几种情形：①因学校管理、设施设备缺陷导致的学生伤害事故；②因学校教职工的故意或者过失行为引起的学生伤害事故；③学生自身或学生之间的故意或者过失行为引起的学生伤害事故；④因校外第三方社会成员或组织的故意或过失行为引发的学生伤害事故。

对于学生遭受的人身安全损害，依照《民法典》，学校应当提前尽到"教育、管理职责"。该规定也是校方安全管理的义务来源。学校的"教育"职责可解释为，加强对学生的安全教育与自我保护意识的教育。一方面，这要求学校应当对存在安全风险的活动提前向学生做好提示和说明；另一方面，在日常的教育教学中，学校要注重培养学生的自救、急救能力，提升其安全意识。学校的"管理"职责蕴含两个方面的内容：一是对学生的保护职责，学校要提前建立完备的安全管理制度，当发生安全事故时，及时对学生进行救治和保护；二是对场所、设施等的管理职责，包括对教学设施设备、教学场所的管理和对教师的管理等义务。此外，针对校园性骚扰问题，《民法典》还规定了学校对教职工的管理义务，如采取受理投诉、调查处置等措施。

《民法典》中有关自甘风险的规定。根据该条款，校内学生或教职工自愿参加诸如运动会、啦啦操等文体活动，受到参加者造成的人身损害的，若过失方不存在故意或者重大过失，那么受害者不得请求过失方承担侵权责任。该规定将有效促进相关纠纷的解决，也进一步厘清了校方的责任边界。

当学生在学校内发生人身损害事故时，学校所需要承担的法律责任一般按照"过错责任原则"进行归责。以学生的认知能力为划分，8周岁以下的未成年人属于无民事行为能力人，适用"过错推定责任原则"进行归责，一般认定损害责任的归属方为校方。需要注意的是，以通常合理的注意义务为标准，如果学校能够证明在该学生的人身损害事故中，已对学生做好充分的安全教育与提醒，且在校园教学场所与设施的管理上并无失职，那么学校便无须对该学生的人身损害结果承担责任。8周岁以上的未成年人属于限制民事行为能力人，他在学校遭受的人身损害适用一般性的"过错责任原则"，举证责任由原告承担，即需要学生提供证据证明学校未尽到教育、管理职责，否则学校无须承担责任。

此外，针对第三人对学生的侵害，我国法律还规定了学校应当承担的"补充责任"。依照《民法典》，赔偿责任首先由加害学生的第三人承担。当侵害学生的第三人不能确定，或担负赔偿主体的财产无法满足赔偿需求时，则由没有尽到"教育、管理"职责的校方承担补充责任。与《侵权责任法》相比，《民法典》增添了

"承担补充责任的学校可以向第三人追偿"的内容,无疑有利于减轻校方的损失[①]。

总之,在校园内,只要无民事行为能力、限制民事行为能力的学生受到人身损害,学校就会承担相应的责任,除非其尽到了相应的教育、管理职责。因此,在管理中应将保障学生在校期间的安全作为首要任务,树立安全第一、生命至上的观念,制定完备的安全管理制度,压实管理者的安全责任,排除安全隐患。教育行政部门应当定期检查、指导幼儿园、学校及其他教育机构安全管理工作,发现问题及时指正,并对相关责任人问责。

二、《教育法》

《教育法》是我国教育工作的根本大法,是依法治教的根本大法。《教育法》的颁布是关系我国教育改革与发展和社会主义现代化建设全局的一件大事,对落实教育优先发展的战略地位,促进教育的改革与发展,建立具有中国特色的社会主义现代化教育制度,维护教育关系主体的合法权益,加速教育法制建设,提供了根本的法律保障。

教育法律责任的认定,通俗地说,就是认定哪些是违反教育法的行为和由谁来追究这些违法行为的法律责任。《教育法》对教育活动中的大部分违法行为都规定了相应的法律责任,如对扰乱教育秩序、破坏、侵占学校财产的法律责任都做了具体规定。

(一)结伙斗殴、寻衅滋事,扰乱学校及其他教育机构教育教学秩序的

所谓结伙斗殴,是指出于私仇宿怨、争霸一方或其他动机而成帮结伙地进行殴斗;所谓寻衅滋事,是指在学校及其他教育机构无事生非、肆意挑衅,起哄捣乱,进行破坏骚扰,如无理取闹、调戏女学生、向学生索要钱物等。学校及其他教育机构内部工作人员实施上述行为,一般是因与领导或同事之间闹矛盾、纠纷或者因对工资、待遇等方面不满引起的。其他单位的人员实施上述行为,有的是因为个人私怨,有的是因为单位与学校及其他教育机构之间闹纠纷,还有的纯属无理取闹。扰乱学校及其他教育机构教育教学秩序的行为违反了《教育法》、《中华人民共和国治安管理处罚条例》(以下简称《治安管理处罚条例》)或《中华人民共和国刑法》(以下简称《刑法》)的规定。对实施上述行为的不法分子,根据情节轻重及危害后果,分别给予以下处理:①情节较轻,危害后果和影响不大,

---

[①] 王晓锐. 中小学校园人身伤害事故中的学校民事责任[D]. 兰州:兰州大学,2008.

可由主管部门给予批评教育直至行政处分。②情节较重，致使学校及其他教育机构的教育教学秩序、工作秩序遭到破坏，正常工作无法进行，或者造成其他危害后果的，由当地公安机关给予治安管理处罚。③情节严重构成犯罪的，由人民法院给予刑事制裁。

（二）破坏校舍、场地及其他财产的

破坏校舍、场地及其他财产是指偷盗、抢夺或哄抢、毁损学校房屋、设备、教学器材或其他物资，使校舍、场地及其他财产的价值或使用价值部分或全部地丧失。情节较轻的，是一般违反治安管理行为，情节较重构成犯罪的，系故意毁坏财物罪。实施上述违法行为的人，根据情节轻重及危害后果，分别给予处理，具体执法机关及处理同（一）所述。

（三）侵占学校及其他教育机构的校舍、场地及其他财产的

侵占学校及其他教育机构的校舍、场地及其他财产的行为，主要表现为偷盗、抢夺或哄抢、勒索学校的教学器材或其他物资，故意毁坏学校房屋和设备，占用学校的房屋、场地。这种行为轻者扰乱了学校正常教学秩序，重者使教学工作不能正常进行。它的实质是民事侵权，在性质上，不仅违反了《教育法》，还违反了《民法典》《治安管理处罚条例》《刑法》，具有多重违法性。实施上述违法行为的人，根据不同情节进行处理：①情节和危害后果较轻的由公安机关和教育部门，对直接责任者和有关责任人员给予行政处分，并责令单位和个人退回侵占的校舍、场地和设备。造成损失的，应当依法赔偿。②对单位侵占校舍、场地及设备的直接责任者及其他个人实施上述违法行为情节和危害后果较重，触犯《治安管理处罚条例》的，由公安机关给予治安管理处罚，并责令退回侵占的校舍、场地、设备或赔偿造成的损失。③对情节和危害后果严重，构成犯罪的，依照《刑法》视情节不同，由人民法院分别依照盗窃罪、抢劫罪、抢夺罪、故意毁坏公私财物罪等罪名进行处理。

三、《教师法》

《教师法》的制定和颁布，对于提高教师的地位，保障教师的合法权益，造就一支具有良好的思想品德和业务素质的教师队伍，促进我国社会主义教育事业的发展，有着重要的意义。

《教师法》第八条第五款规定，制止有害于学生的行为或者其他侵犯学生合法权益的行为，批评和抵制有害于学生健康成长的现象。本条明确了教师的义务，在学生受到不法侵害时，应当承担制止义务。第九条第四款规定，为保障教师完成教育教学任务，各级人民政府、教育行政部门、有关部门、学校和其他教育机构应当支持教师制止有害于学生的行为或者其他侵犯学生合法权益的行为。该条款明确政府、教育行政主管部门、学校的义务，需承担支持教师制止对学生包含人身安全权、财产安全权益在内的不法侵害行为的义务。

四、《未成年人保护法》

《未成年人保护法》于1991年9月4日第七届全国人大常委会第二十一次会议通过，2006年12月29日进行第一次修订，2012年10月26日进行修正，2020年10月17日进行第二次修订。

《未成年人保护法》（现行版本为2020年修订版）共九章一百三十二条，其立法目的是保护未成年人身心健康，保障未成年人合法权益，促进未成年人德、智、体、美、劳全面发展，培养有理想、有道德、有文化、有纪律的社会主义建设者和接班人，培养担当民族复兴大任的时代新人。

《宪法》第三十三条第三款规定："国家尊重和保障人权。"人权是人依其自然属性和社会属性所应享有的权利，人权的核心是使每个人的个性、人格、精神、道德和能力获得充分的发展。未成年人这一特殊群体的权利是人权的重要组成部分，《未成年人保护法》明确规定"国家保障未成年人的生存权、发展权、受保护权、参与权等权利"，并特别强调未成年人受教育的权利。为保证这些权利的实现，《未成年人保护法》对国家、社会、学校和家庭各方面的职责做了进一步的规定，为更好地保障未成年人的各项权利提供了法律依据。因此，从一定意义上说，《未成年人保护法》同时也是一部人权保障法，是我国人权保护法律的重要组成部分。这部法律的修订完善，对于贯彻尊重和保障人权的宪法原则，维护未成年人的合法权益具有重要意义，对于彰显我国保障人权的决心和成果，促进我国在国际人权领域的交流与合作也将产生积极影响。

未成年人是祖国未来的建设者，是中国特色社会主义事业的接班人[1]。他们的成长状况如何，直接关系到中华民族的整体素质，关系到国家前途和民族命运。

---

[1] 佚名. 人民日报社论：加强和改进未成年人思想道德建设的重大举措[EB/OL].（2004-03-22）[2023-05-26]. https://www.chinacourt.org/article/detail/2004/03/id/109414.shtml.

《未成年人保护法》针对未成年人保护工作面临的新情况、新问题，在总结经验、集思广益的基础上，做了较为全面的补充和修改，使法的针对性、适用性和可操作性明显增强，这对于营造良好的社会环境，促进未成年人健康成长，保证中国特色社会主义事业后继有人，具有十分重要的意义。

《未成年人保护法》将未成年人受教育权作为一项最基本的权利，着重加以强调，第二十八条规定："学校应当保障未成年学生受教育的权利，不得违反国家规定开除、变相开除未成年学生。学校应当对尚未完成义务教育的辍学未成年学生进行登记并劝返复学；劝返无效的，应当及时向教育行政部门书面报告。"为保证未成年人这一基本权利，《未成年人保护法》从家庭、社会多方面做出相应约束：未成年人的父母或者其他监护人应当尊重未成年人受教育的权利，保障适龄未成年人依法接受并完成义务教育；对尚未完成义务教育的辍学未成年学生，教育行政部门应当责令父母或者其他监护人将其送入学校接受义务教育。

解决外来工子女就学，保障农民工子女平等接受义务教育，也在《未成年人保护法》中得到体现，第八十三条规定："各级人民政府应当保障未成年人受教育的权利，并采取措施保障留守未成年人、困境未成年人、残疾未成年人接受义务教育。"

《未成年人保护法》第二十五条第一款规定："学校应当全面贯彻国家教育方针，坚持立德树人，实施素质教育，提高教育质量，注重培养未成年学生认知能力、合作能力、创新能力和实践能力，促进未成年学生全面发展。"针对目前中小学生日益加重的学习负担，《未成年人保护法》从细处着眼，处处体现了以学生为本、实行素质教育的呵护，第三十三条第一款和第二款规定："学校应当与未成年学生的父母或者其他监护人互相配合，合理安排未成年学生的学习时间，保障其休息、娱乐和体育锻炼的时间。学校不得占用国家法定节假日、休息日及寒暑假期，组织义务教育阶段的未成年学生集体补课，加重其学习负担。"

五、《预防未成年人犯罪法》

《预防未成年人犯罪法》于1999年颁布，2012年10月26日进行修正，2020年12月26日进行修订。本法（现行版本为2020年修订版）共七章六十八条，其立法目的是保障未成年人身心健康，培养未成年人良好品行，有效预防未成年人违法犯罪。预防未成年人犯罪，立足于教育和保护未成年人相结合，坚持预防为主、提前干预，对未成年人的不良行为和严重不良行为及时进行分级预防、干预和矫治。预防未成年人犯罪，在各级人民政府组织下，实行综合治理。国家机关、人民团体、社会组织、企业事业单位、居民委员会、村民委员会、学校、家庭等各负其责、相互配合，共同做好预防未成年人犯罪工作，及时消除滋生未成年人违法犯罪行为的各种消极因素，为未成年人身心健康发展创造良好的社会环境。

《预防未成年人犯罪法》预防犯罪的教育，围绕有关各方在一般预防工作中的职责展开。首先，国家、社会、学校和家庭都应当开展预防犯罪教育，增强未成年人防范违法犯罪的意识和能力。其次，父母或者其他监护人是预防未成年人犯罪的第一责任主体，应当依法全面履行监护职责，培养未成年人的良好品行，及时进行教育、引导和劝诫。再次，学校是预防未成年人犯罪的主阵地，在开展针对性的预防犯罪教育、法治教育、心理健康教育、建立学生欺凌防控制度、引入驻校社工、家校联系配合、工作效果考核等方面都应当采取具体措施。最后，人民政府及有关部门、司法机关、群团组织、村委居委、校外活动场所、职业培训机构及用人单位等应当采取措施，开展预防未成年人犯罪的宣传教育活动[1]。

对不良行为的干预，《预防未成年人犯罪法》围绕三个核心问题展开：一是如何界定不良行为；二是家庭、社会、学校如何干预不良行为；三是对常见的不良行为如何开展干预。首先，不良行为是未成年人实施的不利于自身身心健康，但是尚不具有社会危害性的行为。其次，对于不良行为的干预由家庭、社区和学校基于各自职责开展，监护人基于监护职责对未成年人的不良行为进行管教，社区发现未成年人有不良行为的予以制止并督促监护人履职，学校基于教育职责对未成年学生的不良行为可以适用六种管理教育措施。最后，对于旷课、逃学、夜不归宿、离家出走等这些较为常见的情形，规定了学校、家庭、公安机关及有关单位的具体干预职责。

对严重不良行为的矫治，《预防未成年人犯罪法》围绕三个核心问题展开：一是如何界定严重不良行为；二是如何设计一套强度不断升级的矫治措施体系；三是矫治措施的适用程序和执行。首先，基于与治安管理处罚法、刑法相衔接、相协调的考虑，严重不良行为是未成年人实施的危害社会的行为，包括两类：一类是违反治安管理的行为，另一类是触犯刑法但因未达刑事责任年龄不予刑事处罚的行为。其次，对严重不良行为矫治的措施包括三类，第一类是九种矫治教育措施，第二类是专门教育措施，第三类是专门矫治教育措施，三类措施的矫治强度

---

[1] 益小青，团中央权益部. 新《预防未成年人犯罪法》的方向、思路与展望|新法解读③[EB/OL]. （2020-12-27）[2023-05-26]. https://m.thepaper.cn/baijiahao_10561871.

不断升级。最后，矫治教育措施的适用由公安机关决定，专门教育措施的适用分为申请审批入学、强制入学两种情形，专门矫治教育的适用仅限于触犯刑法但未达刑事责任年龄不予刑事处罚的行为。

六、《学生伤害事故处理办法》

《学生伤害事故处理办法》（以下简称《办法》）于 2002 年 3 月 26 日经部务会议讨论通过，自 2002 年 9 月 1 日起施行。《办法》根据 2010 年 12 月 13 日《教育部关于修改和废止部分规章的决定》修改，为积极预防、妥善处理在校学生伤害事故，保护学生、学校的合法权益，根据《教育法》《未成年人保护法》和其他相关法律、行政法规及有关规定而制定。《办法》对学生在校期间所发生的人身伤害事故的预防与处理做出了具体规范，大力推动了教育领域的法制建设，是构建有关学校安全的法律、制度构架的重要组成部分[①]。

《办法》共分为总则、事故与责任、事故处理程序、事故损害的赔偿、事故责任者的处理及附则六章四十条。《办法》颁布的主要目的在于指导和帮助教育行政部各级各类学校积极预防、妥善处理学生伤害事故。《办法》出台后，将会有力地促进学校提高自身的责任观念和预防意识，促进学校、教育行政部门对学生人身安全的保护；同时也有利于学生人身伤害事故妥善、正确处理，有力地维护学生和学校合法权益；《办法》的实施将会建立良好的法制环境和制度框架，为全面实施素质教育，促进学生的身心全面发展，创造必要的外部条件和有力的保障机制。

当然《办法》的实施并不能完全解决所有的学生损害事故，其中的规定也有许多值得商榷的地方，有待于改进。学校体育伤害事故是学生伤害事故的一种，当然适用此《办法》。《办法》第二条做出了明确的规定："在学校实施的教育教学活动或者学校组织的校外活动中，以及在学校负有管理责任的校舍、场地、其他教育教学设施、生活设施内发生的，造成在校学生人身损害后果的事故的处理，适用本办法。"

《办法》第七条规定，学校对未成年学生不承担监护职责，但法律有规定的或者学校依法接受委托承担相应监护职责的情形除外。学校对学生进行安全教育、管理和保护工作。由此规定可以看出，学校对未成年人履行的是教育管理和保护的义务，不承担未成年学生的监护义务，但其中也有例外的情况。从现实看，它

---

① 马小华，杨吉春. 学校体育伤害事故法律问题研究[J]. 首都体育学院学报，2003，15（1）：13-16.

为处理学生安全事故做了统一规定，具有积极意义。

《办法》第十三条第三款规定，在放学后、节假日或者假期等学校工作时间以外，学生自行滞留学校或者自行到校发生的，造成学生人身损害后果的事故，学校行为并无不当的，不承担事故责任。课余体育训练是指利用课余时间，教练员对部分在体育方面有一定才能的学生进行系统的训练，全面发展他们的身体，不断提高专项运动成绩，培养体育骨干而专门组织的一种教育过程。课余体育训练要根据学生的年龄特点和身体训练水平确定适宜的生理负荷，并且要坚持区别对待的原则。如果教练违反了此原则，就要对此造成的学生伤害负责任。课余体育竞赛是指运用多种运动动作，借助运动项目、游戏活动，充分利用课余时间，在校内、外组织学生进行各种体育竞赛活动的总称。体育竞赛的主要特点便是竞争性，因此在体育竞赛中不可避免地要发生伤害事故。《办法》第十二条第五款明确规定，在对抗性或者具有风险性的体育竞赛活动中发生意外伤害的，学校已履行了相应职责，行为并无不当的，无法律责任。学校竞赛是自愿参加的，但是有些学校以胁迫或变相胁迫的方式使学生参加体育竞赛，这本身就侵犯了学生的权利，构成了侵权行为。如果该学生在体育竞赛中又意外受伤，那么学校应当承担责任。

《办法》的颁布填补了国内立法上的一项空白，有一定的指导作用，但体育活动本身的特殊性和复杂性决定了体育伤害事故处理办法仍需不断完善。我国目前虽然还没有独立的学校体育伤害事故处理的法律法规，但鉴于《办法》及一系列法律法规，能够比较好地处理学校体育伤害事故，因此，学生、家长、学校体育工作人员必须增强自己的法律意识，用法律的武器来保护自己的合法权益。虽然学校体育活动具有竞争性和对抗性，但其伤害事故的发生并不是不可避免的，如果当事人采取适当的预防措施，就可以避免一部分不必要的伤害事故，因此我们必须强化"预防为主，安全第一"的意识和措施。

第三节 体育教师权益保障法律法规

一、《教师法》的内涵

《教师法》以教师为立法对象，把国家尊师重教的方针上升为法律，体现了全国人民的共同愿望和意志。

国家通过制定《教师法》，通过法律明确确认教师的基本权利，规定教师应享有的社会地位和物质待遇，规定政府、学校，各行各业及公民的职责，规定侵害教师合法权利的法律责任，对运用法律手段有效地保护教师的合法权益具有重要的现实针对性。

《教师法》是我国教育史上第一部关于教师的单行法律，它的制定和颁布体现了党和国家对人民教师的重视。《教师法》有利于从根本上提高教师的社会地位，保障教师的合法权益，使教师成为社会上受人尊重的职业；有利于加强教师队伍的建设，造就一批具有高素质的教师队伍，促进社会主义教育事业的发展。

二、《教育法》《教师法》中关于教师的权利

教师权利是指教师在教育教学中依法享有的权益，是国家对教师能够做出或者不做出一定行为，以及要求他人相应做出或者不做出一定行为的许可与保障。它一般由如下三部分构成：①教师实施某种行为的权利，也可称积极行为的权利。例如，《教师法》规定"从事科学研究、学术交流，参加专业的学术团体，在学术活动中充分发表意见"的权利。②教师要求义务人履行法律义务的权利。例如，《教师法》规定教师享有"按时获取工资报酬"的权利。③当教师的权利受到侵害时，有权诉诸法律，要求确认和保护的权利。

依据《教育法》《教师法》，我国教师具有以下基本权利。

1. 教育教学权

教师享有"进行教育教学活动，开展教学改革和实验"的权利。这一权利简称教育教学权。基本含义包括：①教师可依据其所在学校的教学计划、教学工作量等具体要求，结合自身的教学特点自主地组织课堂教学；②按照教学大纲的要求确定其教学内容和进度，并不断完善教学内容；③针对不同的教育教学对象，在教育教学的形式、方法、具体内容等方面进行改革、实验和完善。任何组织或个人都不得非法剥夺在聘教师从事教育教学活动，开展教育教学改革和实验权利的行使。

2. 科学研究权

教师享有"从事科学研究、学术交流、参加专业的学术团体，在学术活动中发表意见"的权利。这一权利简称科学研究权。这是教师作为专业技术人员所享

有的基本权利之一。基本含义包括：①教师在完成规定的教育教学任务的前提下，有权进行科学研究、技术开发、技术咨询等创造性劳动。②有权将教育教学中的成功经验，或专业领域的研究成果等，撰写成学术论文，著书立说。③参加有关的学术交流活动，以及参加依法成立的学术团体并在其兼任工作的权利。④有在学术研究中发表自己的观点，开展学术争鸣的自由，但应注意在教育教学活动中，应按教学大纲或教学基本要求进行讲授，不应任意发表与讲授内容无关且有损受教育者身心发展的个人看法。

3. 管理学生权

教师享有"指导学生的学习和发展，评定学生的品行和学生成绩"的权利。这一权利简称管理学生权。这是教师所享有的在教育教学过程中居于主导地位的基本权利。基本含义包括：①教师有权依据学生的身心发展状况和特点，因材施教，有针对性地指导学生，并就学生的特长、就业、升学等方面的发展给予指导。②教师有权对学生的思想政治、品德、学习、劳动等方面给予客观、公正的恰如其分的评价。③教师有权运用正确的指导思想、科学的方式方法，使学生的个性和能力得到充分发展。

4. 获取报酬待遇权

教师享有"按时获取工资报酬，享受国家规定的福利待遇，以及寒暑假期的带薪休假"的权利。这一权利简称获取报酬待遇权。这是宪法规定的公民享有劳动的权利和劳动者休息的权利的具体化。基本含义包括：①教师有权要求所在学校及其主管部门根据国家教育法律、教师聘用合同的规定，按时、足额地支付工资报酬，包括基础工资、职务工资、课时报酬、奖金、教龄津贴、班主任津贴及其他各种津贴在内的工资收入。②教师有权享受国家规定的福利待遇，包括医疗、住房、退休等方面的各种待遇和优惠，以及寒暑假期的带薪休假。

5. 民主管理权

教师享有"对学校教育教学、管理工作和教育行政部门的工作提出意见和建议，通过教职工代表大会或者其他形式，参与学校管理"的权利。这一权利简称民主管理权。基本含义包括：①教师享有对学校及其他教育行政部门工作的批评和建议权，这是宪法规定的"公民对任何国家机关和国家工作人员，有提出批评和建议的权利"的具体表现。②教师有权通过教职工代表大会、工会等组织形式及其他适当方式，参与学校的民主管理，讨论学校发展、改革等方面的重大事项，以保障教师的民主权利和切身利益，推进学校的民主建设，提高学校管理的效益和水平。

6. 进修培训权

教师享有"参加进修或者其他方式的培训"的权利。这一权利简称进修培训权。基本含义包括：①教师有权参加进修和接受其他多种形式的培训，不断更新知识、调整知识结构，以提高自己的思想品德和业务素质，从而保障教育教学的质量。②教育行政部门和学校及其他教育机构应当采取各种形式，开辟多种渠道，保证教师进修培训权的行使。同时，教师进修培训权的行使，要在完成本职工作的前提下，有组织、有计划地进行，不得影响正常的教育教学工作。

第八章　体育教师法律责任与风险防范

相较于其他科目的教师来说，体育教师更应明确自己对学生的安全和健康所肩负的责任。如何认清自身法律责任并完善有效认定体育教育中的侵权行为和伤害事故，减少消极、偏激的体育教育规避措施，从而保障学校体育工作正常运行是亟待解决的重要问题。因此，本章从风险防范角度探讨学校和管理者如何保障学生体育活动安全，以及体育教师和教练员如何通过有效教学和训练承担起学生运动安全责任。

第一节　体育教师法律责任的诠释

一、法律责任的内涵

法律责任是指公民、法人或其他组织实施违法行为而受到的相应法律制裁。法律责任是由国家强制力来保障实施的，对于维护法律尊严，教育违法者和广大公民自觉守法具有重要意义[1]。法律责任从性质上说可分为三种：行政责任（包括行政处分和行政处罚）、民事责任和刑事责任。

二、体育教师法律责任认定

学生在学校里发生体育意外事故，应根据学校和学生双方是否有过错，以及过错的原因与后果的关系来承担责任。根据此，学校体育意外事故的责任认定主要可分为全部责任、主要责任、同等责任、次要责任四种[2]。

（1）全部责任。完全由学校或学生一方的过错导致意外事故的发生，有过错的一方承担全部责任。例如，2013年苏州某高校一名已经毕业的校友在学校篮球场上打篮球，因先天性心脏病突发，不幸猝死。根据《学生伤害事故处理办法》

---

[1] 佚名. 什么是法律责任？[EB/OL]．（2002-04-28）[2023-05-26]. http://www.npc.gov.cn/npc/c12434/c1793/c1859/c2244/c2431/201905/t20190522_3302.html.

[2] 王涛，庞尔江. 学校体育中意外事故的法律分析[J]. 当代体育科技，2014，4（19）：166，168.

第八章 体育教师法律责任与风险防范

中规定，在有些情况下造成学生伤害事故，学校已履行了相应职责，行为并无不当的，无法律责任。其中与学校体育活动密切相关的两种情况为"学生有特异体质、特定疾病或者异常心理状态，学校不知道或者难于知道的"。由于他并没有向学校告知患有先天性心脏病，学校并不知情，属于正常的开展课外体育活动。这种因自身健康原因造成的意外事故应由事故本人承担全部责任。

（2）主要责任。发生意外事故，学校和学生双方都有过错，一方责任大的承担主要责任。例如，2005年某高校进行体育测试，一位女学生在进行百米冲刺时突然晕厥倒地，后虽及时送往医院抢救，但因心脏病突发医治无效死亡。后来到校医院调查该学生医疗档案发现，其患有先天性心脏病。在这种情况下，学校虽进行了体检，但是没有相应的预防措施导致意外事故的发生。因此，学校需要承担主要责任。

（3）同等责任。学校和学生都有过错，并且造成体育意外事故发生的作用相等，由双方承担同等责任。例如，沈阳市一所大学的校运会中，一名学生随意穿越投掷区，被投掷飞行的铁饼击中头部而晕倒。造成这次意外伤害事故主要有两个原因：一是该学生随意穿越投掷区；二是现场负责人管理疏忽。可以根据实际情况，由当事人分担民事责任。在施教者与受教者都有责任的情况下，处理这个问题最好的办法是运用公平原则来分担责任。

（4）次要责任。因学校和学生双方的违章行为造成意外事故的发生，其中一方的过错较小在伤害事故中作用较小，应承担次要责任。例如，某校初二一个班级上体育课，体育教师让学生们自由打篮球，然后自己回办公室了，结果一位学生被拌断了腿。在这种情况下，学校需要承担一定的责任，因为事情发生在体育课上，体育教师没有在场，没有做好监护责任。学校对于事故的发生存在失职的一面，故必须承担一定的责任，并且对受伤的学生给予适当的赔偿。

第二节 体育教师法律风险防范策略

一、体育教育教学管理过程中存在的安全风险

教育教学活动可分为两类：①具有高度内在、直接危险性的教育活动，如体育及自然科学实验课程等。教师在该类教学活动中负有较高的安全注意义务和责

任。②具有较低内在、直接危险性的教育活动，如以学生静坐聆听为特征的课堂教学活动等。教师在该类教学活动中负有较低的安全注意义务和责任。

体育教师教学的注意义务和相应责任：体育教师教学时有注意学生健康状态的义务；调查练习场所的事前安全性的义务；提示事前防止事故发生、监督现场的义务。体育课、户外教学安全注意义务的判断应以该活动的性质、危险程度，学生的学年、年龄，学生的技能、体力，教育指导水准等为基准。判断标准的内容包括：是否存在合理分组对抗、竞赛；是否存在充分掌握学生生理、健康状况资料；是否存在场地出现混合竞赛状况；是否存在注意学生运动中、运动后出现的异常状况。

以下从学生因素、教师因素及学校因素对体育教育教学管理过程存在的风险进行概括。

（一）学生因素

学生作为体育教学过程中的主体，其自身存在的问题会在很大程度上影响整个教学的质量。学生在教育教学过程中存在身体素质较差、基本的安全意识不足、规范的安全行为习惯缺乏三个方面的主要问题。

如今，人们的生活水平越来越高，但学生的身体素质越来越差，不合理的作息习惯、不良的饮食习惯及缺乏体育运动，这些都导致学生的身体素质急剧下降。有些学生身体素质本来就不是很好，加上功课重、睡眠和休息不充分而导致身体不适，或者存在生理或身体缺陷，课前未告知教师就进行体育运动，其结果是有的学生无法承受和其他学生一样的运动量或运动强度而造成运动损伤。这些因素很容易影响学生的身心健康和学校体育教学的安全进行。

学生普遍存在安全防护意识不强的问题，即使体育训练的难度很高，也不会树立相应的安全防护意识。同时，由于学生作为新生代群体，他们对于高难度的体育训练充满期待与热情，较少考虑其中存在的风险系数。正是由于缺乏安全意识，学生不重视高难度的体育训练，诸如轮滑训练不佩戴护具、激烈赛事后剧烈饮水或者骤然停歇等都可能导致体育训练安全事故的发生。

（二）教师因素

体育教师作为教学的主导者和管理者，应当充分做到关怀学生，特别是保障学生的人身安全。然而在体育教学过程中课时安排不当、保护措施欠缺、责任心不强、态度不端正等问题常有发生。

体育课的合理安排包括对单位班级学生数量、一块场地同时上课的班级数量、上课时间等方面做出适当的安排，以及保障上课班级间不存在干扰。目前的状况却是单位班级学生数量过多，同时上课的班级也很多，存在着互相干扰的现象，这样给体育教学的安全也带来不稳定的因素。

（三）学校因素

学校作为体育教学活动过程中的引领者，不仅需要对学生及教师提出要求，还需要明确自身责任与义务。如今体育教学过程中存在学校对学生安全教育的重视度不够，场地、器材存在安全隐患，体育经费不足等主要问题。

学校对学生的安全教育不够重视，一些学校没有对安全教育做出统一的计划，没有把学生的安全教育作为学校教学的一部分。即使涉及安全教育，也不系统、全面，使学生安全教育一直没有主渠道。

场地、器材是学校体育教学安全进行的物质基础之一。场地、器材是最基本的安全预防，同时也是引发安全事故的最主要的外部因素。目前，很多学校的场地、器材的状态不是很好，严重影响了学校体育教学的安全进行。体育场地、器材存在安全隐患，而学校体育教学安全在物质基础上得不到保障，增大了学校体育教学中安全事故发生的可能性，影响学生参与体育活动和教师教学的积极性，阻碍学校体育教学顺利地进行。

二、规范体育教育教学安全风险法律法规

"明者防祸于未萌，智者图患于将来。"面对前进道路上的各种风险挑战，我们必须始终保持高度警惕，既要有防范风险的先手，也要有应对和化解风险挑战的高招；既要打好防范和抵御风险的有准备之战，也要打好化险为夷、转危为机的战略主动战。

（一）《体育法》

《体育法》完善了我国青少年体育法律制度体系的框架，赋予了新的内涵，对于更好地发挥法治固根本、稳预期、利长远的保障作用具有深远意义。法律建立的青少年和学校体育主要制度，有的是将经过长期实践发展成熟的政策上升为法律制度，如实行青少年体育活动促进计划制度，体育运动学校文化教育制度，学

校运动队和高水平运动队建设制度，课余体育训练、学生体格健康检查制度，发展青少年体育俱乐部制度等。有的是源于我国青少年体育的创新实践，如建立体育教练员岗位制度，优秀退役运动员从事学校体育教学、训练活动制度，学前儿童体育活动制度等。其中具有重大开拓创新意义的当属体教融合入法。

确立体教融合的法律地位，这是修订后的《体育法》的一大亮点。长期以来，体教融合工作的推进主要是政府部门协商实现的，形式多样，难复制借鉴，效果差异大，修订后的《体育法》把在青少年和学校体育中"坚持体育和教育融合"作为政府的保障责任写入总则，同时建立青少年体育工作协调机制，通过法律手段、制度约束，取得"推动青少年和学校体育活动的开展和普及，促进青少年身心健康和体魄强健"服务效能。这为深化体教融合奠定了法律基础，提供了法律保障，明确了法律规范。体教融合成为由法律保障规范的制度。

法定体教融合的部门职责是修订后的《体育法》的第二大亮点。新修订的《体育法》坚持法定职责必须为、法无授权不可为，用法治给体教融合定规矩、划界限，依法清除制约深化体教融合体制机制的障碍。《体育法》第三章"青少年和学校体育"第二十五条中用两个"应当"对体育、教育部门的职责范围做出明确规定："教育行政部门和学校应当将体育纳入学生综合素质评价范围，将达到国家学生体质健康标准要求作为教育教学考核的重要内容，培养学生体育锻炼习惯，提升学生体育素养。体育行政部门应当在传授体育知识技能、组织体育训练、举办体育赛事活动、管理体育场地设施等方面为学校提供指导和帮助，并配合教育行政部门推进学校运动队和高水平运动队建设。"实现职能、权限、程序、责任法定化，把该管的事务管好、管到位，为建立边界清晰、分工合理、权责一致、运行高效、法治保障的体教融合部门职能体系奠定坚实的法律基础，使职能更加优化，权责更加协同。

把体教融合政策规定上升为法律规范，坚持开拓创新是修订后的《体育法》的第三大亮点。例如，《体育法》第三十八条第二款规定："教育行政部门应当将体育运动学校的文化教育纳入管理范围"。这一原则已被纳入政策性文件中，为了更加有效推动落实，将这一政策规定上升为法律规范，提高了规制层次和规制力，在当前加强体校建设、提高运动员文化教育水平的背景下，无疑针对性强，适时管用。

又如，将一些行之有效的政策规定和实践中的成功经验上升为法律规定，包括为充分利用公共体育场地设施，解决学校举办体育运动会缺少场地的问题，"鼓励公共体育场地设施免费向学校开放使用,为学校举办体育运动会提供服务保障""开展符合学前儿童特点的体育活动"等。坚持开拓创新,积极适应新时代、新发展,如《体育法》规定"学校可以设立体育教练员岗位",还规定"学校优先聘用符合相关条件的优秀退役运动员从事学校体育教学、训练活动"。《体育法》还积极回应"双减"政策,建立"体育行政部门会同有关部门引导和规范企业事业单位、社会组织和体育专业人员等为青少年提供体育培训等服务"。

习近平总书记 2020 年 9 月 22 日在北京主持召开的教育文化卫生体育领域专家代表座谈会上强调:"要坚持健康第一的教育理念,加强学校体育工作,推动青少年文化学习和体育锻炼协调发展。"针对青少年体质下降问题,树立健康第一的教育理念,修订后的《体育法》新增"确保体育课时不被占用""在校期间每天参加不少于一小时体育锻炼"等条款,明确教育部门、体育部门、学校等各自的职责,推动学生文化学习和体育锻炼协调发展。

(二)《教师法》

教师的义务是指教师依照《教育法》《教师法》及其他有关法律、法规,从事教育教学工作而必须履行的责任,表现为教师在教育教学活动中必须做出一定行为或不得做出一定行为的约束。它由法律规定,并以国家强制力保障其履行。通常,它有两种不同形式:①积极义务和消极义务。积极义务即必须做出一定行为的义务,如《教师法》规定教师在教育教学活动中,贯彻国家的教育方针,遵守规章制度,执行学校的教育教学计划,履行教师聘约,完成教育教学工作任务的义务。消极义务即不做出一定行为的义务,如不得体罚学生的义务。②绝对义务与相对义务。绝对义务是指对一般人承担的义务,如教师不得侵害法律所保护的任何公民的基本权利。相对义务是指对特定人承担的义务,如教师与学校签订的聘任合同中只对学校承担义务。我国现行《教师法》规定教师应履行以下义务。

1. 遵守宪法、法律和职业道德的义务

教师必须遵守宪法、法律和职业道德,为人师表。它包括以下两层含义:①教师作为中华人民共和国的公民,必须遵守宪法、法律。教师不仅应是遵守宪法和法律的表率,还要在教育教学工作中,自觉培养学生的法制观念、民主意识,使每个学生都成为遵纪守法的好公民。②教师作为人类灵魂的工程师,应当遵守职业道德。教师担负着培养下一代的任务,他们在传授科学文化知识的同时,对学生的思想品德、道德、法律意识等方面的形成有着重要的影响，因此，教师的职业道德，不仅是教师自身行为的规范，还是法律赋予教师应尽的基本义务。

2. 完成教育教学工作的义务

教育教学工作是教师的本职工作。它包括以下三层含义：①教师在教育教学活动中，应当全面贯彻国家关于教育必须为社会主义现代化建设服务，必须与生产劳动相结合，培养德、智、体等方面全面发展的社会主义事业的建设者和接班人的方针，对学生进行全面指导。特别是在基础教育阶段，要使受教育者在德、智、体等诸多方面都得到发展，而不能一味重视智育，追求分数，偏重书本知识，把其他方面摆在可有可无的位置，这是与教育方针相违背的，应予以纠正。②教师应遵守教育行政部门和学校及其他教育机构制定的具体教学工作安排。③教师应当履行聘任合同中约定的教育教学职责，完成职责范围内的教育教学任务。不按聘任合同完成教育教学任务而造成工作损失的，应依据《教师法》第三十七条规定，承担相应的法律责任。

3. 进行思想品德教育的义务

教师的工作是教书育人，通过教书，达到育人的目的。"对学生进行宪法所确定的基本原则的教育和爱国主义、民族团结的教育，法制教育以及思想品德、文化、科学技术教育，组织、带领学生开展有益的社会活动。"这是对教师从事教育教学工作内容方面的全面规范。

思想品德教育的基本含义包括：①教师应自觉地结合自己教育教学的业务特点，将思想政治、品德教育贯穿在教育教学工作全过程中。②在对学生进行思想政治、品德教育时，要遵循宪法确定的四项基本原则，要引导学生逐步树立科学的人生观、世界观。教育学生爱祖国、爱人民、爱劳动、爱科学、爱社会主义，要使学生把坚持学习科学文化与加强思想修养相统一，坚持学习书本知识与投身社会实践相统一，坚持实现自身价值与服务相统一，坚持树立远大理想与进行艰苦奋斗相统一。把学生培养成具有社会公德、文明行为习惯的遵纪守法的好公民。③教师应当有意识地对学生进行爱国主义教育、民族团结教育、法制教育，弘扬中华民族精神。

4. 关心爱护学生，促进学生全面发展的义务

"关心、爱护全体学生，尊重学生人格，促进学生在品德、智力、体质等方面

全面发展。"《教师法》中的这条是《宪法》等有关法律在教育领域的具体体现。《宪法》第三十八条规定："中华人民共和国公民的人格尊严不受侵犯。禁止用任何方式对公民进行侮辱、诽谤和诬告陷害。"《民法典》第一千零二十四条规定："民事主体享有名誉权。任何组织或者个人不得以侮辱、诽谤等方式侵害他人的名誉权。"《未成年人保护法》第二十七条也给予了规定："学校、幼儿园的教职员工应当尊重未成年人人格尊严，不得对未成年人实施体罚、变相体罚或者其他侮辱人格尊严的行为。"国家各类大法之所以对人格尊严都做出规定，是因为人格尊严是权利人最基本的精神权利，权利人的各项人格权利在不同程度上体现了人格尊严的要求，表现了我国法律对人格尊严的尊重。学生作为权利人，虽然在教育教学活动中居于受教育者地位，但同样享有人格尊严。在现实中，由于忽视了未成年人人格尊严，学生的这一权利往往容易受到侵犯。尤其是对有缺陷的学生，教师更应给予其特别关怀，使他们也能健康地成长，绝不能采取简单粗暴的办法，不能侮辱、歧视他们，不能泄露学生隐私，更不能体罚和变相体罚学生。在现实中，体罚学生的事件时有发生，包括罚打扫全校卫生，罚超长时间跑步，罚站，罚抄写大量作业，更有甚者用某些教学工具打学生等，因侮辱学生影响恶劣或体罚学生经教育不改的，泄露学生隐私、造成严重后果的，应承担相应的法律责任。

5. 保护学生合法权益，促进学生健康成长的义务

"制止有害于学生的行为或者其他侵犯学生合法权利的行为，批评和抵制有害于学生健康成长的现象。"这一义务有两层含义：①教师制止的范围是特定的。这主要指教师在学校工作和与教育教学工作相关的活动中，对侵犯其所负责教育管理的学生合法权益的违法行为给予制止。②教师批评和抵制的范围是一般意义上的。保护学生的合法权益和身心健康是全社会的责任。教师自然更负有义不容辞的义务。因此，教师对社会上出现的有害于学生身心健康成长的不良现象，有义务进行批评和抵制。

6. 不断提高自身思想政治觉悟和教育教学水平的义务

教育教学工作是一项专业性较强的工作，担负着提高民族素质的使命，这就要求教师不断学习，加强自身的思想道德修养，保持较高的思想政治觉悟和教育教学专业水平，以适应教育教学工作需要。随着社会的进步、科技的发展，知识的更新速度不断加快。据英国技术预测专家詹姆斯·马丁预测，人类知识在19世纪

是每 50 年增长 1 倍，20 世纪上半叶是每 5 年增长 1 倍，而进入 21 世纪已达到了每两年增长 1 倍。因此，作为一名教师，要想胜任工作，跟上时代的发展步伐，就需要不断学习，加强自身的思想道德修养，提高业务水平。

（三）《学校体育运动风险防控暂行办法》

学校开展体育课教学和课外体育活动、体育比赛过程中，学生既有身体动作，也有大量的身体接触，学校无法做到完全避免学生体育运动伤害的发生。另外，在既往学校安全相关政策文件中，缺少针对学校体育运动安全风险管理的专门性文件，对如何防范体育运动伤害事故，以及发生伤害事故后如何厘清职责、如何处理等不够清晰。一些地方和学校特别是中小学，为避免发生学生体育运动伤害事故，往往采取减少或取消体育活动、降低体育项目难度等方式，来维护学生安全。体育运动安全一直困扰学校体育正常开展。

《学校体育运动风险防控暂行办法》（以下简称《办法》）根据《义务教育法》《未成年人保护法》《侵权责任法》等法律制定。立法目的是防范学校体育运动风险，保护学生、教师和学校的合法权益，保障学校体育工作健康、有序开展。《办法》适用于全日制中小学、中等职业学校。普通高等学校、特殊教育学校的体育运动风险防控工作可参照《办法》，结合实际执行。

《办法》明确了学校体育运动各个环节的风险管理责任，为学校和体育工作者"松绑"，使他们按要求开展体育教学、课外体育锻炼和体育比赛等体育活动。同时也为建立健全学校体育运动风险防控制度、规范学校体育运动各环节风险防控提供了基本遵循。

《办法》共五章二十一条，除第五章附则外，主要包括四个方面的基本内容。第一章"总则"共五条，主要包括制定依据、防控原则、适用范围等。第二章"管理职责"共五条，重点对学校体育运动风险防控工作机制及各部门的职责等进行了规定，提出具体要求。另外，还对体育器材设施购置及安全台账制度建立、学生健康档案建立、体育运动风险防控监督机制建立等进行了明确。第三章"常规要求"共五条。学校体育运动风险防控以预防为主，针对存在风险的体育课教学、体育训练、课外体育活动组织、体育比赛及体育器材设施采购使用等重点环节，提出风险防控常规管理要求。第四章"事故处理"共五条，明确了体育运动伤害事故处理原则、报告制度等内容。

《办法》从体育运动风险防控机制建立、体育器材采购与管理、体育教学与体育比赛管理、学生健康管理、体育安全教育等多方面对学校提出了要求。第一，学校应当建立校内多部门协调配合、师生员工共同参与的学校体育运动风险防控机制，制订风险防控制度和体育运动伤害事故处理预案，明确教务、后勤、学生管理、体育教学等各职能部门的职责，并督促职责落实。第二，学校选购体育器材设施应当严格按照国家有关产品和质量标准予以选购，没有国家标准和行业标准的，应当要求供应商提供第三方专业机构的安全检测及评估报告。另外，还应建立体育器材设施与场地安全台账制度，记录采购负责人、采购时执行的标准、使用年限、安装验收、定期检查及维护情况。第三，学校组织开展大型体育活动或体育比赛，应当成立安全管理机构，制订安全应急预案，设置相应安全设施及标识，设置现场急救点，对学生进行安全教育等。如果组织学生参加跨地区体育活动和体育比赛，还应根据活动或比赛要求向学生及家长提供安全告知书，获得家长书面反馈意见。第四，学校应当按规定安排学生健康体检，建立学生健康档案，按照《中小学生学籍管理办法》规定，纳入学籍档案管理。转学应当转接学生健康档案。第五，学校应当利用开学教育、校园网络、家长会等进行体育安全宣传教育，普及体育安全知识，宣讲体育运动风险防控要求和措施，引导学生和家长重视并理解体育运动风险防范。

《办法》要求，教师在体育课教学、体育活动及体育训练前，应当认真检查体育器材设施及场地；体育课教学、体育活动及体育训练中，应当强化安全防范措施，对技术难度较大的动作应当按教学要求，详细分解、充分热身，并采取正确的保护与帮助。

《办法》明确了体育运动安全事故处理要求：一是体育运动伤害事故发生后，学校应当按照体育运动伤害事故处理预案要求及时实施或组织救助，并及时与学生家长进行沟通。二是及时报告，发生体育运动伤害事故，情形严重的，学校应当及时向主管教育行政部门报告；属于重大伤亡事故的，主管教育行政部门应当按照有关规定及时向同级人民政府和上一级教育行政部门报告。体育运动伤害事故处理结束，学校应当将处理结果书面报主管教育行政部门；重大伤亡事故的处理结果，主管教育行政部门应当向同级人民政府和上一级教育行政部门报告。三是依据《学生伤害事故处理办法》和相关法律法规依法妥善处理体育运动伤害事故。四是学校主管教育行政部门可会同体育、医疗、司法等部门及相关方面的专业人士组建学校体育运动伤害事故仲裁小组，对事故进行公平、公正的调查，提出仲裁意见，为事故处理提供依据。五是教育行政部门和学校应当健全学生体育运动意外伤害保险机制，通过购买校方责任保险、鼓励家长或者监护人自愿为学生购买意外伤害保险等方式，完善学校体育运动风险管理和转移机制。

三、体育教育教学过程中的安全风险防范

体育活动（Physical Activities）是体育的基本概念之一。凡各种体育的实践形式、实施方式及体育过程中的各种相关活动统称为体育活动[①]。学校体育活动（Physical Activities in School）是以学生为对象，以身体练习为基本手段，以增强学生体质，促进学生身心全面发展，培养学生终身体育的意识、兴趣、习惯和能力为主要目标的一种有计划、有组织的文化教育活动[②]。风险（Risk）是指可能发生的未来危险和损失，是实际结果与预计结果之间的差异，是事件未来的不确定性[③]。告知（Informing）即把需要告知的内容通过一定的形式告知被告知人，让被告知人知晓的行为[④]。

根据墨菲定律（Murphy's Law），可能出错的事情均会出错。风险的不确定性和体育活动的身体运动特征使参与者需要面对体育活动风险。风险的发生以风险情境为背景，是个体的发现依赖个体对风险的感知和经验，具有很强的知识依赖性。学生体育活动风险认知很大程度上依赖教师风险议题的呈现。以往的经验风险的不确定性影响了风险的能见度，只有在风险实际发生时或通过教师的知识传播和告知等方式，学生才知其危害性。学生需要从教师的知识传播和告知中获得对抗风险、揭露风险、具象化的风险信息。由于体育活动的特殊性，风险信息大多是通过教师的告知体现出来的。教师的告知、告知方式和告知水平直接影响着学生的体育活动风险认知。风险告知的重要性在于它贯穿体育活动各个方面及全过程。有效的风险告知能促进学生对风险的理解，为风险防范提供参考。因此，风险告知是减少和规避体育活动伤害事故首要而有效的途径和手段。

学校作为行政机关在对所招学生做出具体行政行为前要如实告知相关事项。学校在招生广告、招生简章等文件中应当包含法定的告知内容，在学生办理入学手续前让其知晓履行自己的法定告知义务。对于体育活动安全协议，学校要告知学生及家长并与其协商、约定体育活动范围内双方的责、权、利，以及体育活动

---

① 周西宽. 现代"体育"概念几个问题的探讨[J]. 成都体育学院学报，2004，30（4）：1-6.
② 中国体育科学学会，香港体育学院. 体育科学词典[M]. 北京：高等教育出版社，2000.
③ 石岩. 我国优势项目高水平运动员参赛风险的识别、评估与应对[M]. 北京：北京体育大学出版社，2005.
④ 温必潜. 用人单位应重视和履行法定的"告知"义务[J]. 中国物业管理，2007（9）：46-47.

中的一些默示条款等内容,如违约责任、遇争议时解决争议的方法、要求双方约定的条款等内容。这样有利于双方加强自身管理,从而保证学生的安全。一旦发生体育活动伤害事故,体育活动安全协议就可以作为证据材料用于查明事实、分清责任。教师是学校教育的具体实施者,在体育伤害事故纠纷的司法实践中判断学校是否有过错主要考查教师是否履行了告知义务。

第九章　体育教师与其他主体之间的法律关系

体育教师的法律地位及其与教育行政机关、学校、学生及学生家长的法律关系，是构成教育系统的重要组成部分。理解这些关系的含义、特点，以及各自的权利和义务，能够为体育教师提供一种有效的方式，以确保体育教师能在尊重每个参与者权利的前提下，优质高效地完成教育工作。本章旨在深入探讨体育教师的法律地位，帮助体育教师明确自身与教育行政机关、学校、学生及学生家长之间的法律关系。

第一节　体育教师的法律地位

一、体育教师法律地位的内涵

体育教师是教育法律关系的重要主体之一。每种法律关系的"中心"都应该是在该法律关系中享有权利和利益的当事人，当事人本身的法律地位应该首先予以明确。这种法律地位表现为当事人在法律关系中具有享有某种权利的资格（权利能力），以及当事人在法律关系中能够以自己的行为取得某种利益的资格（行为能力）。体育教师的法律地位即指体育教师以其权利能力和行为能力在法律关系中所具有的一种法律主体资格，主要涉及体育教师的法定身份、体育教师法律关系的特征，以及法律规定的体育教师权利义务等问题[1]。

体育教师的法律地位是由不同法律规范确立的，具有同一性基础上的差异性。同一性表现为体育教师都具有共通的法律身份及法定的权利义务，如《宪法》规定的"公民"，《教师法》规定的"教师"及相应的法定权益。但同时，服务于不同教育阶段、不同性质学校的体育教师又具有不同的行为能力，与相关主体形成多样性质的法律关系，享有不同的法律权利，承担不同的法律义务与责任，在法律地位上具有差异性。

---

[1] 包秀荣. 试论教师的法律地位[J]. 内蒙古民族师院学报（哲学社会科学版），1998（1）：77-81.

第九章 体育教师与其他主体之间的法律关系

体育教师的法律地位与体育教师的社会地位、人格地位不同。社会地位表明社会成员的社会分层状况，社会分层状况常常表明社会成员社会地位的高低，通过经济地位、政治地位、职业地位和社会声望等综合体现。体育教师的社会地位需要法律确认并保障。人格是自然形成的，每个人的人格虽不同却平等，人格尊严不受侵犯是宪法赋予公民的基本权利，体育教师在人格上与其他公民一样受到法律的平等保护。体育教师作为一种特殊职业，其法律地位则必须是法律专门确认的，体育教师是依法取得体育教师资格、与学校签订聘任合同并专门从事体育教育教学活动的一类公民。

体育教师的法律地位内涵还包括一些特殊的权利和义务，这些权利和义务主要体现在体育教育的特殊性上。例如，体育教师需要关注学生的身体健康和安全，因此他们有责任确保体育课程的安全实施，对潜在的安全风险进行评估，并采取必要的预防措施。此外，体育教师还需要关注学生的运动技能发展情况，引导学生掌握正确的运动技巧，培养学生的团队精神和运动道德。

在享有权利方面，体育教师有权获得与其职业相适应的专业培训和发展机会，以提高自身的专业技能和素质。此外，体育教师还有权在课程设置、教学方法和评价体系等方面进行创新和尝试，以更好地适应学生的需求和教育目标。同时，体育教师也有权参与学校体育活动的组织与管理，发挥其专业优势，为学生提供更丰富的体育教育体验。

二、体育教师法律地位的分析基础

体育教师职业性质的形成是一个历史过程，反映了社会客观需要与人们的主观选择和设计。体育教师在法律上享有与其他教师相同的地位。只有清楚地把握体育教师职业的基本性质与诉求，才能在体育教师地位设计上减少偏差。研究体育教师的法律地位问题，需要认识和揭示体育教师职业的特殊性，从而使体育教师立法遵从教育规律及体育教师发展规律，体现体育教师职业的内在要求和社会对体育教师职业的要求。

（一）体育教师职业的公共性决定了体育教师不同于其他专业人员

体育教师职业的公共性是指体育教师职业涉及社会公众、公共经费、社会资源，会影响社会公共利益，同时体育教师职业劳动的结果具有被社会成员共同消费、利用的可能性。要强调的是，在功能层面，体育教师职业的公共性体现为体育教师职业所具有的促进人和社会发展的功效。体育教师职业源于国家公共体育教育体系建立的需要及其对社会发展的重要功能。体育教师虽然属于专业人员，但又具有显著的公共性，从而区别于其他专业性职业，体育教师立法应能够反映体育教师职业的公共性诉求。体育教师职业的公共性主要源自以下三个方面。

（1）体育教师所从事体育教育活动的公共性。体育教育活动具有为整个社会服务、促进社会发展的公共职能，是人类社会赖以生存和发展的重要基础。体育教师是体育教育活动的具体实施者，承担为国家和社会培养身体健康、具备运动技能的公民的公共职能。体育教育发展目标是国家根据不同时代的社会发展需要制定的，体育教师是为整个国民体育教育体系发展提供公共服务的。体育教师职业具有直接促进个人身体素质和运动能力的发展、间接促进社会健康及体育文化发展的责任和功效。同时，体育教师还应该遵守体育竞技的规则和标准，确保学生在体育活动中的安全和健康，并避免任何潜在的伤害风险。如果体育教师因为疏忽或不当行为造成学生受伤或财产损失，他们将会承担法律责任。

（2）体育教师工作场所的公共性。现代教育主要由正式教育和非正式教育构成，正式教育是指学校教育，是体育教师实施教学活动的主要形式。日本对于学校的公共性通说认为，在学校内实施的教育事业本身具有公的性质，因此学校具有公的性质，其公共性是指学校即使是"私"的也非"个人"的，同时也不是将学校中的教育任随父母与家庭的自由，学校乃是社会上的公共事务[①]。不论公立学校、私立学校还是相关有组织的体育培训单位和网络教学平台，其为社会公众提供体育教育服务的属性决定了它们的公共性。体育教师是各级各类学校体育教育的具体实施者。

（3）体育教师体育教学服务的无差别性。在体育教育系统中，体育教师为学生提供体育教育服务，应该一视同仁、无差别对待所有受教育者（平等），同时保证受教育者在学校学习过程中能够基于自身潜能获得体育教师个性化指导（公平）。体育教师有义务在课堂教学过程中和体育辅导中营造有利于学生学习的氛围，公平、客观地确认学生体育学习需求，监督学生运动技能进展，确保为所有学生提供服务。这包括针对学生的不同运动能力和兴趣，制订合适的训练计划，为学生提供正确的运动技能指导，以及关注学生在体育锻炼中的心理健康发展。

体育教师职业的公共性要求体育教师的行为应当受到社会或国家的适当监

---

① 平原春好，牧柾名. 教育法[M]. 东京：学阳书房，1994.

督,其法律地位受到国家的特殊规范。由于学校内实施的体育教育活动会对个人和社会产生影响,因而私立学校也具有公共性。在私立学校从事体育教师职业的人是私立学校体育教育服务的具体提供者,私立学校的体育教师即具有公共性。基于保护学生和规范市场公平竞争秩序的目的,国家或社会也应对民办学校的体育教师加以监督。部分接受国家经费支持或减免税的私立学校,其体育教师自然应接受国家法律的规范,体育教师的行为也应符合国家为达成体育教育目的所做的要求。

只有将体育教师职业的公共性保障全面地具体化为规范体育教师权利和义务的准则,才有可能形成完善的法律机制。围绕体育教师职业公共性这一特性,提出分析和建构体育教师法律地位的理论基础,有利于减少体育教育立法的自说自话,避免过于被改革实践过程中的短期、即时性问题左右。这包括关注体育教师在教学过程中的安全责任,以及在课程设置和教学方法上的创新和多样化,以满足不同学生的需求和兴趣,从而实现体育教育的全面发展。

(二)体育教师职业的公共性强度差异决定了不同群体体育教师的法律地位差异

体育教师职业的公共性受到体育教师专业自主性的影响。体育教师职业的专业自主性是由其专业人员的职业性质决定的,体现为体育教师应具备所在职位的专业知识体系和在长期实践中形成教学技能的工作机制、方法。体育教师职业的专业自主性首先体现在体育教学自主性上,简而言之,是体育教师在多大程度上可以自主决定教授给学生什么内容、采用什么样的教学方法。不同教育阶段的体育教师的专业自主性有所不同,决定了体育教师可以根据所教授的不同年龄、学段学生的身心发展特点,基于自身的专业能力,在法律规定的范围内自主选择体育教学方法和相应的教学内容,合理掌控教育教学进度,保障学生受体育教育权的实现。同时,体育教师职业的专业自主性还体现为体育教师可以对学生在学校和课堂上的体育学习行为进行管理,以及对学生进行相应的生活指导。学校与社会体育的教育目的与教育功能有赖于体育教师的专业自主权的实现,学生的健康发展权也只有建立在体育教师的专业自主性上才有意义。体育教师所处的学段越高,其要掌握的专业知识越深,其实施体育教育教学和教育管理的方法和手段也更为灵活,具有更高的专业自主权。根据《教师法》《教师资格条例》的规定,体育教师的学历要求随着教育阶段上升而不断提高。体育教师职业的公共性还会受到体育教师所在学校性质的影响。学校的性质取决于接受国家公共财政投入的情况，接受国家公共财政投入及社会资助较多，学校就具有较强的公共性，反之较弱。由于办学经费得到国家财政支持，公立学校具有较强的公共性；民办学校办学经费的私人性使其公共性相对弱于公立学校。因涉及公共财政、社会资源的正当使用与管理，同时也涉及民办学校私人财产处分权及管理自主权的保障，对不同性质学校体育教师的立法规范和监督也自然有所差异。公共性差异决定了体育教师内部不同群体的法律地位差异。对于体育教师职业公共性的保障必须考量体育教师职业的自主性，确立体育教师的法律地位应考虑公共性与自主性的协调。

体育教师职业公共性和自主性的关系主要体现在不同教育阶段、不同性质学校体育教师法律地位的差别上。体育教师职业公共性与自主性的关系具有相互连接、相互统一而又此消彼长的特点。公共性越强，体育教师的权利限制就越多，国家监督的强度、密度也就越高。确立体育教师法律身份、体育教师与相关主体的法律关系及体育教师的权利和义务，必定要考虑公共性与自主性的协调与保障。在调整和制定与体育教师相关的法律法规时，应充分考虑到体育教师所在学校的性质、接受公共财政支持的程度及体育教师所承担的教育任务等因素，以确保体育教师职业的公共性与自主性得到恰当的平衡和保障。

三、以公共性和自主性保障为目标，确立体育教师的权利义务

体育教师的权利和义务是体育教师法律地位的重要表现。体育教师职业的公共性为体育教师立法提供了一般思维范式和分析维度，而且构成了体育教师权利及其界限的分析价值。由于立法技术和制度设定本身存在问题，《教师法》中"保障教师的合法权益"的立法目的实现遇到困难，应重构体育教师权利义务体系[1]。当前，体育教师作为《宪法》层面的公民，其基本权利也面临挑战。与一般违法犯罪行为相比，学生打教师更是挑战了传统价值观。保障体育教师权利义务的实现，立法应区分体育教师的基本权利义务与特殊权利义务[2]。体育教师作为接受国家委托、承担国家公共教育职能的专业人员，不仅应有与其他承担国家公共职能的人员同样的权利与义务，还应有专业人员履行职务应该具有的专业权利与义务。回归公共性的思考，体育教师权利与义务的确立，应当建立在体育教师职业公共

---

[1] 李晓燕. 中国教师权利和义务及其实现保障论纲[J]. 国家教育行政学院学报，2006（6）：26-31.
[2] 程雁雷，廖伟伟. 教师权利义务体系的重构——以教师法律地位为视角[J]. 国家教育行政学院学报，2006（6）：18-25.

性和自主性保障的基础上。

(一)体育教师职业公共性保障的权利义务

作为履行国家公共教育职能的人员,体育教师所享有的权利属于公务人员所享有的权利,包括福利待遇权,退休金获得权,受抚恤权,保险权,职位保障权,出差、请假及休假权,生活津贴获得权,年终考核晋级加薪权,获奖励权等[①]。但为了保证学生受教育权的实现和维护国家公共利益,在享有这类特殊权利的同时也必须承担特殊的职责。作为履行国家公共教育职能的人员,体育教师所承担的义务包括执行职务、服从命令、严守秘密、遵守职业道德、不为一定行为、不得罢课的义务。不得罢课的义务主要是不得随意中止教学工作的要求,因为罢教会破坏师生伦理观念,剥夺学生学习权,对国家和社会造成的伤害难以估计。实现体育教师的工作权不能以牺牲学生的受教育权为代价,可以通过建立和完善相关法律与制度来改善体育教师的工作条件,提高体育教师的工作绩效。

(二)教师职业自主性保障的权利义务

体育教师的专业自主权是由法律专门规定的,体现了体育教师职业的特殊性,是与运动训练、体育教学内容有关的权利。体育教师职业的专业性在于教师的职责,即体育教师承担向学生传授体育知识、技能,培养运动能力和体育精神的职业责任。因此,体育教师的专业自主权是一种权利,也是职责和义务,不可以放弃。自主性的保障在于明晰体育教师的专业自主权,至少包括以下三种权利。

(1)教学权。体育教师有权基于教学大纲对运动训练内容、体育教学方法和组织形式进行调整和改革。体育教师有权针对不同特点的学生实施不同的运动训练与体育教学方法,有权抵制对其运动训练与体育教学改革的无理干涉[②]。

(2)学术自由权。体育教师负有探求真理、发展体育学术和培养学生能力的责任,包括承担教学、引导学生运动训练、承担学校工作、研究进修、社会服务的义务。基于这个责任,法律才赋予体育教师以体育学术自由权。这项权利是由法律专门规定的,必须与体育学术、教学内容有关。因此,体育教师的学术自由权其实是体育教师在体育学术范围内实施教学的自由,与公民言论自由中讲与不讲的自由存在显著的区别。立法对言论自由的范围和界限应予以规定。作为体育

---

① 余雅风,劳凯声. 科学认识教师职业特性 构建教师职业法律制度[J]. 教育研究,2015,36(12):36-42.
② 劳凯声. 教师职业的专业性和教师的专业权力[J]. 教育研究,2008,29(2):7-14.

教师，有权对教育活动的整个过程施加某种影响和控制，有权做出职业范围内的专业性行为。立法既要明确规定教育惩戒权行使的主体、适用范围及适用条件，以使教育惩戒权区别于其他权利；又要明确惩戒的具体形式，以及惩戒权行使的原则、程序，防范教育惩戒权行使过程中对学生合法权利的侵犯[①]。

（3）教师的选拔、培训与发展权。体育教师有权参与选拔优秀学生、培训新教师、制订培训计划和课程的过程，也有权参与教师职业发展的决策，以提高自己的专业素养和能力。

第二节　体育教师与教育行政机关的法律关系

一、教育行政机关法律地位的含义

教育行政机关指依法成立的代表国家从事教育行政管理、承担对内对外教育职能的国家行政机关。根据我国宪法和组织法的规定，教育行政机关具备行政法上的主体资格，属于机关法人。教育行政机关的法律地位指教育行政机关作为机关法人，在从事教育行政管理活动中，依法应享有的行政权力、履行的行政义务和承担的法律责任。

二、教育行政机关法律地位的特点

（一）相对独立性

各级教育行政机关是同级人民政府的组成部分并对其负责，其行政权力不得违反教育法律和同级人民政府的决定、命令和指示；同时，各级教育行政机关在遵守宪法和教育法律法规的前提下，有独立行使主管事项的决定权，不受其他机关的非法干预。在教育政策制定和实施过程中，各级教育行政机关需要协调各方利益，确保教育事业的稳步发展。这种相对独立性有利于教育行政机关在教育领域发挥专业优势，更好地为社会提供优质的教育资源。

---

① 余雅风，张颖. 论教育惩戒权的法律边界[J]. 新疆师范大学学报（哲学社会科学版），2019，40（6）：96-102，2.

(二) 专门性

各级教育行政机关作为同级人民政府的一个职能部门，只能以教育行政事务为行政活动的专门内容。教育行政机关只能行使国家行政机关的权力，而不能行使国家审判机关和国家检察机关的权力；教育行政机关只能行使法律赋予教育行政机关的权力，而不能行使其他国家行政机关的权力。否则，即构成行政越权。教育行政机关的专门性体现在其对教育工作的专业管理和监督上。在教育行政领域，教育行政机关负责制定教育政策、规划和标准，协调各类教育资源，保障教育质量，促进教育公平和创新。

(三) 地域性

教育行政机关的执法活动只能在法定的管理范围内进行，某一教育行政机关的执法权只能在本行政区域内行使，而不能到其他行政区域内行使。对某一特定地区的教育行政事务负责。各级教育行政机关在其所辖的地域范围内行使权力，确保各地教育政策的落实与执行。地域性要求教育行政机关关注本地区的实际情况，因地制宜地制定和实施教育政策，以满足当地教育需求。

三、教育行政机关的管理权限

根据《教育法》第十四条和第十五条的规定，政府及其教育行政部门对教育工作的管理权限是：国务院和地方各级人民政府根据分级管理、分工负责的原则，领导和管理教育工作。中等及中等以下教育在国务院领导下，由地方人民政府管理。高等教育由国务院和省、自治区、直辖市人民政府管理。国务院教育行政部门主管全国教育工作，统筹规划、协调管理全国的教育事业。县级以上地方各级人民政府教育行政部门主管本行政区域内的教育工作。县级以上地方各级人民政府其他有关部门在各自的职责范围内，负责有关的教育工作。

教育行政机关在教师队伍管理和建设方面的主要职责是：①合理配置教师，制订教师培养、培训规划；②认定教师资格，依照国家规定举行教师资格考试；③管理、使用教育经费，保证教师的教育教学工作条件；④受理教师的申诉，对于教师对学校或者其他教育机构提出的申诉，主管教育行政部门应当在接到申诉后，在对申诉人的资格、申诉条件审查的基础上，分别情况，做出处理；⑤确定教师考核的标准及方法，对教师的考核工作进行指导、监督；⑥对教师进行奖惩；

⑦保证学校正常的教育教学秩序，维护学校、教师的合法权益。

四、体育教师与教育行政机关法律关系的阐释

（一）教育行政法律关系

在教育行政法律关系中，体育教师与教育行政机关的法律地位是不平等的，两者存在着行政上的隶属关系。作为行政法律关系的一方当事人的教育行政机关，代表国家并以国家名义行使行政管理权，处于领导者和管理者的地位。体育教师则处于被管理者的地位。例如，应体育教师申请，教育行政机关对经体育教师资格考试合格者，颁发资格证书或者依法不予认定、撤销体育教师资格而发生的行政法律关系。

（二）教育民事法律关系

在这种教育民事法律关系中，体育教师与教育行政机关的法律关系不是管理与被管理的行政隶属关系，而是具有明显的民事法律关系特征。例如，基于教育合同体育教师与教育行政机关之间产生的法律关系，以及教育行政机关在执法活动中因侵权行为而与体育教师发生的诉讼法律关系。依据我国行政法律救济制度，教育行政机关因违法行使职权而侵犯相对人的合法权益，相对人有权对教育行政机关提起行政复议、行政诉讼、行政赔偿。正是基于双方当事人在上述诉讼中平等的诉讼法律地位这一角度，我们才称体育教师与教育行政机关的这种法律关系为教育民事法律关系。

在体育教育领域中，体育教师与教育行政机关的法律关系涉及多个方面，包括体育教师的职业发展、体育设施的建设和管理、体育课程设置、体育竞赛组织与监管等。在这些法律关系中，体育教师需要依法履行职责，享有相应的权益，而教育行政机关则需要在法律规定的范围内对体育教师进行合理管理和支持。

第三节 体育教师与学校的法律关系

一、学校法律地位的含义

法律意义上的学校指经主管机关批准或登记注册，以实施学制系统内各阶段

第九章　体育教师与其他主体之间的法律关系

教育为主的教育机构。它既包括学制系统内以实施学历性教育为主的教育机构，如幼儿园、全日制小学、初级中学、高级中学或完全中学、各类中等专业学校、技工学校、职业高中、高等专科学校、高等职业学校、独立设置的学院、大学、具有颁发学历证书资格的成人高等学校等，又包括各种以实施非学历教育为主的教育机构，如各种职业与技术培训机构、培训中心，以及实施扫盲教育、文化补习教育、干部继续教育、社会文化教育的各种机构等。学校的法律地位指学校作为实施教育教学活动的社会机构，在法律上所具有的权利能力、行为能力及责任能力。

二、学校法律地位的特点

（1）具备相应的法人资格是学校法律地位的重要特征。法人是相对于自然人而言的另一类法律主体。根据《民法典》第五十七条的规定，法人是具有民事权利能力和民事行为能力，依法独立享有民事权利和承担民事义务的组织。根据法人设立的宗旨和活动性质的不同，法人分为营利法人、非营利法人和特别法人。以取得利润并分配给股东等出资人为目的成立的法人，为营利法人。营利法人包括有限责任公司、股份有限公司和其他企业法人等。为公益目的或者其他非营利目的成立，不向出资人、设立人或者会员分配所取得利润的法人，为非营利法人。非营利法人包括事业单位、社会团体、基金会、社会服务机构等。学校一般被认为是非营利法人。机关法人、农村集体经济组织法人、城镇农村的合作经济组织法人、基层群众性自治组织法人，为特别法人。根据《民法典》第五十八条的规定，法人应当依法成立。法人应当有自己的名称、组织机构、住所、财产或者经费。法人成立的具体条件和程序，依照法律、行政法规的规定。设立法人，法律、行政法规规定须经有关机关批准的，依照其规定。同时，根据《教育法》第三十二条的规定，学校及其他教育机构具备法人条件的，自批准设立或者登记注册之日起取得法人资格。因此，学校只要具备《民法典》规定的成为法人的条件，并经教育主管部门批准设立或者登记注册就能取得法人资格，其法人资格也同时得到主管部门的依法确认。学校取得了法人资格，其法律地位也得以明确。确立学校的法律地位，有利于保护学校的办学自主权，理顺学校与教育主管部门、教师、学生及其他有关主体之间的法律关系，有利于学校面向社会依法自主办学，并依法维护学校的合法权益。

（2）依法自主办学是学校自主管理、自我约束、自我发展的前提，也是学校办学自主权的具体体现。办学自主权是学校在法律中享有的，为实现其办学宗旨独立自主地进行教育教学管理、实施教育教学活动的资格和能力。学校作为公益事业法人，可以依法制定具体的管理规章和发展规划，独立地做出管理决策和建立、完善自己的管理系统，自主组织实施管理和教育教学活动，不受其他任何组织和个人的非法干涉。

（3）享有法人财产权是学校办学自主权的物质基础和保障。学校作为法人，具有民事权利能力和民事行为能力，依法独立享有民事权利和承担民事义务。学校能够以独立法人的身份从事一些民事和经济活动；同时也要以独立法人的身份依法承担一切因自己的行为而引起的民事责任，包括违反合同的民事责任和侵犯其他社会组织及公民个人合法权益的民事责任。学校在办学活动中依法享有独立的财产和经费，其财产独立性主要表现在：一是学校的资产与举办者、捐赠者的财产相分离；二是在平等的法律关系主体之间所产生的债务、债权关系，学校以其独立资产承担民事责任，举办者不承担连带责任；在学校存续期间，任何组织或者个人都不能非法侵占或损害学校财产。

（4）具有公益性质是学校办学活动性质和宗旨的必然要求，是学校有别于企业组织的根本特点。所谓公益，就是公共利益，全体人民的利益。在我国，公益是指中华人民共和国的国家利益和中华人民共和国全体社会成员的利益。教育的公益性表明：教育事业事关国计民生，发展教育事业是全社会的责任；所有办学主体都应具有公共性，不以营利为目的；学校不得作为保证人为其他主体实施担保，不得将教育教学设施用于抵押；教育事业应面向全体公民，对国家、人民、社会的共同利益负责，不得损害国家、人民、社会的利益；应实行教育与宗教分离；教育活动应接受国家和社会的依法监督。需要说明的是，关于教育的公益性与营利性关系问题一直是我国教育理论界探讨和争论的热点问题。《教育法》第二十六条规定："国家制定教育发展规划，并举办学校及其他教育机构。国家鼓励企业事业组织、社会团体、其他社会组织及公民个人依法举办学校及其他教育机构。国家举办学校及其他教育机构，应当坚持勤俭节约的原则。以财政性经费、捐赠资产举办或者参与举办的学校及其他教育机构不得设立为营利性组织。"《民办教育促进法》第十九条规定："民办学校的举办者可以自主选择设立非营利性或者营利性民办学校。但是，不得设立实施义务教育的营利性民办学校。非营利性民办学校的举办者不得取得办学收益，学校的办学结余全部用于办学。营利性民办学校的举办者可以取得办学收益，学校的办学结余依照公司法等有关法律、行政法规的规定处理。民办学校取得办学许可证后,进行法人登记,登记机关应当依法予以办理。"因此,随着我国加入世界贸易组织及教育全球化趋势的加强,教育的国际交流与合作日趋频繁,结合我国目前民办教育投资的特点和发展趋势,对教育的公益性与营利性关系问题需要做进一步探讨。

三、学校的权利和义务

(一)学校的权利

学校的权利,即办学自主权,是指学校作为教育机构在法律上享有的,为实现其办学宗旨,独立自主地进行教育教学管理、实施教育活动的资格和能力[①]。学校的权利本质上是一种公共权利,学校在行使这一权利时,必须符合国家和社会的公共利益,必须贯彻国家的教育方针,遵守法律、法规与政令,不得违反规定滥用权利,也不得放弃和转让。如果学校违背国家法律和有关规定滥用这一权利,危及国家和社会的公共利益,或者有严重的渎职行为,侵害了受教育者、教职员工的合法权益,主管机关可以分别视情节轻重,予以行政处理,必要时可以剥夺某项自主权,直至勒令停办。《教育法》第二十九条规定了学校享有以下权利。

1. 按照章程自主管理

按照章程自主管理是指按照章程对学校各方面专门工作进行管理;按照章程对各职能部门人员进行管理;按照章程对各种组织进行管理;按照章程对计划、组织、检查、评价、处理等各种活动进行管理。学校一经批准设立或登记注册,其章程对本机构的活动便具有确定的法定规范性,学校可以根据章程确定办学宗旨、管理体制及各项重大原则,制定具体的管理规章和发展规划,自主地做出管理决策,建立和完善自己的管理系统,组织实施管理活动。规定这一权利,有助于学校自主办学,自我约束。

2. 组织实施教育教学活动

教育教学活动是学校最基本也是最主要的活动。教育教学活动是由众多环节构成的复杂过程,不是可以任意为之的行为。同时,教育教学活动有统一的标准,其结果对社会及个人都会产生极大的影响。因此,全面组织实施教育教学活动必须有法律的确认。学校有权按照国家有关规定,根据自己的培养目标确定或调整

---

① 方益权,闫静. 关于完善我国产教融合制度建设的思考[J]. 高等工程教育研究,2021(5):113-120.

具体的教育教学计划，组织教育者向受教育者的身心施加有目的、有计划、有组织的影响，使受教育者了解发生预期的变化，完成国家规定的教育教学任务。

3. 招收学生或者其他受教育者

学校是为社会公众提供教育服务的机构，这种服务只有通过招收学生或者其他受教育者才能实现。学校可以根据自己的办学宗旨、培养目标、规格、任务及办学条件和能力，依据国家有关招生法规、规章和政策性规定，有权制定本机构具体的招生办法，发布招生广告，决定招生的具体数量，以及决定录取或不录取等。

4. 对受教育者进行学籍管理，实施奖励或者处分

学校与受教育者之间的关系既是教育与受教育的关系，又是管理与被管理的关系。学校对受教育者的管理在一定程度上可以认为是一种教育，但既然是管理，就必然涉及管理者与被管理者之间权利与义务的设定。学校根据主管部门的学籍管理规定，有权针对受教育者的不同层次、类别，制定有关入学与报名注册、考试与成绩、纪律与考勤、休学与复学、转学与退学等管理办法，实施学籍管理活动。同时，学校还有权根据国家有关学生奖励、处分的规定，结合本校实际，制定具体的奖励与处分办法，并对受教育者实施奖励与处分。

5. 对受教育者颁发相应的学业证书

学业证书是对受教育者的学习经历、知识水平、专业技能等的证明，是国家承认的具有法定效力的文件。学校及其他教育机构一经批准设立，就具有了依法颁发学业证书的权利。学校在对受教育者进行教育后，有权向受教育者颁发相应的学业证书，使其获得相应的学业证明文件。

6. 聘任教师及其他职工，实施奖励或者处分

教师是履行教育教学职责的专业人员，对教师的管理是纳入国家的人事管理制度中进行的。但国家对教师的管理又是授权学校及其他教育机构来实施的。学校有权根据国家有关教师和其他教职工管理的法规、规章和主管部门的规定，从本校的办学条件、能力和实际编制情况出发，自主决定聘任、解聘教师和其他职工，有权制定本机构教师及其他人员聘任办法，签订和解除聘任合同，有权对教职员工实施奖励或处分及其他具体管理活动。

7. 管理、使用本单位的设施和经费

学校作为法人实体，依法享有法人财产权。同时，管理、使用本单位的设施和经费又被规定为一种办学自主权，这说明这一权利在办学过程中具有重要的意义。学校对其占有的场地、教室、宿舍、教学设备等设施和办学经费及其他有关财产，享有财产管理权和使用权，必要时可对其所占有的财产进行处置或获得一定的收益。但这项权利在行使时须有一定限制，否则就会损害公共利益，影响正常教育活动，或造成国有资产流失。学校用于教学、科研的资产不得随意转移使用目的，不得用于作抵押或为他人担保。

8. 拒绝任何组织和个人对教育教学活动的非法干涉

为了维护学校及其他教育机构的正常教育教学秩序，必须有权制止来自任何方面的非法干涉。学校有权拒绝和抵御来自行政机关、社会组织和公民个人等任何形式的非法干涉教育教学活动的行为。所谓非法干涉，是指行为人违背法律、法规和有关规定做出的不利于教育教学活动的行为，如强占校舍和场地、侵犯师生人身安全、随意要求停课，以及乱摊派等现象。

9. 法律、法规规定的其他权利

法律、法规规定的其他权利是指除前述八项权利外，现行法律、行政法规及地方性法规赋予的有关教育机构的一切权利；同时还包括将来制定的法律、法规确立的有关权利。

以上是对整个学校系统权利所做的原则性的规定。具体到某一类型的学校，还必须通过进一步制定相关法规使其明确化。例如，1992年国家教育委员会发布的《关于国家教委直属高校深化改革，扩大办学自主权的若干意见》中，就对高校权利的范围、大小做了进一步的规定。1996年国家教育委员会发布的《小学管理规程》中，对小学的权利也做了进一步的规定。《教育法》规定学校及其他教育机构的基本办学自主权。这些权利的实现有助于调动学校及其他教育机构的办学积极性，面向社会，依法自主办学。同时，也将促进政府及其他教育主管部门转变职能，简政放权，加强宏观调控。

（二）学校的义务

讲权利，离不开义务。权利与义务是一对相互依存的相对概念，享有权利，

一般就相应地要承担某种义务；或者一方享有权利，对他方就是义务。《教育法》第三十条具体规定了学校应履行的六项义务。这六项义务是同办学自主权相对应的，是在贯彻办学宗旨、进行学校内部管理和组织教育活动中必须履行的，而不是作为社会组织的学校及其他教育机构的全部义务。现对六项义务分述如下。

（1）遵守法律、法规。这是法律对任一社会组织的基本要求。《宪法》第五条规定："一切国家机关和武装力量、各政党和各社会团体、各企业事业组织都必须遵守宪法和法律。一切违反宪法和法律的行为，必须予以追究。"学校及其他教育机构作为实施教育教学活动、培养各类人才的事业组织，毫无疑问必须履行这一义务。这里所说的法律、法规，包括宪法，全国人民代表大会及其常务委员会制定的法律，国务院制定的行政法规，以及省级人民代表大会制定的地方性法规。学校及其他教育机构不仅应履行一般意义上的对于社会组织的义务，还应履行教育法律、法规、规章中为学校及其他教育机构确立的特定意义上的义务。

（2）贯彻国家的教育方针，执行国家教育标准，保证教育教学质量。现代社会的教育活动是一种高度专门化的活动，是体现社会整体利益和整体意志的社会事业。国家作为社会整体利益和整体意志的代表，必须以法律的形式规定必须遵循的教育方针和教育标准。学校及其他教育机构在组织实施教育教学活动的过程中，都应保证贯彻国家的教育方针和教育标准，努力为社会主义现代化建设培养德、智、体等方面全面发展的各类人才。不履行此项义务，同国家教育方针背道而驰，片面追求升学率，办贵族学校，或者不执行统一的国家教育标准等行为，都不再是单纯的教育思想或工作方法的问题，而是一种违法行为。对屡犯不改，或导致严重后果的，主管部门要予以追究。

（3）维护受教育者、教师及其他职工的合法权益。学校及其他教育机构作为社会组织，有责任维护本机构内部成员的合法权益。招收学生或其他受教育者，聘任教师及其他职工是《教育法》赋予学校及其他教育机构的权利，在享有这一权利的同时，要求其履行与之对应的义务。学校及其他教育机构不得侵犯受教育者、教师及其他职工的合法权益，如不得克扣、拖欠教职工工资，不得拒绝符合入学条件的受教育者入学等。不仅如此，当本机构以外的其他社会组织和个人侵犯了本机构受教育者、教师及其他职工的合法权益时，学校及其他教育机构有义务以合法方式，积极协助有关单位查处违法行为人，维护本机构成员的合法权益。

（4）以适当方式为受教育者及其监护人了解受教育者的学业成绩及其他有关情况提供便利。受教育者及其监护人了解受教育者的学业成绩及其他情况的知情权是实现公民平等的受教育权及在学业成绩和品行上获得公正评价权利的必要前提之一,因此必须予以法律保护[①]。学校及其他教育机构不得拒绝受教育者及其监护人了解学业成绩和其他在校情况等的请求。同时,学校及其他教育机构还应提供便利条件,帮助受教育者及其监护人行使这项知情权。需要指出的是,学校及其他教育机构在管理和提供受教育者学习成绩及其他个人资料时,必须使用适当方式,不得侵犯受教育者的隐私权、名誉权等合法权益,不得损害受教育者的身心健康。

(5)遵照国家有关规定收取费用并公开收费项目。学校及其他教育机构是公益性机构,公民依法享有受教育权利,同时应按所入学校的不同性质依照有关规定缴纳一定费用。学校及其他教育机构应当按照中央和地方各级政府及其有关部门的收费规定,确定收取学杂费的具体标准,不得巧立名目,乱收费用,甚至把办学当作牟利的工具。同时,收费项目应向社会公开,接受家长和社会各界的监督,维护办学机构的公益性质。

(6)依法接受监督。为了保证教育事业的社会主义方向,贯彻国家教育方针,执行国家教育标准,学校必须接受来自权力机关、行政机关、司法机关的监督,以及来自执政党的监督和社会监督。学校及其他教育机构对于以上各种形式的监督,应当积极予以配合,不得拒绝,更不得妨碍监督检查工作的正常进行。

以上有关学校及其他教育机构的义务,对于端正办学思想,规范办学行为,保护社会公益,提高教育质量,有着重要意义。不履行这些法律规定的义务的行为,按法律规定,应分别追究法律责任。

四、体育教师与学校法律关系的阐释

(一)任命制下的教育行政法律关系

体育教师任命制是与计划经济体制相适应的我国长期以来实行的学校人事制度。这种人事制度的特点是:学校作为教育行政机关的附属物,执行国家的行政指令;体育教师作为国家干部来对待,均实行计划调配的方式;学校和体育教师双方的权利、义务和责任均由法律事先设定,双方没有自由选择的余地;两者在法律地位上是不平等的,其中学校以行政机关的名义和身份行使行政管理权,处于领导者和管理者的地位,体育教师则处于行政管理相对人的地位。可见,任命

---

① 陈鹏,王君妍.从权利到地位:学生法律地位的法律追溯与权利保障[J].华东师范大学学报(教育科学版),2021,39(1):59-68.

制下的学校与体育教师之间的法律关系具有明显的教育行政法律关系的特征。

从国外教师管理体制看,世界上许多国家如俄罗斯、英国、法国、德国等国家均把中小学教师列入公务员的职务,普遍采用任命制[①]。这样,中小学教师的工作既受国家的指导和监督,又由国家保护其权利和利益,享有职业上和身份上的保证。《教师法》第十七条规定:"学校和其他教育机构应当逐步实行教师聘任制。教师的聘任应当遵循双方地位平等的原则,由学校和教师签订聘任合同,明确规定双方的权利、义务和责任。实施教师聘任制的步骤、办法由国务院教育行政部门规定。"同时其他有关教育法规,不仅规定教育行政部门对教师工作给予指导、服务与监督,还就教师的资格、职务、职责等做出了具体的规定。可见,学校实质上行使的是法律授权或受教育行政部门委托对体育教师行使行政管理的职能。

虽然学校并非行政机关,但由于法律授权或教育行政部门的委托,加之学校本身就担负有一定的教育管理的职能,其管理活动具备一定的公共行政管理职能;同样,体育教师以教育者的身份出现,其代表的是国家和社会利益,带有公务的性质,其权利和义务也是不能随意行使和放弃的。因此,学校在依法对体育教师进行管理时,体育教师有义务服从学校的命令,两者之间必然发生一定的教育行政法律关系,而任命制就是其具体表现形式。任命制下的体育教师与教育行政机关之间的法律关系既涉及教师的选拔、任命、培训、考核、晋升、调动、辞退等方面,又涉及体育教育的组织、管理、发展等领域。体育教师在这种法律关系中,不仅要遵守国家有关法律法规,还要按照学校的有关规定履行教育教学任务,积极参加各种教育教学改革和体育教育开展的实践活动,努力提高自身的业务水平和教育教学质量,以适应社会发展和教育改革的需要。任命制下的体育教师与教育行政机关的法律关系是一种具有教育行政法律关系特征的法律关系,这种关系在我国的教育体制中占有重要地位,对于保障体育教师权益和促进体育教育事业的发展具有十分重要的意义。

(二)聘任制下的教育民事法律关系

1. 体育教师聘任制的含义与特征

教师聘任制就是聘任双方在平等自愿的前提下,由学校或者教育行政部门根据教育教学需要设置工作岗位,聘请有教师资格的公民担任相应教师职务的一项

[①] 刘冬梅. 对教师教育权的法律探讨[J]. 中国教育学刊, 2004 (8): 49-52.

教师任用制度。《教育法》规定，国家实行教师资格、职务、聘任制度，通过考核、奖励、培养和培训，提高教师素质，加强教师队伍建设。这使我国教师任用工作进一步制度化和规范化。不同的学校根据学生不同的需求有不同的师资要求，虽然体育教师在教学活动中存在感相对较弱，但其仍然是不可忽视的一个角色。学校在遵循《教师法》的同时，要选取学生需要、适合学生健康发展的教师。在选择体育教师时，学校不仅要对其进行基础的身体健康检查、身体素质检查，还要对其专业知识的掌握进行一定的了解。这样有利于从根本上隔断不专业的体育教师对学生成长的负面影响。另外，学校要根据自身的真实状况合理安排招聘计划，对岗位设置、招聘渠道、招聘方式及招聘时间等根据需要合理规划。

体育教师聘任作为教师任用的一种基本制度具有以下三个特征：第一，体育教师聘任是体育教师与学校或教育行政部门之间的法律行为。通过聘任确定了聘任人和受聘人双方的法律关系。聘任双方关系基于独立而结合，基于意见一致或相互同意而成立，并在平等地位上签订聘任合同。第二，以平等自愿、双向选择为依据。作为聘任人，学校或教育行政部门可根据国家有关规定和学校体育教学科研需要，自主确定体育教师结构比例；作为受聘人，体育教师有权根据本人知识水平、业务能力选择适合自己的工作岗位。第三，聘任双方依法签订的聘任合同具有法律效力。学校与体育教师在平等地位上签订的聘任合同，对于双方均有约束力。它以聘书的形式明确规定了双方的权利、义务和责任。

对于学校而言，有权对受聘体育教师的政治思想、业务水平、工作态度、工作成绩进行考核，并作为提职、实施奖惩的重要依据；同时有义务按合同为体育教师提供教育教学、科研、进修等工作条件，并支付报酬。体育教师在受聘期间，无特殊理由，一般不能辞职或解聘。确需变动的，应提前与对方当事人协商，意见达成一致后方可变更或解除合同。

对于体育教师来讲，按照合同享有权利，承担义务，要遵守学校规章制度，执行学校的体育教学计划，履行体育教师聘约，完成教育教学任务。聘任期满后，校方可根据情况、专业要求等决定是否续聘。这些特征体现了体育教师聘任作为教师任用的一种基本制度的重要性，对于保障体育教师的权益和促进体育教育事业的发展具有十分重要的意义。

2. 体育教师聘任制实施的意义

实施体育教师聘任制是适应社会主义市场经济发展和体育教育改革的需要，

更是体育教师管理和任用制度的一项重大改革。意义在于：一方面，有利于教育行政部门及学校依法全面加强和规范中小学校体育教师队伍的管理与建设，进一步优化体育教师资源配置，充分发挥和调动体育教师工作的积极性与主动性，从而促进和提高体育教师队伍的整体素质水平，以更好地适应目前我国体育教育改革与发展的需要；另一方面，对于增强体育教师聘任双方主体的法制观念，强化权利和义务意识，自觉实施依法行政和依法执教，从而全面推进依法治教具有重要的意义。

实施体育教师聘任制能够激发体育教师的积极性和创造性，提高体育教学质量，促进学生体育素质的全面发展。同时，这种制度也有助于体育教师在竞争中发挥个人特长和潜能，逐步形成以能力和业绩为导向的选拔与培养机制，为我国体育教育事业的发展储备优质人才。实施体育教师聘任制不仅有利于提高体育教师队伍的整体素质，还有助于推动体育教育事业的健康发展，为我国体育事业的长远发展奠定坚实的基础。

3. 建立和完善教师聘任制

我国地区之间的经济、文化和教育发展的不平衡，各级各类学校的层次、类别、培养目标、管理权限各不相同，体现在学校与教师法律关系上有很大差异，因而在教师聘任制的推行中也表现出不同的特点。在学校内部，由于目前还处在一个由任命制向聘任制的过渡时期，所以学校和体育教师之间的关系既有通过行政任命的形式使用和管理体育教师的任命制的行政法律关系，又有双方地位平等、双向选择，各自具有其相应权利与义务的民事法律关系。因此，推进和完善体育教师聘任制应做好以下几个方面的工作。

1）聘任双方切实转变观念，正确认识和看待教师聘任制

体育教师聘任制从根本上打破了教师终身任用制，有利于建立"公平、平等、竞争、择优"的体育教师人才选择机制，促进人才的合理流动，提高体育教师队伍的整体素质，调动体育教师教育教学的积极性。聘任双方应从思想上给予足够的重视，充分了解体育教师聘任制的性质、作用和特点。否则，如果双方认为体育教师聘任制只是一种例行的"公事"，就失去了体育教师聘任制的真正意义。例如，有的学校实行聘任制以后，几乎没有体育教师落聘，即使有落聘的体育教师，经校方重新安排后也可继续上岗，甚至有时新的岗位比原来的岗位更好。可以想象，运用这种名存实亡的聘任制的具体操作方法，体育教师聘任制只能流于形式。

第九章 体育教师与其他主体之间的法律关系

聘任活动也似乎成了学校发放福利的活动,人人有份。一方发证,另一方接证,一阵轰轰烈烈、热热闹闹之后,双方将大红证书束之高阁,藏于箱底,此事渐渐趋于平静。2~3年的聘期届满,双方便重复前面的过程,但这只是例行"换证"的公事。体育教师聘任制流于形式造成的直接后果是显而易见的,这主要表现在:一方面,缺乏竞争机制和压力,容易导致一部分体育教师往往人浮于事,工作积极性和效率不高,而另一部分体育教师的积极性和主动性又往往受到挫伤;另一方面,体育教师队伍的整体素质难于提高,而这又直接影响着整个体育教育的质量乃至整个民族的体育素质。主要对策如下。

(1)教育行政部门应树立依法行政、依法管理的观念,尤其要摒弃长期以来把学校纯粹作为行政机关附属物的观念,既要依法行使对学校进行监督、检查、评估、指导的权力,又要尊重和保障学校办学自主权的充分行使,更要正确对待和保护学校对体育教师的聘任权。总之,教育行政机关应从以指令计划职能、经营职能、行政监督职能为主的监督型行政向以指导性计划为主、以指令性计划为辅,以指导服务为主、以经营管理为辅,以法律监督为主、以行政监督为辅的"指导-监督"型行政转变。要完成这种职能的转变,除了健全立法,更重要的是强化服务职能。教育行政机关应建立和健全信息机构、研究机构、咨询机构,对实施体育教师聘任制的步骤、办法等统筹规划,加强指导和监督,以更好地提升服务效果。

(2)作为聘任双方的学校和体育教师应增强法制观念,提高依法正确行使权利和履行义务的意识。具体地讲,学校应正确认识自身法律地位的特点,即办学自主性、财产独立性、机构公益性,切实转变办学观念,依法制定具体的管理规章和发展规划,独立地做出管理决策,建立、完善自己的管理系统,自主组织实施管理和体育教育教学活动,独立行使对体育教师的聘任权,而不受其他任何组织或个人的非法干涉。同时,学校也应依法规范管理行为,自觉履行法定义务,特别是严格履行体育教师聘任合同中的义务并承担因自身的违约或侵权行为而引起的法律责任。作为受聘方的体育教师在增强权利意识,善于依法维权的同时,更应依据聘任合同的规定,贯彻国家的教育方针,遵守规章制度,执行学校的体育教学计划,履行体育教师聘约,完成体育教育教学任务。体育教师应注重自身的专业素质提升,积极参加各类培训和学术交流,以提高教学水平和教育质量。同时,体育教师还应关注学生的身心健康,积极推动学生参与体育锻炼,培养学生养成良好的运动习惯,提高学生的体育素养。

（3）为了进一步推进和完善体育教师聘任制，可以加强对体育教师的激励措施，如设置体育教师专项奖励、优秀体育教师评选等，以提高体育教师的积极性和敬业精神。同时，加强对体育教师聘任制的监督和评估，确保聘任制的公平、公正、透明，避免人事任用中的不公现象。

推进和完善体育教师聘任制，需要从多个方面入手，包括加强法制意识、改变教育行政观念、提高体育教师自身素质等，以确保体育教师聘任制能够发挥其应有的作用，为提高我国体育教育水平和民族体育素质做出贡献。

2）依法规范体育教师聘任合同

体育教师聘任合同是聘任双方为实现一定的体育教育教学任务而设立的有关双方当事人的权利、义务和责任的协议。学校实质上行使的是法律授权或受教育行政机关委托对教师行使的管理职能，也就是依法享有和行使对教师的聘任权。另外，从合同的基本构成要素看，体育教师聘任合同，亦即教育合同的双方当事人，一方即聘任方应为学校，而另一方即受聘方应为体育教师；体育教师聘任合同的内容亦应体现双方的权利、义务和责任。但事实并非如此。首先，从合同的当事人看，绝大多数的中小学体育教师聘任合同的聘任方是教育行政机关而非学校；其次，从合同的内容看，除了聘任双方的姓名（名称）、职务、聘任期限等内容，有关双方当事人的权利、义务和责任的条款几乎是空白的。如果从理论和实践两个角度来分析体育教师聘任合同存在的缺陷，那么它都将对体育教师聘任合同的顺利推行产生不利的影响。从理论角度看，学校作为独立的公益事业法人，依法享有办学自主权，其中包括对体育教师的聘任权。作为学校的法定代表人的校长是学校的最高行政负责人，享有行政决策权、行政管理权、人事管理权、财务管理权，这也是校长负责制的重要内容。学校在依法行使对教职工的聘任权的时候，在学校无过错的前提下，在没有相关主体向主管部门提出申诉的前提下，学校主管部门不能进行非法干涉，更不能越俎代庖，直接代替学校行使聘任权，否则即构成行政法理论上的违法行政行为。这与目前依法行政的理念和要求是相悖的，进而也使学校办学自主权、校长负责制、体育教师聘任制在理论上成为空谈。这势必会挫伤学校作为办学主体应有的积极性，压抑其主动性和创造性。体育教师聘任制不能正确实行，甚至有时出现侵犯体育教师合法权益的现象也就成了情理之中的事。

因此，签订体育教师聘任合同应注意以下几点：首先，体育教师聘任合同具有公益性。体育教师聘任合同在教育法中一般被称为教育合同。它与一般合同的最大区别在于，它不是经济性的合同，而是一种公益性的合同。因为它不以实现经济利益为目的，而以通过实现体育教育教学任务而培养人才为目的，所以具有社会公益性。当然，它也具有一般合同所共有的属性。其次，体育教师聘任制度应体现按劳分配的原则。体育教师受聘后，根据聘任合同领取相应的工资，在职务发生变化后，其职务工资也应变化，职务工资应反映体育教师的业绩和教育教学水平，体现多劳多得、优劳优得、少劳少得、不劳不得的原则。例如，有的学校实行"体育教师工资年薪制""首席体育教师制"等形式，不失为一种大胆、新颖的尝试。最后，聘任合同文本要明确、规范。体育教师聘任合同文本即聘任证书既是聘任合同得以正确履行的书面文件，又是双方权利、义务、责任的明确载体，更是双方处理纠纷的依据。从目前的实际情况看，当务之急是尽快完善聘任证书的内容和格式，即明确规定聘任方应为学校，同时将有关聘任双方的权利、义务、责任的条款明确、具体地写进聘书。

此外，体育教师聘任合同还应关注体育教师特有的职业要求和发展需求。例如，合同应明确体育教师的岗位职责，包括教学、组织和指导体育活动等方面的内容。同时，合同应考虑体育教师在教学和运动技能上的专业发展，为他们提供定期培训和学术交流的机会。体育教师在校园体育活动中发挥重要作用，合同中应规定体育教师参与体育场馆设施管理、运动器材维护等方面的职责。鉴于体育教师工作中可能面临的运动伤害风险，聘任合同应明确学校在体育教师受伤时提供的医疗保障和相关支持。推进和完善体育教师聘任制，需要充分考虑体育教师的特点和需求，确保聘任合同既符合法律规定，又能保障体育教师的合法权益，从而为培养优秀人才、提高体育教育质量创造良好的条件。

3）进一步健全和完善体育教师聘任机制

一个科学、完善的聘任机制对于充分调动体育教师的工作积极性，营造充满竞争、向上、公正的氛围，提高工作效率，从而推动体育教师聘任制的正确实施是至关重要的。目前一些学校的体育教师聘任机制仍存在着缺陷，这主要表现在：首先，缺乏统一、科学、权威的体育教师业绩考核指标体系。虽然《教师法》对教师考核的内容做出明确规定，但在一些学校并未得到正确的贯彻，加之当地的教育行政部门没有制定出一套统一的适合本地区的考核指标体系，相当一部分学校基本上是各行其是。从内容上看，制定出的考核指标体系不但五花八门，而且随意性较强，甚至出现与上级的教育政策和法律相抵触的情况；从实际操作上看，这种做法容易导致侵权现象的发生。例如，学校或体育教师任何一方在没有法定事由出现的情况下随意解聘或辞聘，使体育教师聘任合同成为一纸空文。其次，聘任模式单一，不利于选拔优秀的体育教师。目前不少学校沿用的聘任模式基本上是"聘任—续聘—再续聘"，很少使用"招聘—解聘—辞聘"等聘任形式。相比较而言，民办学校则广泛使用公开招聘的形式面向社会选拔体育教师。这样有利于选拔和吸引优秀人才进入体育教师队伍，也有助于形成一种良好的充满竞争和活力的用人机制。目前一些公办学校选拔不到优秀人才或优秀人才流失，一定程度上与用人机制不完善有关。对此，应采取以下措施。

（1）构建灵活多样的体育教师聘任形式，拓展教师来源。利用人才市场，面向社会公平选聘体育教师，以选拔优秀人才充实体育教师队伍。

（2）加大职改力度，实行评聘分离。所谓评聘分离，就是体育教师职务任职资格的评定与体育教师职务的聘任分开。职称是体育教师学术水平和教学水平的标志，不受编制数量、结构比例的限制，不与工资待遇挂钩。职务是学校根据实际工作需要所设置的专业技术工作岗位，是把具有相应称号的体育教师聘任到职务岗位履行岗位职责，它与工资待遇挂钩，有数额限制，有明确的职责和任期，有明确的任职条件，与工作岗位紧密联系，只能依附于岗位而存在。实行评聘分离，不仅有利于业务水平高、科研能力强的优秀人才走上力所能及的岗位，实现人尽其利，人尽其才，还有助于形成合理的人才流动机制，实现体育教师队伍的优化组合，提高体育教育教学质量。

（3）建立和健全科学、完善的体育教师考核评价体系。对体育教师的考核应坚持客观、公正、准确的原则。考核结果是体育教师受聘任职、晋升工资、实施奖惩的依据。根据《教师法》的规定，对体育教师考核的内容包括四个方面，即政治思想、业务水平、工作态度、工作成绩。体育教师受聘后，是否履行了相应的岗位职责，是否真正具有承担岗位工作的能力，需要通过考核予以确认。因此，加强体育教师的履职考核，完善激励机制，有利于促进体育教师不断提高自身素质。

（4）强化和完善严格公正的教育法律救济制度。体育教师聘任制的顺利推行，需要法律提供强有力的支持和保障。因此，对因体育教师聘任合同出现的纠纷及侵犯体育教师合法权益的案件，教育行政机关和司法机关应依照法定权限和程序给予当事人以正确、及时、有效的教育法律救济，以维护当事人的合法权益，并使体育教师聘任制得以健康、顺利、正确地贯彻和落实。

要实现体育教师聘任制的顺利推行，需要建立科学、完善的聘任机制，包括构建灵活多样的体育教师聘任形成机制，加大职改力度，实行评聘分离，建立和健全科学、完善的体育教师考核评价体系，以及强化和完善严格公正的教育法律救济制度。这样才能充分调动体育教师的工作积极性，营造充满竞争、向上、公正的氛围，提高体育教育教学质量，从而促进体育教师聘任制的正确实施。

4）尽快建立和完善与体育教师聘任制相配套的社会保障制度

体育教师聘任制虽然属于教育人事制度改革，但它与整个国家的各项体制改革及社会保障制度密不可分。尤其是面对全国数百万体育教师的任用制度的改革，其作为整个国家人事制度改革的重要组成部分，不仅影响着其他各项体制改革的顺利进行，还需要其他各项制度尤其是社会保障制度的保障和支持。目前我国的社会保障制度尚处于建立和发育阶段，职工的失业、养老、医疗等保障制度有待于进一步健全和完善，这就在一定程度上影响着体育教师聘任制的顺利进行，其直接表现为，如果一名体育教师落聘下岗，那么就要考虑生计问题，而目前的社会保障制度又一时无法妥善地解决这个问题，其结果很可能不仅影响到学校体育教育工作的正常进行，还影响到社会秩序的稳定，但不管怎样都将与体育教师聘任制的初衷相悖。何况很多校长从感情上不愿面对体育教师下岗这一现实。

从目前已经或正在推行的改革举措看，我国的社会保障制度主要包括职工失业保险、职工医疗保险、职工养老保险等制度。由于社会保障制度在我国的建立和完善需要一个探索和初创过程，而且涉及面广、原因多而复杂，加之我国各地区的经济、文化发展的差异，其建立和推进的步骤、速度等也有差别。相关制度的建立大致需要采用"试点—部分推行—全面推行—逐步健全和完善"的模式。据了解，我国的失业保险制度、医疗保险制度目前已基本上建立并推行。作为事业单位的学校在参加前两项保险的时间和力度方面也不尽相同。例如，有的学校几年前就已参加保险，而有的则刚参加。但保险金的缴纳基本上采用国家、单位、个人共同负担的原则。

从系统论的观点看，社会保障制度和体育教师聘任制这两个要素之间存在着互动作用。其中前者为后者提供物质性的支持和保障，而后者不仅为前者的建立和完善提供理论上的参考与借鉴，还通过建立充满竞争和活力的用人机制，以最大限度地发挥人的潜能，提高工作效率，创造出更多的社会物质资源，这又为前者的建立和完善提供物质帮助。由此可见，尽快建立和完善社会保障制度对于体育教师聘任制的顺利推行，不仅必要，还迫切。

体育教师聘任制的实施也应注重体育教师的专业素养和能力。在选拔、任用和考核体育教师时，除了关注教育教学能力，还需要重视其运动技能、健康素质和对体育事业的热爱。因此，在建立和完善体育教师聘任制的同时，我们还需要关注体育教师的培训、发展和职业生涯规划，以确保培养出高素质的体育教师队伍，推动我国体育教育事业的持续发展。

第四节 体育教师与学生的法律关系

一、学生法律地位的含义

法律意义上的学生是指在依法成立或国家法律认可的学校及其他教育机构接受教育并按照有关规定具有或取得学籍的公民。学生法律地位是指学生作为受教育的公民，在教育活动中依法应享有的权利、履行的义务及承担的法律责任。对于学生法律地位概念的理解，有以下两点必须格外注意。

（1）学生所具有的这种主体资格并非自然形成，而必须是依法取得的。具体而言，其接受教育的机构必须是依法设立的，且其必须依照法定程序、经过注册并依法取得学籍。如此，才具有学生的法律身份。就此而言，无论是在民间的各种教育培训机构中进行系统学习的广大群体，还是在高校内部开设的各类定期或不定期研修班中接受培训的人员，均非法律意义上的学生。举例而言，教育部中学校长培训中心每年均会专门开展全国高中骨干校长高级研修班和全国初中骨干校长高级研修班，来自全国各地的中学校长将会在上海等地进行脱产研修。在此期间接受培训的学员，显然即非法律意义上的学生。

（2）学生的法律地位兼具基础稳定性与灵活多变性的二元特征。一方面，处于不同教育阶段、具有不同行为能力的学生，均会具有某些共同的基础性法律身份，如公民、受教育者等；但另一方面，在民事、行政、刑事等不同的法律关系中，学生则会具体表现为不同的法律主体，并因此而享有不同的法律权利，承担不同的法律义务与法律责任。笔者首先对所有学生所共通的基础性法律地位加以阐释，继而对学生在不同法律关系中的法律地位逐一分析。

二、学生法律地位的基础界定

（一）比较法上的学生法律地位界定

20 世纪 70 年代以来，伴随着美国各类教育机构对学生市场的激烈竞争，"学生消费者第一"的理念逐渐发展形成。该理念将学生与学校视为一种买卖合同关系，从市场经济的角度主张加强保障学生的各种权益，如获得知识权、对学校与专业的选择权、提出诉讼权和安全保障权等。据此，学生的法律地位实质上便类似自由市场中的一般性消费者主体。与英美法系迥异，以法国、德国为代表的大陆法系国家，则倾向于将学生的法律地位界定为公共服务的用户。所谓公共服务的用户，就是指直接地和事实上受益于公共服务及使用公共设施的人。

我国对于学生法律地位的理解，与英美法系及大陆法系均有所不同，既不是基于自由市场的理念，亦非立足于一般性公共服务的制度逻辑，而是植根于具有中国特色的教育环境与教育法体系。纵观我国的相关立法及学理探讨，对于学生的基础性法律地位，学者多持"双重界定"的见解，但同时，亦有少数学者主张"三重界定"的观点，而究竟何者更为妥当，则须进一步研析。

（二）我国法律对学生法律地位的双重界定

1. 宪法层面的学生法律地位：公民

《宪法》第三十三条第一款规定："凡具有中华人民共和国国籍的人都是中华人民共和国公民。"据此，任何具有中国国籍的学生必然都具有一个共通的法律身份——公民。根据《宪法》第三十三条第二款和第四款的规定，每个学生在法律面前一律平等，均平等地享有宪法和法律规定的权利，同时也必须履行宪法和法律规定的义务。总体而言，《宪法》第二章"公民的基本权利和义务"共24个条文，对于学生而言，均有相应的适用空间。毋庸置疑，强调学生的"公民"地位具有重要价值。一方面，作为"对国家机关及其各类组织在适用法律上构成的宪法限制"，适用于全体公民的法律平等原则以禁止歧视为基本内容，而高度凸显学生的公民主体性，显然有助于进一步抵制教育领域中针对学生的各种歧视现象。另一方面，随着社会的进步发展，公民的概念和内涵始终在持续地进行丰富和深化，并推动着公民基本的政治权利和社会权利的发展。尤其是在"全面推进依法治国"的当下，对学生的公民地位的强调与认同，能够帮助学生更早、更明确地树立知法、懂法、守法的主体意识与规范意识。

2. 教育法层面的学生法律地位：受教育者

《宪法》第四十六条第一款及《教育法》第九条第一款均明确规定："中华人民共和国公民有受教育的权利和义务。"《义务教育法》第四条和《高教法》第九条第一款则分别规定了公民依法接受义务教育和高等教育的权利。此外,《教育法》第五章还专门以"受教育者"为题,用九个法律条文系统规定了受教育者所享有的权利与义务。总体来看,以上规范一方面反映出学生所享有的"受教育者"的主体地位,另一方面法律规范的表述也凸显出"受教育者"与"受教育权"相互统一、不可分割的特性。换言之,对于"受教育者"法律地位的理解,必然以对"受教育权"的阐释加以展开。关于"受教育权"的基本性质或本质,学界主要存在"权利观""义务观""权利义务复合观"三种相互争鸣的观点。我国现行的相关法律已然明确规定了"受教育"既是一种权利,也是一种义务,即实质上完全肯定了受教育权的双重复合属性,那么,基于法教义学的考察便没有必要改造这种立场。"权利观"和"义务观"的主张者,在某种程度上只是更加强调"权利"或"义务"某一方面的重要性,实质上均无法否认另一个维度属性的存在。因此,所谓单一的"权利观"或"义务观",究竟能否真正作为一种与"权利义务复合观"相对立的见解,笔者实际上持怀疑态度。大体而言,笔者倾向于将"受教育权"阐释为一种以权利为本位、权利与义务相互统一的复合型概念。

当然,仍需要强调的是,"受教育权"最为核心的内容并不在于性质的认定,而在于保障学生受教育权利的平等享有。关于教育平等,《教育法》第九条第二款即有明确规定:"公民不分民族、种族、性别、职业、财产状况、宗教信仰等,依法享有平等的受教育机会。"实际上,早在20世纪90年代,劳凯声教授便基于比较法的视野,从就学权利平等、教育条件平等、教育效果平等、竞争机会均等、成功机会均等诸多方面,对受教育权的平等内涵展开了详细论述。时至今日,关于如何加强对受教育权的平等保护,仍然是教育法学的研究热点,尤其是实现受教育权的实质平等,更是成为理论界孜孜追求的重要目标。

综上所述,对于"学生"来说,其所享有的"受教育者"这一法律地位已得到了法律的明确认可,而该地位于实践中能够达到何种程度的效果展现,则主要取决于"受教育权"能够得到何种程度的实现与保护。

(三)未成年学生的特殊性

除了"双重界定",对于未满18周岁的学生而言,"未成年人"也是他们所享有的一种特殊法律地位,并且该地位已为《未成年人保护法》《预防未成年人犯罪法》等法律法规所明确认可。据此,未成年学生便兼具公民、受教育者、未成年人的三重法律地位,可称之为"三位一体说"。

法律之所以对未成年人加以特殊保护，是因为其年龄较低，法律推定其身心尚不健全、自我保护能力较弱、比成年人更易于受到不法侵害。在这种立法考量下，未成年人被视为一种特殊的保护对象，一类需要重点照顾的群体，而非具有一种特殊的"法律地位"。实际上，《中华人民共和国妇女权益保障法》给予妇女以特殊保护，《中华人民共和国老年人权益保障法》给予老年人以特殊保护，与《未成年人保护法》及相关法律法规给予未成年人以特殊保护，在法理层面具有同质性。既然我们并不认为"妇女""老年人"是一种独立的法律地位，那么，在看待"未成年人"时，自然也应持此观念。

需要说明的是，笔者固然主张在理论上不宜将"未成年人"视为学生法律地位的一种独立类型，但并不否认"未成年学生"这一身份的特殊性，而且进一步认为，我国教育法律法规应当逐步加强对未成年学生的特殊保护，这恰恰是推进我国教育事业健康发展的必由之路。就现行法而言，一方面，法律法规涉及"未成年人"的一系列特殊规定，自然均可以无条件地适用于不满18周岁的学生；另一方面，有一些更加特殊的法律规范，则只能专门适用于"未成年学生"，而并不适用于非学生的其他未成年群体。譬如，《预防未成年人犯罪法》第三十四条明确使用了"未成年学生"的表述，限定了这一规范的特定适用主体——"未成年学生旷课、逃学的，学校应当及时联系其父母或者其他监护人，了解有关情况；无正当理由的，学校和未成年学生的父母或者其他监护人应当督促其返校学习"。《未成年人保护法》第三章则以"学校保护"为专题，全面系统地规定了学校为促进"未成年学生"全面发展所应承担的一系列法律义务。此外，教育部曾于2007年发布《教育部办公厅关于禁止学校非法组织或介绍未成年学生外出务工的通知》，该规范性文件就是专门用来保护"未成年学生"的合法权益的。当下更为值得关注的是，教育部2021年通过《未成年学生学校保护规定》。其中第二条中明确指出"普通中小学、中等职业学校（以下简称学校）对本校未成年人（以下统称学生）在校学习、生活期间合法权益的保护，适用本规定。"显然，这对于推动"未成年学生法律问题"的理论研究与司法实践，将具有里程碑的意义。至于"本校未成年人"这类群体在不同法律关系中的法律地位、基于不同地位所享有的特殊权利与承担责任的特殊方式，笔者将会在以下的相关论述中穿插进行讨论。

三、体育教师与学生法律关系的阐释

（一）在履行教师职务过程中与学生形成的管理关系

根据《教育法》《教师法》等有关教育法律、法规的规定，体育教师是履行教育教学职责的专业人员，承担培养学生体育素质、锻炼身体，培养社会主义事业建设者和接班人，提高民族素质的使命。从体育教师履行职务的依据和性质看，具有明确的法律授权和委托，因而具有一定的执行公务性质。根据《教师法》的规定，体育教师享有教育教学权和指导评价权，同时依法获得由教育主管部门认定和颁发的教师资格证书，并受聘于所在学校，其实质是体育教师代表教育主管部门或学校履行对学生的体育教育、教学和管理工作。在此过程中，体育教师处于管理者的地位，在法律规定的权限范围内有权根据体育教育规律和学生的身体发展特点因材施教，有针对性地指导学生的体育锻炼和运动；有权对学生的体育表现、运动技能、合作精神等方面给予客观公正的评价；有权运用正确的指导思想和科学的方式方法，使学生的体育能力和素质得到充分发展；有权对学生的不良行为或违纪行为进行批评、引导和教育。

处于被管理者地位的学生，有义务参加体育教师按照教育教学计划安排的各项体育教学活动，服从体育教师的指导和管理，遵守学校的规章制度，积极参与体育锻炼，完成体育教师规定的各种运动任务。可见，体育教师在履行教师职务过程中与学生形成的管理与被管理的关系，具有纵向性、隶属性的行政法律关系的特点。

（二）在履行体育教师职务过程中与学生形成的平等关系

根据《教师法》的规定，体育教师在执教活动中，有义务遵守宪法、法律和职业道德，为人师表；贯彻国家的教育方针，遵守规章制度，执行学校的教学计划，履行教师聘约，完成教育教学工作任务；对学生进行宪法所确定的基本原则的教育和爱国主义、民族团结的教育，法制教育及思想品德、文化、科学技术教育，组织、带领学生开展有益的社会活动；关心、爱护全体学生，尊重学生人格，促进学生在品德、智力、体质等方面全面发展；制止有害于学生的行为或者其他侵犯学生合法权益的行为，批评和抵制有害于学生健康成长的现象；不断提高思想政治觉悟和教育教学业务水平。虽然体育教师在履行教师职务过程中有权对学

生进行体育教育和管理，但体育教师必须按照法定的权限和程序行使管理评价权，必须尊重和保护学生的合法权益。

相应地，学生有权要求体育教师尊重自己的合法权益，并对体育教师的教育、教学和管理行为进行监督；有权要求体育教师对自己的运动成绩和品行进行公正、客观的评价；有权对体育教师侵犯其人身权、财产权、受教育权等合法权益的行为依法提出申诉或者提起诉讼。这一方面是教育法律对体育教师的必然要求，另一方面是教育教学规律的必然要求。

现代教育学认为，体育教与学的过程是体育教师与学生的合作互动过程，它应具备以下特征：提倡民主、平等，尊重学生的权利，使学生和其他社会成员一样有独立的人格；在师生交往中，培养民主、平等的氛围，形成尊师爱生的师生关系；在体育教育教学过程中，充分尊重学生的独立地位、主体意识和个性需要；在学生管理中，在尊重其权利的基础上，实行纪律约束与自我管理相结合、严格要求与宽容教育相结合。因此，无论是从教育法律的角度看，还是从教育学的角度看，体育教师和学生之间都存在着相互尊重、相互合作、相互配合、相互监督和相互制约的关系，而这种关系具有横向性、平等性的民事法律关系的特点。

体育教师需要关注学生在运动技能、体质、团队合作等方面的发展，为学生提供一个安全、积极的体育学习环境。学生与体育教师之间的关系应该建立在相互信任和尊重的基础上，共同努力达成教育目标。在这个过程中，体育教师需要鼓励学生积极参与体育活动，关注学生的需求和兴趣，引导他们养成良好的运动习惯。

第五节　体育教师与学生家长的法律关系

一、学生家长的义务

全国人大常委会于2021年10月23日表决通过了《中华人民共和国家庭教育促进法》（以下简称《家庭教育促进法》），正式开启了我国"依法带娃"的新篇章。温暖的家是子女健康成长的安全堡垒，但是科学教养子女并非为人父母与生俱来的能力。不同家庭为子女提供的教育质量参差不齐，由此产生的教育鸿沟成为不容忽视的社会问题。因而，将"家事"上升为"国事"，以法治来引领家庭教育具有重大的现实意义。在《家庭教育促进法》出台前后,围绕家庭教育立法的制定和实施,理论界主要从家庭教育立法的必要性、逻辑起点、调整对象,以及家长、国家和社会的责任分担等方面开展了具有建设性的研究,这些研究对于推动家庭教育中未成年人受教育权从法定权利向现实权利的转化具有重要意义。

《家庭教育促进法》的出台对保障未成年人在家庭教育中的受教育权迈出了重要的一步,也在一定程度上彰显了受教育权的"三重功能"。

(一)防御权功能

防御权功能源于受教育权的自由权属性,旨在防止国家权力过度干涉公民自由,为公权利与私权利划定边界。基于上述功能,家庭教育立法所保护的法益包括未成年人的健康发展权、父母的家庭教育选择权及未成年人的家庭教育参与权。

(1)未成年人的健康发展权。由于未成年人身心发展尚未成熟,需要家长根据子女的需求,在合理范围内遵从他们的意志,帮助其形成健全的人格以更好地融入社会。然而,当前我国家庭教育存在着目标功利化和内容单一化的问题。在充满竞争的社会环境下,为了提高孩子未来的就业竞争力,部分父母仅关注子女智力和技能的培养,将家庭教育的内容局限于提高学业成绩,而品德教育、兴趣培养及心理健康等被严重忽视。为了帮助家长树立正确的家庭教育观,掌握科学的教育方法,《家庭教育促进法》第十六条和第十七条对家长"教什么"和"怎么教"做出了引导。在"教什么"方面,明确了家庭教育应以"立德树人"作为根本任务,并以列举的方法对具体内容加以指引,如培养家国情怀、家庭美德、法治意识等,旨在纠正当前家庭教育"重智轻德"引发的不良后果;在"怎么教"方面,规定家长要加强亲子陪伴、尊重个体差异、了解子女生活和学习情况等。

(2)父母的家庭教育选择权。家庭教育选择权系指父母可以根据子女身心发展状况及家庭实际情况决定家庭教育的内容与方式,国家应当对此予以充分的尊重。父母的权威与责任是由生育行为派生而来的,父母在决定子女教育发展上有优先权,不受其他个人、团体或国家的不当干涉[1]。据此,明确父母进行家庭教育时享有哪些自由和权利,以及厘清国家干预家庭教育的边界,应当是家庭教育立法的重要内容。《家庭教育促进法》第十四条明确规定了父母承担家庭教育的主体责任,国家主要通过监督父母履责和为其提供科学的家庭教育指导,间接地保护

---

[1] 布赖恩·克里滕登. 父母、国家与教育权[M]. 秦惠民,张东辉,张卫国,译. 北京:教育科学出版社,2009:179.

未成年人受教育权，旨在构建"以父母为主体，国家间接引导"的家庭教育模式，这在一定程度上体现了现行立法对父母的家庭教育选择权的尊重。

（3）未成年人的家庭教育参与权。《儿童权利公约》第十二条明确规定，缔约国应确保有主见能力的儿童有权对影响到其本人的一切事项自由发表自己的意见，对儿童的意见应按照其年龄和成熟程度给以适当的看待。由此确立的未成年人参与原则旨在保障未成年人的主体地位，强调应当以未成年人的视角处理涉及其相关权益的事项。因此，未成年人并非被动地接受家长教育，而是拥有积极参与其中并自由发表观点的权利。然而，全国家庭教育状况调查发现，家长不尊重子女的情况频频出现。具体包括：当子女与家长观点不一致时，家长从不允许子女表达自己的观点；当家长要求子女做某件他们不愿意做的事情时，从不会耐心地说明理由；家长从不或几乎不与子女进行沟通等[1]。为此，《家庭教育促进法》第十七条立足于家庭教育的具体环境，将未成年人参与原则的基本意旨文本化，要求未成年人的父母或者其他监护人实施家庭教育，应当关注未成年人的生理、心理、智力发展状况，尊重其参与相关家庭事务和发表意见的权利。

（二）受益权功能

受益权功能源于受教育权的社会权属性，是指公民为实现基本权利有权请求国家做出某种行为，以从中获取相应的利益。未成年人受教育权的实现往往取决于父母的家庭教育能力，而这种能力的提升需要获得专业的培训和科学的引导，因此，国家需要承担给付义务。

（1）父母有权要求国家从人才队伍建设、经费保障、服务供给等方面为家庭教育指导提供保障。具体内容包括：①提供稳定的经费保障。法律应当规定家庭教育经费占各级政府财政收入的最低比例，与此同时，政府也可以探索多样化的资金支持渠道，如吸纳公益慈善资金、通过给予税收优惠鼓励企业捐赠等。②提供多元化的家庭教育服务。国家可以通过设立家庭教育服务中心，建设各类家长学校，鼓励社会力量参与家庭教育事业，为家长提供多层次、高质量、便捷的服务资源。③培养专业人才和提供科学资讯。国家应当颁布家庭教育指导读本，筹划家庭信息共享平台，依托高校加强学科建设和人才培养等[2]。

（2）家长享有利用家庭教育指导服务的权利。家庭教育的内容、方式与策略

---

[1] 靳晓燕.《全国家庭教育状况调查报告（2018）》发布——合格父母是怎样炼成的[N]. 光明日报, 2018-10-11（8）.
[2] 丁显阳. 中国父母进入"依法带娃"时代！[EB/OL].（2022-01-04）[2023-05-26]. http://www.npc.gov.cn/npc/c2/c30834/202201/t20220104_315744.html.

是影响未成年人成长的重要因素。为了提升家庭教育质量，家长有权从家庭教育指导服务体系中获取相应的帮助。为此，《家庭教育促进法》规定，家长可以通过网上学校、网络课程、服务热线、参与家长学校培训及咨询家庭教育服务站点等方式解惑，这也体现出为"促进"家庭教育而进行"指引"和"赋能"的立法意图。

（3）弱势未成年人获得特殊帮助的权利。当前，由于不同地区经济发展水平和不同类型家庭的教育方法、理念存在差距，我国家庭教育发展呈现出不平衡、不充分的特点，尤其是留守家庭、组合家庭、问题家庭、特困家庭的未成年子女在获取教育资源上处于弱势，他们的受教育权易于被忽视和侵犯，亟须获得国家政策上的倾斜。《家庭教育促进法》第三十条体现了对弱势未成年人的特殊关照，政府机关应为弱势未成年人及其家庭提供精准化指导，提供生活帮扶、创业就业支持等关爱服务。

（三）客观价值秩序功能

客观价值秩序功能要求国家采取必要的手段和措施保护未成年人免受来自第三方的侵害。鉴于未成年人身心发展的特殊性及家庭教育不当行为的隐蔽性，在客观价值秩序功能视角下，家庭教育立法的保护法益主要包括国家对父母家庭教育行为的监督及国家对父母不当家庭教育行为的追责。

（1）国家对父母家庭教育行为的监督。为了最大程度地实现未成年人受教育权，《家庭教育促进法》第二章规定了家长应当履行学习、管教和陪伴的责任。然而，有些家长由于责任意识淡薄，对子女"生而不养，养而不教"，将教育子女的任务转嫁给长辈或学校；还有部分家长依然信奉"棍棒底下出孝子"的理念，粗暴地对待子女。上述行为通常发生在家庭内部，若国家不积极承担注意义务，将难以发现侵害行为的存在，进而无法保护未成年人的合法权益。对此，《家庭教育促进法》第四十八条规定，未成年人住所地的居民委员会、村民委员会、妇女联合会，未成年人的父母或者其他监护人所在单位，以及中小学校、幼儿园等有关密切接触未成年人的单位，发现父母或者其他监护人拒绝、怠于履行家庭教育责任，或者非法阻碍其他监护人实施家庭教育的，应当予以批评教育、劝诫制止，必要时督促其接受家庭教育指导。

（2）国家对父母不当家庭教育行为的追责。父母家庭教育权利具有边界性，其前提条件必须是出于对子女的尊重和关爱，以促进未成年人幸福为目的。在当前"重智轻德""唯分数论"的功利家庭教育观影响下，一些未成年人存在人格缺陷或三观扭曲。这使部分未成年人在成长过程中后劲不足，还可能因心理问题而出现行为偏差甚至走上犯罪道路。有研究表明，流动家庭、离异家庭、留守家庭、单亲家庭、再婚家庭是出现未成年人犯罪情况排名前五的家庭类型。当家长不当履行家庭教育义务以致未成年人合法权益受损时，国家应当通过"他治"来终止家长的侵权行为，成为未成年人的"保护者"。为此，《家庭教育促进法》第四十九条和第五十三条规定，司法机关应当对父母家庭教育失职行为进行追责，对受到侵害的未成年子女实施法律救济。

二、其他相关法律中有关学生家长的相关规定

（一）关于学生家长监护责任的相关规定

由于学生的年龄和智力不同，其所就读学校的层次和类别也各有差异。从我国的实际情况看，学生主要包括幼儿、中小学生、大学生。相应的，这里的学生家长主要指学生的父母或者其他监护人。从法律的规定看，学生家长的监护责任主要由《民法典》《未成年人保护法》《预防未成年人犯罪法》等法律加以规定。

《民法典》根据公民的年龄和智力状况的不同，将公民的民事行为能力分为完全民事行为能力、限制民事行为能力和无民事行为能力。《民法典》规定，18周岁以上的自然人为成年人，不满18周岁的自然人为未成年人。因此，18周岁以上的公民是成年人，具有完全民事行为能力，可以独立进行民事活动，是完全民事行为能力人。16周岁以上的未成年人，以自己的劳动收入为主要生活来源的，视为完全民事行为能力人。8周岁以上的未成年人为限制民事行为能力人，实施民事法律行为由其法定代理人代理或者经其法定代理人同意、追认；但是，可以独立实施纯获利益的民事法律行为或者与其年龄、智力相适应的民事法律行为。不满8周岁的未成年人为无民事行为能力人，由其法定代理人代理实施民事法律行为。不能辨认自己行为的成年人为无民事行为能力人，由其法定代理人代理实施民事法律行为，8周岁以上的未成年人不能辨认自己行为的，同样适用前款规定。不能完全辨认自己行为的成年人为限制民事行为能力人，实施民事法律行为由其法定代理人代理或者经其法定代理人同意、追认；但是，可以独立实施纯获利益的民事法律行为或者与其智力、精神健康状况相适应的民事法律行为。

为保护无民事行为能力人和限制民事行为能力人的人身、财产等合法权益，

民法专门设立一种由特定公民或组织对其予以监督、管理和保护的制度，这就是所说的监护制度。《民法典》第二十七条规定："父母是未成年子女的监护人。"第二十八条规定："无民事行为能力或者限制民事行为能力的成年人，由下列有监护能力的人按顺序担任监护人：（一）配偶；（二）父母、子女；（三）其他近亲属；（四）其他愿意担任监护人的个人或者组织，但是须经被监护人住所地的居民委员会、村民委员会或者民政部门同意。"第三十一条规定，对监护人的确定有争议的，由被监护人住所地的居民委员会、村民委员会或者民政部门指定监护人，有关当事人对指定不服的，可以向人民法院申请指定监护人；有关当事人也可以直接向人民法院申请指定监护人。居民委员会、村民委员会、民政部门或者人民法院应当尊重被监护人的真实意愿，按照最有利于被监护人的原则在依法具有监护资格的人中指定监护人。依据《民法典》第三十一条第一款规定指定监护人前，被监护人的人身权利、财产权利以及其他合法权益处于无人保护状态的，由被监护人住所地的居民委员会、村民委员会、法律规定的有关组织或者民政部门担任临时监护人。监护人被指定后，不得擅自变更；擅自变更的，不免除被指定的监护人的责任。"

《民法典》第三十四条规定，监护人的职责是代理被监护人实施民事法律行为，保护被监护人的人身权利、财产权利以及其他合法权益等。监护人依法履行监护职责产生的权利，受法律保护。监护人不履行监护职责或者侵害被监护人合法权益的，应当承担法律责任。因发生突发事件等紧急情况，监护人暂时无法履行监护职责，被监护人的生活处于无人照料状态的，被监护人住所地的居民委员会、村民委员会或者民政部门应当为被监护人安排必要的临时生活照料措施。

监护人应当按照最有利于被监护人的原则履行监护职责。监护人除为维护被监护人利益外，不得处分被监护人的财产。未成年人的监护人履行监护职责，在做出与被监护人利益有关的决定时，应当根据被监护人的年龄和智力状况，尊重被监护人的真实意愿。成年人的监护人履行监护职责，应当最大程度地尊重被监护人的真实意愿，保障并协助被监护人实施与其智力、精神健康状况相适应的民事法律行为。对被监护人有能力独立处理的事务，监护人不得干涉。

根据《未成年人保护法》《预防未成年人犯罪法》的规定，父母或者其他监护人应当依法履行对未成年人的监护职责和抚养义务：不得虐待、遗弃未成年人；不得歧视女性未成年人或者有残疾的未成年人；禁止溺婴、弃婴；不得让不满16周岁的未成年人脱离监护单独居住；不得对未成年人放任不管或者迫使其离家出走，

第九章 体育教师与其他主体之间的法律关系

放弃监护职责。

（二）关于学生家长教育责任的相关规定

受教育权是公民的一项基本权利，也是学生在教育活动中的最重要的权利。我国法律不仅就国家、社会、学校对学生受教育权利保护的义务做出了明确规定，还就学生家长对学生受教育权利保护问题做出了专门规定。这些规定主要体现在《宪法》《教育法》《义务教育法》《职教法》《高教法》《未成年人保护法》《预防未成年人犯罪法》等法律、法规中，内容概括如下：父母有抚养教育子女的义务。父母不履行抚养义务时，未成年子女或不能独立生活的子女，有要求父母付给抚养费的权利。父母有保护和教育未成年子女的权利和义务。在未成年子女对国家、集体或他人造成损害时，父母有承担民事责任的义务。未成年人的父母离异的，离异双方对子女都有教育的义务，任何一方都不得因离异而不履行教育子女的义务。父母或者其他监护人应当尊重未成年人接受教育的权利，必须使适龄未成年人按照规定接受义务教育，不得使在校接受义务教育的未成年人辍学。父母或者其他监护人应当以健康的思想、品行和适当的方法教育未成年人，引导未成年人进行有益身心健康的活动。父母或者其他监护人应当配合学校，对其未成年子女或者其他被监护人进行教育。父母或者其他监护人应当为其未成年子女或者其他被监护人受教育提供必要条件。父母或者其他监护人应当为未成年子女或不能独立生活的子女接受高中及其以下学历教育承担学习费用等。

三、体育教师与学生家长法律关系的阐释

从以上法律的规定中可以看出，父母或者其他监护人不但对其子女或者其他被监护人有监护、抚养、教育、管理和保护的权利与义务，而且在体育教育方面，有配合学校和体育教师共同培养其子女或者其他被监护人的义务。例如，父母或者其他监护人应当定期如实地向学校和体育教师提供其子女或者其他被监护人在家庭中的运动、生活等情况，或者应按照学校和体育教师的要求，配合他们共同研究体育教育对策，以促进学生全面发展。当父母或者其他监护人不履行其法定的体育教育职责或者不配合学校和体育教师的体育教育工作时，学校和体育教师有权要求或者依法诉请有关主管机关强制父母或者其他监护人履行相应的职责。

同时，体育教师有义务以适当的方式为学生的父母或者其他监护人了解学生的运动成绩及其他有关情况提供便利。学生的父母或者其他监护人有权对体育教师的教育、教学和管理工作进行监督,并提出建议、意见和批评;有权以法定代理人的身份对体育教师侵犯学生合法权益的行为依法向有关部门提出申诉或者诉讼等。然而,现行法律并没有明确规定父母应具体履行哪些体育教育义务,体育教师和家长之间的义务划分也不够具体。

权利和义务是对等的,这意味着体育教育权利较大的体育教师应承担更多的教育义务。现行法律对体育教师的义务做出了规定,要求体育教师既广泛关注学生,又关注每位学生的特殊性,这必然要求体育教师和家长沟通交流。但从实际情况来看,体育教师和家长的沟通主要依靠家长会或家长主动与体育教师沟通。一方面,有些家长对体育教育义务没有清晰的认识,缺乏正确的体育教育观念和方法,没有履行教育子女的义务;另一方面,当学生的运动表现或生活出现问题时,体育教师将教育义务和教育不当的责任推给家长的做法也屡见不鲜。出现这种权利和义务不对等的情况主要是因为现有法律法规的规定还不够具体,使体育教师和家长难以保持一种和谐稳定的关系,双方难以恰当行使教育权、履行教育义务。

因此,在体育教育方面,体育教师与学生家长之间既有相互协调、配合与合作的关系,又有相互负责、监督与制约的关系,这种双向、对等、互动式的关系具有明显的平等性的民事法律关系的特征。为了更好地实现体育教育的目标,促进学生的全面发展,需要体育教师与家长之间加强沟通和协作,共同营造一个有利于学生身心健康成长的教育环境。同时,还需要完善法律法规的规定,明确双方的权利和义务,以便更好地维护学生的合法权益,促进体育教育的健康发展。

第十章　体育教师依法执教的能力

依法执教是体育教师开展教学活动的基本准则，本章旨在深入探索当代体育教师依法执教的重要性，探讨如何加强体育教师依法执教的能力，包括将法治思维融入体育课堂教学活动中，定期组织法律知识学习，提升问题解决能力，以及完善评价与奖惩机制等方面，从而为体育教师提供指导，进而使体育教师在实践中遵循法律规定，在教育工作中更好地发挥自身价值。

第一节　依法执教概述

一、依法执教的含义

依法执教是指体育教师在教育教学活动中，按照教育法律的规定，依法行使权利，自觉履行义务，逐步使教育教学工作走上法治化和规范化。它是依法治教方略在教师工作中的具体体现，也是对体育教师的基本要求。依法执教要求体育教师拥护党的基本路线，全面贯彻教育方针，自觉遵守《宪法》《教师法》《教育法》等法律和规章，在教育教学中同党和国家的方针政策保持一致，不得有违背党和国家方针、政策的言行。依法执教的实质，就是要求体育教师从严格守法的高度，在全部职业行为中始终坚持正确的方向。

二、依法执教的特点

（一）执教主体的特定性

我国教育法律对参与教育活动的各种法律关系主体的资格都进行了具体设定，赋予其特定的权利能力、行为能力和责任能力，因而产生了不同的权利、义务和责任关系。执教过程主要是一个实施教育教学活动的过程，而体育教师的职责就是依照国家教学大纲和要求，努力完成学校的体育教育教学任务，切实履行教师聘约。因此，依法执教的主体是特定的，只能是在学校或其他教育机构中任教的教师和其他从事教育管理工作的人员。

（二）执教依据的专门性

从调整的社会关系即调整对象看，教育法是调整教育活动中各种社会关系的行为规范。这主要包括行政机关与学校的关系、行政机关与教师的关系、学校与教职员工的关系、学校与学生的关系、学校与社会的关系等。从教育法的调整方法看，具有综合性的特点。教育活动包括兴办教育、管理教育、实施教育、接受教育、参与和支持教育等诸方面，这些活动涉及教育行政机关、其他国家机关、社会组织（包括企业、事业单位、农村集体组织）、学校、社会团体，以及几乎每个家庭和公民。这些公民、法人、组织在教育活动中享有广泛的权利并承担着多方面的义务，从而使教育法的主体呈现多元性。教育法对这些主体间权利和义务关系的确定，也因调节对象的不同而表现为不同的形式。可见，作为整个教育活动中的一个环节——实施体育教育的教师的执教活动，必须依照教育法律进行并受教育法律调整和规范。

（三）执教性质的特殊性

从执教的依据看，体育教师执教是依据并实施教育法律的专门活动，即体育教师执教是在教育法律的明确授权或教育行政部门和学校的委托下进行的，是一种履行教师职务的行为。如果体育教师的活动纯粹是个人行为，或者是教师依据非教育法律做出的行为，或者是教师依据教育法律从事教育教学活动以外的行为，就可以理解为是体育教师的其他法律行为或活动，但不属于履行教师职务的行为，因而不具有执教的性质。

（四）权利和义务的双重性

体育教育活动中产生的体育教师与学生的关系，不仅具有专业性的特点，还具有一定的"公"和"私"性质。从"公"的角度讲，体育教师依据教育法律授权或接受委托履行教授体育知识和培养运动技能的职责，是职务行为，具有"公务"性质，有权对学生进行体育教育和管理。从"私"的角度讲，体育教师不是国家机关工作人员，不具有行政管理职权，两者不是上下级之间的服从关系，在履行教授体育知识及培养运动技能的职责时有义务尊重和保护学生的合法权益。

体育教师与学生之间的这种关系，既非完全民事关系，又非完全行政关系，而是一种传授体育技能、提高运动水平、强化师生互动的特殊综合法律关系。正是这种关系，使体育教师对学生的体育教育和管理行为，既不能任意行使，也不能随意放弃，而是融权利与义务为一体，表现为权利和义务的双重性。

三、依法执教的意义

（一）依法执教是体育教师坚持正确职业行为方向的保证

教育的性质和方向问题是一个国家教育事业发展的根本问题。作为社会主义国家，《教育法》第三条明确规定："国家坚持中国共产党的领导，坚持以马克思列宁主义、毛泽东思想、邓小平理论、'三个代表'重要思想、科学发展观、习近平新时代中国特色社会主义思想为指导，遵循宪法确定的基本原则，发展社会主义的教育事业。"这是从教育基本法的高度对我国教育事业的性质和方向做出的规定，它充分反映着国家的根本利益和人民的意志，是我国教育事业得到健康发展的法律保证。党的二十大明确提出了"全面依法治国是国家治理的一场深刻革命，关系党执政兴国，关系人民幸福安康，关系党和国家长治久安。必须更好发挥法治固根本、稳预期、利长远的保障作用，在法治轨道上全面建设社会主义现代化国家"的要求。对于教育战线来说，全面贯彻落实这一要求的首要问题，就是必须严格遵循《教育法》的规定，始终不渝、坚定不移地坚持我国教育事业的社会主义性质和方向。由此可以看出，体育教师在坚持正确职业行为方向的问题上，遵守法律和遵守职业道德具有高度的一致性。体育教师在坚持正确职业行为方向的问题上，依法执教是关键保证。在遵守法律和职业道德的基础上，体育教师应全面提高自身的教育教学水平，关注学生的身心发展，传播体育精神和体育文化，为培养具有全面素质的新时代公民贡献自己的力量。

（二）依法执教是依法治国基本方略对体育教师职业的必然要求

所谓依法治国，就是广大人民群众在党的领导下，依照宪法和法律规定，通过各种途径和形式管理国家事务，管理经济文化事业，管理社会事务，保证国家各项工作都依法进行，逐步实现社会主义民主的制度化、法制化，使各种制度和法律不因领导人的改变而改变，不因领导人看法和注意力的改变而改变。依法治国作为党领导人民治理国家的基本方略，其内涵是十分深刻的。首先，依法治国的主体是广大人民群众。这充分体现了我国人民民主专政的国家性质和人民代表大会制度这一根本政治制度的基本性质。《宪法》明确规定，中华人民共和国的一切权力属于人民。人民通过人民代表大会及其他途径与形式，依法管理国家事务、经济文化事业和社会事务，行使当家作主的权利。其他国家机关和公职人员在人民代表大会授权的范围内具体行使国家行政管理权或司法权，任何机构或个人绝不能未经人民授权或者超越人民授权，成为高居人民至上的治理国家的主体。其次，依法治国的客体是国家事务、经济文化事业和社会事务。凡是这些单位的人员，不论职务高低、权力大小，都是人民的公仆，应该全心全意为人民服务，严格依法办事，并且在行使权力的过程中受到法律制度的监督和制约，承担相应的责任。依法治国的实质就是在全国推行"法治"，保证国家各项工作都依法进行。教师肩负着教书育人的伟大使命。教师是人类科学文化知识的传播者、人类智能资源开发的先锋队，同时又是塑造人类灵魂的工程师。正是由于教师职业的重要，所以体育教师要从事伟大的教育事业，就必须一方面接受法律的约束，另一方面积极宣传法律、践行法律。依法执教作为体育教师道德建设的基本规范，不仅充分体现着依法治国基本方略的科学精神，还合乎教育发生发展的规律要求；既体现着人民的意愿和要求，又符合党在新时期治理国家的基本方向。

（三）依法执教是体育教师自身生存发展的基本要求

从理论上说，法是道德的底线。既然教师职业决定了体育教师应当具有高尚的道德，那么，依法执教应当成为体育教师的最基本的道德规范。道德是上层建筑的一个重要组成部分，但它和法律不同，道德的实施不是依靠强制性手段，而是通过道德教育的手段，以其说服力和劝导力来影响和提高社会成员的道德觉悟，使人们自觉地遵守这些行为规范的。一方面，道德通过启迪人们的道德觉悟，激励人们的道德情感，强化人们的道德意志，增强人们的荣辱观念，从而使人们在内心深处形成道德行为的内在动因。这是培养和形成人的道德行为的最重要的基础和前提。另一方面，通过形成广泛的道德舆论，培育良好的道德环境，增强人们的道德责任感，促使人们认识到，如果一个人不能履行自己应尽的道德义务或者违反了社会的道德要求，就必定要受到舆论的谴责和公众的批评，甚至导致事业的挫折和失败。遵纪守法是任何一个社会公民都必须遵循的基本道德规范，当然也就成为教师自身生存和发展的基本要求。把依法执教作为道德规范来约束体育教师的思想和行为，有利于培养教师遵纪守法的自觉性，也有利于运用社会的力量监督体育教师的行为，经常使体育教师明白"可以为什么行为"和"不可以

第十章 体育教师依法执教的能力

为什么行为",清楚自己在从教过程中的权利和义务,从而保证教师在沿着社会主义教育发展的方向服务于社会的同时,在人生道路上健康发展。

(四)依法执教是依法治教方略对体育教师工作的必然要求

简单地说,依法治教就是依据法律管理体育教育。它是指在社会主义民主的基础上,体育教育工作逐步走上法制化、规范化。依法治教是依法治国方针在体育教育工作中的具体体现,是新时期关系体育教育改革与发展全局的一个重要工作方略。全面推进依法治教是在社会主义市场经济体制的条件下,体育教育改革与发展的客观要求,也是现代体育教育发展的必然产物。贯彻和实施依法治教的方针,对于加强体育教育法制建设,确保体育教育优先发展战略地位,坚持体育教育的社会主义方向,促进体育教育的改革与发展,维护体育教育法律关系主体的合法权益,具有极其重要的意义。

依法治教既是党和国家管理与发展体育教育的一种方略、原则和方式,也是对所有参与体育教育活动主体的一种基本的必然的要求。根据对象的地位、性质和职能的不同,其调整的重点和具体要求也各有侧重。对于政府和体育教育行政机关及其工作人员而言,依法治教的具体要求就是依法行政;对于学校及其管理者而言,依法治教的具体要求就是依法治校;对于体育教师而言,依法治教的具体要求就是依法执教;对于学生而言,依法治教的具体要求就是依法受教;对于学生家长而言,依法治教的具体要求就是依法家教。总之,依法治教的具体要求随对象的不同而有所差异。

作为体育教师,在法律上,具有双重身份:一方面,他们是普通公民;另一方面,他们是在学校或其他教育机构中从事体育教育教学工作的专业人员,其法定职责是通过教书育人,培养社会主义建设者和接班人,以提高整个中华民族的体育素质。体育教师的权利和义务是基于特定的职业性质在体育教育教学活动中产生并由体育教育法律规范设定而存在的,既不同于宪法赋予每个公民的基本权利和义务,也不同于体育教师作为普通公民所具有的民事权利和义务,而是一种与其职务和职责密切相联系并以一定的社会物质条件予以保证的特定职业的法定权利和法定义务。因此,对于体育教师而言,依法治教的具体要求就是依法执教。

体育教师依法执教的内容包括遵循国家关于体育教育的方针政策,按照教育法律法规和学校章程的规定开展体育教育教学活动,严格遵守教育教学纪律,尊重学生的合法权益,关爱学生的身心健康,严格执行国家和学校关于体育教育的教学计划和教学大纲，正确处理教育教学中的各种关系，积极参与体育教育的改革与发展，不断提高自身的业务水平和教育教学质量。

依法执教要求体育教师在教育教学过程中要重视学生的个性差异，根据学生的年龄、生长发育、兴趣等特点进行因材施教，旨在培养学生的体育兴趣和良好的体育习惯，提高学生的体育技能和素质，促进学生的全面发展。体育教师还应具备良好的职业道德，遵循教育公平原则，对待所有学生一视同仁，尊重学生的人格和尊严，关心学生的成长和进步，努力创造良好的教育教学环境。体育教师依法执教是实现教育公平和提高体育教育质量的重要保障，是体育教师履行职业责任和促进职业发展的必然要求。体育教师应始终坚持依法执教，以法治为准绳，努力提高自身的教育教学能力，为推动我国体育教育事业的健康发展和提高国民体质水平做出积极贡献。在新时期，体育教师应关注国家法律法规的变化，及时了解和掌握体育教育政策的动态，努力提升自身的法律素养和职业素质，为学生营造一个安全、和谐、有序的体育教育环境。

第二节　依法执教是当代体育教师的必然要求

一、我国教育法制建设的逐步完善

从构成要素看，教育法制建设主要包括教育立法、教育普法、教育执法、教育司法、教育守法、教育法制监督，以及保证教育法律制度运行的国家机器及运行机制，还包括教育法律意识、教育法学教育和研究等要素。因此，从教育法制建设的整个过程看，教育立法，即教育法的制定，既是教育法制建设的起始环节，也是教育法制建设的基本前提。构建一个内容和谐一致、形式完整统一、层次排列有序、健全而完善的教育法律体系，不仅能为一国教育法制建设奠定良好基础，还是一国教育改革与发展，以及教育对外交流与合作的必然要求。据统计，从1980年我国第一部教育法即《学位条例》公布实施至今，全国人大及其常委会陆续颁布了《学位条例》《义务教育法》《教师法》《教育法》《职教法》《高教法》《民办教育促进法》七部教育法律，以及《未成年人保护法》《预防未成年人犯罪法》等多部与教育有关的法律；国务院颁布了《幼儿园管理条例》《条例》《学校卫生工作条例》《义务教育法实施细则》《教师资格条例》等十六项教育行政法规；教育

第十章 体育教师依法执教的能力

部颁布了《幼儿园工作规程》《小学管理规程》《教师资格条例实施办法》等近两百项教育部门规章;地方人大和政府颁布了一百多项地方性教育法规和规章。

可见以宪法所确定的基本原则为依据,以相当于"教育宪法"的教育基本法(1995年3月18日第八届全国人大第三次会议通过的《教育法》是教育基本法律)为基础,以若干教育单行法律为框架,以大量的教育行政法规、地方性教育法规和教育规章为补充的,覆盖各级各类教育的,效力和层次高低错落而又相互配合、协调统一的有中国特色的教育法律体系在我国已初步形成。教育法制建设的逐步完善,一方面为我国全面实施依法治教提供了坚实的法律基础与保障;另一方面,从客观上为教师的执教工作提出了更高的要求。具体而言,就是要求体育教师必须学法,然后才能懂法、知法,知道法律规定哪些应该做,哪些不应该做,哪些可以做,以及违法行为应该承担什么样的法律责任。在此基础上才能自觉守法和善于用法。总之,就是要求体育教师在教育教学活动中必须依法执教。

党的二十大高举中国特色社会主义伟大旗帜,全面贯彻习近平新时代中国特色社会主义思想,系统阐述新时代坚持和发展中国特色社会主义的重大理论和实践问题,鲜明回答中国之问、世界之问、人民之问、时代之问,对事关党和国家事业继往开来、事关中国特色社会主义前途命运、事关中华民族伟大复兴的一系列重大问题做出战略谋划,对新时代新征程全面建设社会主义现代化国家、全面推进中华民族伟大复兴的一系列重大决策做出整体部署,具有特殊的历史地位和深远的历史意义。特别是此次宪法的修改,为开启新时代国家治理体系提供了强大保障,也充分说明国家法治化建设趋于完善,并成为推动社会进步、国家治理的常态。在全面推进依法治国与依法治体的进程中,国家法治体系的逐步完善,为体育事业的发展提供了更为公平、更为有利的发展环境。近年来,我国不断构建完善的法律法规,使国家体制机制逐渐规范化,先后确立颁布大量法律法规,进一步推进社会治理从"人治"向"法治"的转型升级。随着时代变化的日新月异,我国法治体系不断革新,突出治理规范化、程序化和现代化,以适应社会主义强国的发展。全面依法治国、建设健康中国、推进体育强国等一项项重要改革都与体育有着千丝万缕的联系。因此,体育在全面深化改革的浪潮中也自然具有了不可或缺的重要地位。究其原因,重点在于体育具有凝聚人心、振奋精神的社会功能,是可以激发个人拼搏向前、自强不息的强大精神动力,可以提高人民健康生活水平,是实现中国梦的有效途径。近年来,国家对体育事业的政策倾斜力度已达到空前高度。2020年10月,中共中央办公厅、国务院办公厅印发的《关于全面加强和改进新时代学校体育工作的意见》第十六条指出："完善学校体育法律制度，研究修订《条例》。鼓励地方出台学校体育法规制度，为推动学校体育发展提供有力法治保障。"在我国全面推进"依法治体"的现实背景下，借助《体育法》修改的现实机遇，推进学校体育伤害事故法治化进程是提升学校体育伤害事故法治治理能力、解决伤害事故赔偿纠纷的必要途径。这一切重大战略决策的实施都必须在法治化的轨道上运行。因此，完善体育制度、规范体育法律、重振体育法治精神，学法、懂法、用法已成为体育从业人员必须具备的素养。

经过长期努力，中国特色社会主义进入了新时代，这是我国发展新的历史方位。新时代，学校体育改革与发展呈现出新形势，明确了新任务。

（1）新形势。新时代学校体育工作的开展以"健康第一"为指导思想，同时确立了以学生为中心的课程理念和"终身体育"的教育理念，强调体育的健身和育人功能，明确了体育与健康学科"运动能力、健康行为、体育品德"三大核心素养，注重知识与技能、过程与方法、情感态度与价值观有机结合的课程目标和课程结构，体育课程教学内容更加注重学生身心特点并紧密联系生活实际，教学方法不断丰富。

（2）新任务。我国教育的根本任务是培养德、智、体、美、劳全面发展的社会主义建设者和接班人。相应地，学校体育的根本任务由1979年"扬州会议"提出的"提高体质"转变为新时代的"立德树人"。2019年，《中共中央 国务院关于深化教育教学改革全面提高义务教育质量的意见》提出要坚持"五育"并举。"五育"指德、智、体、美、劳五大教育，"并举"指共同发展、全面发展。相比蔡元培时代的"五育并举"，新时代的"五育并举"强调突出德育实效、提升智育水平、强化体育锻炼、增强美育熏陶、加强劳动教育。从育人的角度来看，"五育并举"的对象是人，其目的与任务在于促进人的全面发展。学校体育是发展学生身体素质的基础环节，新时代学校体育的改革与发展一定程度上决定了人民健康水平。因此，作为指导学校体育工作开展的《条例》充分考虑了新时代学校体育改革与发展的新形势和新任务。

二、我国公民法律意识的不断增强

随着社会主义民主和法制建设的不断完善与发展，经济和政治体制改革的日益推进，以及全民普法计划的贯彻和实施，较之以往，我国公民的法制观念普遍增强，法律素养整体提高，维权意识尤为浓厚。我们常常可以看到这样一些现象：

第十章 体育教师依法执教的能力

越来越多的公民在遇到法律纠纷时，首选法律手段作为解决纠纷的途径；一些公民的合法权益受到不法侵害时，能够及时、正确地向人民法院提起诉讼；有的公民为几毛钱而对簿公堂；有的公民综合运用投诉、申诉、仲裁、诉讼等法律救济手段进行维权；一些"民告官"的诉讼案件也逐渐增多。

同样，就体育教育纠纷和案件而言，也出现大量上升的趋势：第一，侵犯学生人格尊严的案例多发。作为公民，学生享有人格尊严权，任何组织或个人都不得侵犯学生的人格尊严权。但是，当前部分教师对于学生人格尊严的尊重不够重视，当众讽刺挖苦、破口大骂学生的情形比较常见。批评是教育的必要手段，但一定要讲究方式方法，如果言语不当或恶意中伤，就会伤害学生的人格尊严，甚至构成对学生人格尊严权的侵犯，这不仅违背了师德，还是一种违法行为。第二，侵犯学生生命健康。学生在校期间参与体育活动、竞赛或教学时的安全保障，以及意外事故发生后的处理机制问题一直备受社会各界广泛关注，尤其是对于事故发生前的预案与事故发生后的问责。在进行体育活动时，教师有责任确保学生的安全。部分教师未能提供足够的安全设施或忽视安全规定，可能会导致学生受伤。例如，不为学生提供必要的护具，或者在潮湿的场地上进行足球训练等。另外，某些体育教师可能过分强调竞技体育的成绩，以至于要求学生进行过度训练。这可能导致学生出现运动损伤、长期疲劳、过度训练综合征等健康问题。第三，面对校园暴力无能为力。近年来，校园暴力事件呈多发趋势，受害学生的财产、人身、人格尊严往往受到伤害。面对校园暴力，教师既可以通过法治教育进行事前预防，也可以在校园暴力发生后帮助受害学生进行事后维权，让违纪违法学生受到应有的法律惩处。但是，一些教师在校园暴力面前无能为力。究其原因，是其先天的法治意识淡薄，而后天学校的法治教育培训缺失。教师法律素养不高，是校园暴力发生的一个重要因素。第四，教师自身权益难以维护。体育教师作为教师群体中的一部分，理应享受同等待遇和相关权益。在长期得不到良好待遇或同等待遇的情况下，体育教师工作的积极性和主动性不断下降，职业倦怠与焦虑情绪越发严重。同时，体育教师的评职晋级相比其他学科教师常被忽视。因此，在教育教学工作中，体育教师常处于"弱势群体"的一部分，其合法权益时常被侵犯，如被其他学科教师占课、无休止的加班、工资的拖欠、学生家长的侮辱与打骂等。此外，在教育教学工作外，教师也会面临其他矛盾与纠纷。维护自身合法权益，需要教师不断提高法律素养。

上述事实一方面反映了我国大力推进社会主义民主与法制建设所取得的成

就；另一方面，随着教育体制改革的深化，也要求教育行政部门、学校和教师必须切实转变观念和管理职能，加强自律，审慎行事，依法规范自身的管理、办学和执教行为。只有这样，才能自觉地尊重和保护学生的合法权益，从而更好地适应依法治教的要求。

三、体育教师法律素养的亟待提高

体育是社会发展和人类进步的重要标志，体育法律法规为我国体育产业保驾护航。《体育法》颁布实施多年来，确立颁布《奥林匹克标志保护条例》《反兴奋剂条例》《公共文化体育设施条例》《全民健身条例》《条例》等体育行政法规，保障我国体育各个领域的不断发展，维护人民群众的健身健康权益，推进体育事业取得长足发展。作为依法执教的主体，体育教师法律素养的高低直接决定着依法执教能否顺利实施，进而影响到教育质量和效果的优劣。这是因为，一方面，作为履行职务行为的公务人员，教师代表国家，遵照国家的教育方针，依据学校的教学计划，通过教育教学活动为国家培养所需的建设人才，其行为通过所在学校直接对国家负责；另一方面，作为一般社会成员，教师又是社会特殊群体的形象代言人，常常以智慧的化身和人格的典范出现在世人面前，在学生面前被视为"学高为师、德高为范"的楷模。因此，无论教师以哪种角色出现，都要求具有较高的综合素质和文明程度，而法律素养则是其中的重要组成部分。在体育事业发展过程中，学校体育作为体育事业发展的重要组成部分，小到关系青少年学生的健康成长，大到关乎国家民族的未来发展，具有举足轻重的地位，不可忽视。

体育课堂已不再以"学生体质为中心"，而是以"确保学生安全"为开展一切教学活动的重心和指导原则。这样的指导原则其实也并无不可，这在一定程度上也倒逼着高校体育教师去创新教学新模式，改变固有教学方法，如快乐体育和健康体育应运而生；许多高校的体育教育课堂，不断出现下调对高技术、大强度的体育项目的训练量和要求；有的陆续停止开设跨栏、长跑、高低杠等高技体育项目，以毽球、柔力球等趣味小运动来替代。为了尽可能地避免事故风险，学校体育课的设置主要以娱乐、陶冶情操为主，避免体育教师上课时胆战心惊，无法达到学校体育课设置的要求。由于在教学过程中过分强调安全，学生该锻炼的强度和身体素质训练没有得到有效的保障，导致大量高校学生的身体素质急剧下滑。探究这一现状的背后，教师作为教学活动的主导者有着诸多因素需要去剖析，同时也暴露出高校体育教师法律素养的淡薄乃至缺失。体育教师在权益受到侵害时首先想到的是行政手段或选择私自解决、忍气吞声，足以说明体育教师法律意识较低。体育活动本身存在着各种不可控风险，很多风险都是未知且不可避免的。学校体育始终无法摆脱"安全第一"的教育嘱托，有着安全压倒一切的观念束缚。以上因素都直接影响着体育活动和体育教学的正常开展。同时，在体育教学过程中，侵权行为和伤害事故层出不穷，加上高校体育教师对体育法规的不了解，对学校体育法的熟知及运用严重缺失，多以偏激、片面性的规避风险措施来应对，这就导致事故发生后的处理结果，多是学生、教师和校方各方的权益均得不到平等健全的法律保障。法治思维未能贯穿体育课堂，缺乏规范制度的把控，长期以来将对学校体育教学秩序产生极大的消极影响。体育教师作为学校体育法的实践者和传播者，未能保障对体育法的熟知和运用，其法律素养淡薄亟待提升。

四、体育教师以德执教的必然要求

以德执教就是要求教师在执教过程中严格遵守社会公德和职业道德，并通过自身的言传身教和榜样示范作用去教育和感化学生。根据《教师法》《中小学教师职业道德规范》《教师和教育工作者奖励规定》等教育法律、规章的规定，新时期体育教师以德执教的基本内容和要求是：热爱社会主义祖国，坚持党的基本路线，坚持习近平新时代中国特色社会主义思想，忠诚于人民的教育事业，模范履行职责，具有良好的职业道德。具体内容和要求是：依法执教、爱岗敬业、热爱学生、严谨治学、团结协作、尊重家长、廉洁从教、为人师表。从内容和作用上看，依法执教和以德执教在很大程度上有重合之处。教育法律和教育道德作为一种行为规范，都是按照一定的社会价值标准调控教育关系和人们的教育行为的社会行为准则，具有规范性、强制性、普遍性和反复适用性。

尽管教育法律和教育道德之间存在着差别，但两者之间也存在着密切联系。首先，教育法律和教育道德本质上是相同的，两者具有相同的经济基础，同属于上层建筑的范畴，共同调节和维护教育行为及教育秩序。其次，教育法律和教育道德是相互渗透的。法律不仅反映社会的道德精神，还往往直接赋予某种道德规范以法律效力，使之成为法律规范。例如，《义务教育法》第二十八条规定："教师享有法律规定的权利，履行法律规定的义务，应当为人师表，忠诚于人民的教育事业。全社会应当尊重教师。"该法第二十九条规定："教师在教育教学中应当平等对待学生，关注学生的个体差异，因材施教，促进学生的充分发展。教师应当尊重学生的人格，不得歧视学生，不得对学生实施体罚、变相体罚或者其他侮辱人格尊严的行为，不得侵犯学生合法权益。"很明显，这一法律上的规定和教师必须遵循的教育道德是完全一致的。再次，教育法律和教育道德是相互补充、相辅相成的。对教育行为的调控，教育道德是第一次调控和第一道防线，强调事前劝导、内在诱导；教育法律是第二次调控和第二道防线，强调事后制裁、外在强制。二者相互依存，不可或缺。尤其是在利益多元化、价值标准多元化的社会转型期，仅仅依靠个人的道德责任感和舆论的强制，难以维护良好的教育秩序，只有强化法律手段才能取得较好的效果。可见，依法执教和以德执教是从不同侧面对教师工作提出的不同要求，教育法律是实施、传播、推行教育道德的有效手段，教育道德是教育法律顺利实施的推动力量。它们的目的都是对体育教师的教育教学工作进行规范，使其合乎现行法律和道德的要求。因此，在实际工作中，体育教师要注意把两者有机地结合起来。

五、体育教师依法维权的迫切需要

从法律上权利和义务的对等统一关系看，依法执教既是教师履行义务的过程，也是教师行使权利的过程。作为义务主体，体育教师必须自觉完全履行教师职责和义务；作为权利主体，体育教师的法定权利也必须依法得到尊重、保障和享有。为切实尊重和保护教师的合法权益，提高教师队伍的整体素质，党和政府高度重视教师队伍的建设与管理工作，不仅专门为教师设立了"教师节"，颁布了一系列有关教师的政策和法律，还采取了多种有效的措施，使教师的社会地位、政治地位、经济地位等得到了极大的提高和改善。随着近年来学生体质的不断增强，体育教师的工作逐步得到了社会的尊重和承认，其合法权益得到了法律的认可和保障。可以说，尊师重教在我国已蔚然成风，教师职业也越来越成为令人羡慕的职业。

但同时我们也看到，在一些地方还不同程度地存在着侵犯体育教师合法权益的现象，体育教师的合法权益受到不法侵害的事件屡有发生。这不仅有悖于我国有关体育教师的政策和法律的规定，还严重挫伤了体育教师的工作积极性，进而影响到体育教育质量的稳定和提高。预防、减少和避免此类现象的发生，固然需要社会上的每个组织和个人真正转变观念，在自己的职责范围内切实从行动上依法履行尊重和保护体育教师合法权益的义务，但体育教师增强自我保护意识和能力，学会善于依法维护自身合法权益也是必不可少的。因此，从这个意义上讲，依法执教是体育教师依法维权的迫切需要。体育教师在行使权利的同时，也应当

第十章 体育教师依法执教的能力

深入了解有关政策和法律法规，掌握自己的职业权益。在面对不法侵害时，体育教师应当勇敢地站出来，通过合法途径维护自己的权益，如向学校、教育主管部门反映情况，甚至在必要时寻求法律援助。

此外，体育教师应该积极参与有关教育改革和体育教育政策制定的讨论，为体育教育事业的发展贡献自己的智慧和力量。学校和教育管理部门也应当充分听取体育教师的意见和建议，切实改进体育教师的工作环境和待遇，以便更好地保障体育教师的合法权益。体育教师依法维权不仅是维护自身权益的需要，还是推动体育教育事业健康发展的必然要求。只有在全社会形成尊重和保护体育教师合法权益的良好氛围，体育教育才能真正实现可持续、健康地发展，为培养更多具有全面素质的人才奠定坚实的基础。

第三节　加强当代体育教师依法执教能力

一、将法治思维贯穿体育课堂教学活动始终

时代的发展，社会的进步，首先会向传统的、旧的思想和观念提出严峻的挑战。改革开放以来，党始终坚持倡导"解放思想，实事求是"的优良作风，高度重视思想、观念的转变。教育要真正纳入法制轨道，就必须首先转变思想，树立教育法律意识，增强教育法制观念。常言道："一个人具有什么样的思维品质就会具备相应的行为特质。"法治思维意识的树立是进行法律行为实施的必要前提。法律意识和法制观念是人们对法及法律现象的理性反应，是一国法制建设的思想基础，对于正确执行和遵守法律有重要的指导作用。党的十一届三中全会以来，我国的法制建设进入新的历史阶段，重要的法律相继颁布实施，同时又辅之以全民普法教育，人们的法律意识和法制观念有很大提高。但不容否认的是，目前还有一些人对法制建设的重要性认识不足，有法不依、执法不严的现象在一些地方仍然存在，现行的一些法律还没有得到很好的遵守和执行。特别是教育法律更受漠视，违反教育法律的现象时有发生，有关责任人得不到有效及时的追究，以致人们把教育法称为"软法"，严重影响了教育法的贯彻实施。同时，需要注意的是，进行学生教育教学工作的教师应该意识到所面对的对象尚且不拥有较为成熟和完备的思维能力和行为控制力，身为教师，更应该加强自身行为规范，完善自我法

律意识，以在教学活动中主动保障青少年的权益不受损害，这同样也是在保护自己。体育教师更是如此，体育教学活动形式多样，且在教学活动中会存在很多的身体接触，很多时候学生和教师之间会产生摩擦，而体育运动很多时候会采取竞技的模式进行教学，这样一来，教师与学生之间可能会有一些矛盾产生。此时，作为一名体育教师，更应该用法律意识来克制自我的行为，以成熟稳重的行为来劝导学生，做到以身作则，减缓矛盾，使课堂积极、健康。因此，体育教师法律素养的提升首先应具备法律思维意识，并将其贯穿教学活动始终。体育教师作为体育活动的组织者和参与者，其道德素养、信息素养、教学素养等都是理应具备的素质要求。相关学者研究表明，在平时教学实践中，法治思维的缺失已成为阻碍教学活动广泛开展的重要因素。

体育课的开展往往会选择以空旷的室外为主，不可控因素诸多，是一个实践性较强、非常讲究规则的课程。正是如此，在体育教育活动中教师更需要树立法治思维意识，确保体育比赛结果公平有效，确保师生之间具有明确的法律权益。体育教师需要转变固有意识，以法治思想推进体育活动有序开展。学校应从体育教育目标、体育课程开设内容、组织课外体育活动、配备合格教室、配置体育场地、建立学生体格健康检查制度等方面进行原则性的规定，细化内部条款，增加可操作性，以推进体育活动有序开展。

二、定期组织体育教师进行相关法律知识学习

教师职业法律素养具有社会性、习得性特征，由教育法规知识、教育法律意识和教育法规的实践操作能力构成。

体育教师应熟悉《义务教育法》《教师法》《未成年人保护法》《学生伤害事故处理办法》《体育法》《条例》等，熟悉掌握这些法律条文并合理运用，保证自己的行为符合法律法规规定，也保障自身合法权益。一个合格的体育教师应该完善法治意识，并且要在日常工作生活中不断地进行反思，防止个人行为违反相关法律法规规定，这样才能够适应法治社会依法执教的要求。同时，法治意识的形成过程是一个不断学习、培育养成的过程，它的改变主要在于个人意识观念的觉醒与树立。因此，组织高校体育教师集体对相关法律知识板块进行学习讨论显得尤为必要，这也是后天提升法律素养的重要途径。学校定期组织体育教师进行《教育法》《体育法》培训，并定期开展关于《条例》研讨交流会议和学习讲座，促进高校体育教师法律素养的提升。在教学实践过程中，各项体育活动的教师将相关

体育法律法规对学生进行传播和普及学习，明确教师和学生之间的法律权利与法律义务。由教师主导，不断学习体育法，在教学实践过程中不断运用学校体育法，从而发现操作性的问题。根据本校情况，结合学校自身的硬件及软件设施条件，以体育教师为主导，开展本校的学校体育校规修改工作，提升学校体育法律层次，是高校体育教师义不容辞的责任。

三、注重培养和提高依法分析与解决问题的能力和水平

从根本上讲，学习教育法律基本理论知识、增强教育法制观念的目的是自觉守法，但更是为了学会善于用法。要做到善于用法，就应具备依法分析问题和解决问题的能力和水平。从教育法律运行的过程看，教育法律经国家机关制定出来之后，就越过了法律运行的内潜阶段，进入了法律运行的外显阶段，即把教育法律预先设定的权利和义务转变为现实的权利和义务，把以静态方式存在的客观的法转变为教育主体的行为，规范和调整教育领域内的社会关系和相关主体的教育行为，从而把体现在法律中的统治阶级的教育意志转化为现实，使教育法律得到实现。因此，从教育主体活动的角度考察，教育法律的外显运行就是实施和实现教育法的活动。教育法律的实施形式是多样化的，一般包括教育法的执行、遵守、适用、监督等几个环节，每一环节中又包含着对教育法的理解、解释和法律推理。

学校体育作为提高学生身体素质、运动技能的重要课堂，在丰富校园生活、活跃校园氛围方面有着独特优势。但这一优势并未按照预期效果呈现，更多原因在于当突发教学活动事件出现之后，会给教师带来更多的负面影响，舆论呈现一边倒趋势。学校体育是学校教育的重要组成部分之一，在促进学生身心健康、生长发育、强健体魄、扩大交际等方面有着重要意义。但由于体育运动的特殊性、开放性和对抗性，体育伤害事故常有发生，成为各类学生伤害事故中发生频率较高的一种。这导致法律纠纷不断增多，严重困扰着学校正常的体育教学秩序，直接影响到体育运动的正常开展，使学校体育活动的次数也在不断减少，这给学校体育教育工作带来负面影响。一些高校存在的诸多侵权行为，如体育课时存在挤占现象、体育教师受到不平等对待；在体育教学过程中，对学生突发的教学受伤事故、责任认定过重或过轻加剧矛盾等问题，都是在体育教学活动中经常会遇到的教学事故，并且愈演愈烈。

依法执教的过程既是教师学习、了解和掌握教育法律的过程，又是教师依据教育法律具体协调、处理与有关主体（如教育行政机关、学校、学生、学生家长）

法律关系和解决教育纠纷的过程。这个过程客观上要求教师必须有意识地培养和提高依法分析问题和解决问题的能力和水平。在现实的教学生活中，当事故发生后，体育教师承担各种压力，可能会形成外界舆论一边倒的状况。这些现状的改善都需要彻底贯彻依法治体，将法治思维贯穿教学活动始终。体育教师需要利用体育法律知识，在具体实践中善于维护自身的合法权益，同时使校方和师生都明确自己的法律权益与应尽义务，学会正确运用法律工具维护教师合法权益。

为此，体育教师应注意以下几个方面：一是善于把教育法律理论运用于教育实践。离开正确教育法律理论指导的教育实践活动，是盲目的、无效的甚至违法的，而教育法律理论如果不是用以指导教育实践活动，就失去了存在的基础和意义。教师应注意观察和搜集我国目前教育改革与发展中出现的新情况、新问题，以及教育教学活动中出现的具体问题，并试着用所学的教育法律理论进行分析和研究。二是重视教育案例的作用。相对于抽象且专业性较强的教育法律理论，教育法律实施中的各种教育案例则生动、直观，易于理解和掌握。因此，在学习过程中，教师应注意搜集、选取其中一些具有普遍和典型意义的教育案例，特别是法院的司法判例，认真仔细地学习、研究和借鉴案例分析的原则、步骤、方法和技巧，并逐步尝试指导和用于自己的教育实践活动。三是正确处理依法执教与以法执教的关系。依法执教是指依据法律来进行执教活动，其内容和形式都必须符合法律的基本精神和具体规定。以法执教则是指运用法律手段进行执教活动，它侧重于法律形式的应用。但运用法律手段并不能等同于依法办事。例如，根据《教师法》的规定，体育教师享有管理学生权，体育教师据此对学生进行教育和管理，可以说是运用法律手段。但如果体育教师使用了侮辱、体罚等方法侵犯了学生的合法权益，就不是依法执教。同时，依法执教绝不仅仅是用单一的法律手段简单地取代其他教育手段，而是综合运用法律、道德、思想政治、心理等手段进行教育和管理，但无论采用哪种手段都必须依法办事。因此，体育教师在执教过程中，既不能把依法执教完全等同于以法执教，更不能把依法执教片面理解为以罚执教甚至以罚代教。否则，就是对依法执教的曲解，势必会对教育教学工作造成误导和不利影响，对此应当予以纠正。

四、完善体育教师的评价与奖惩机制

对于教师的教学活动及日常行为不应该只做一味的规范，更要考虑到教师这一群体的利益保障。要确定以人为本的观念，将教师作为一个独立的、平等的客

体来对待，要认识到，教师的奉献精神虽然值得肯定，但并不能一味地以损害其自身利益为基础来获取更多的教师劳动力。因此，学校一定要优先保障教师的合法权益。在《条例》第八章"奖励与处罚"中有明确规定。其中，第二十六条规定："对在学校体育工作中成绩显著的单位和个人，各级教育、体育行政部门或者学校应当给予表彰、奖励。"第二十七条规定："对违反本条例，有下列行为之一的单位或者个人，由当地教育行政部门令其限期改正，并视情节轻重对直接责任人员给予批评教育或者行政处分：（一）不按规定开设或者随意停止体育课的；（二）未保证学生每天一小时体育活动时间（含体育课）的；（三）在体育竞赛中违反纪律、弄虚作假的；（四）不按国家规定解决体育教师工作服装、粮食定量的。"第二十八条规定："对违反本条例，侵占、破坏学校体育场地、器材、设备的单位或者个人，由当地人民政府或者教育行政部门令其限期清退和修复场地、赔偿或者修复器材、设备。"基于此，学校应该设计监察机制，对于教师的教学活动进行客观、细致的监察，从而对其进行评估和考核。公开透明的监察机制有利于促进教师认真工作，端正其工作态度。一旦发现教学态度不端、教学活动不合法律或规范的行为，立即按照学校的奖惩制度规定进行惩罚，这对于教师行业的整顿是非常有效的方法。对于教师的评估应该遵循全面、细致的原则，将教师的学习能力、教学能力、发展空间等各方面都做严格而全方位的监督管理，争取实现对教师水平的科学评估，尽可能地打造优良的学习环境和提高教学质量。

参考文献

[1] 马克思，恩格斯. 马克思恩格斯全集（第四卷）[M]. 中共中央马克思恩格斯列宁斯大林著作编译局，编译. 北京：人民出版社，1958.

[2] 张锡勤. 中国传统道德举要[M]. 哈尔滨：黑龙江大学出版社，2009.

[3] 常蓉. 试论苏霍姆林斯基的劳动教育思想[J]. 湖南人文科技学院学报，2013（2）：83-86.

[4] 韩愈. 韩愈全集[M]. 钱仲联，马茂元，校点. 上海：上海古籍出版社，1997.

[5] 筑波大学教育学研究会. 现代教育学基础[M]. 钟启泉，译. 上海：上海教育出版社，1986.

[6] 叶圣陶. 和教师谈写作[C]//中央教育科学研究所. 叶圣陶语文教育论集. 北京：教育科学出版社，1980.

[7] 苏霍姆林斯基. 给教师的建议[M]. 杜殿坤，编译. 2版. 北京：教育科学出版社，1984.

[8] 姚晓峰. 简论教师团结协作精神的培养[J]. 甘肃高师学报，2001（6）：78-79.

[9] 徐建国. 宁夏高校教师岗前培训教材[M]. 银川：宁夏人民出版社，2008.

[10] 柳海民，邹红军. 新时代教师研究热点："德""誉"相济，"酬""劳"并重[J]. 华南师范大学学报（社会科学版），2020（6）：69-82，190.

[11] 糜海波. 推进新时代师德建设的三个视点[J]. 教学与管理，2020（21）：5-8.

[12] 吴彰忠，张立，钟亚平. 新发展阶段数字体育的主要形态与建设方略[J]. 体育文化导刊，2023（3）：32-38.

[13] 范俊柏. 浅议以身立教，德识统一[J]. 山西医科大学学报，2003（S1）：57-58.

[14] 刘学宽. 徐特立[M]. 北京：中国和平出版社，1996.

[15] 卢静. "德、才、学、识"的当代解读——优秀教师必备的素养[J]. 教育教学论坛，2018（43）：15-17.

[16] 程文广. 义务教育阶段体育课程评价的中国式现代化建设路径[J]. 沈阳体育学院学报，2023，42（2）：25-32.

[17] 黄步军，汤涛. 师生共同体：良好师生关系新模式[J]. 教育理论与实践，2021，41（17）：49-51.

[18] 刘宇凌. 让良好师生关系成为课堂教学效果的提速器[J]. 中国教育学刊，2019（7）：106.

[19] 孙孔懿. 苏霍姆林斯基评传[M]. 北京：人民教育出版社，2017.

[20] 罗曼·罗兰. 托尔斯泰传[M]. 傅雷，译. 北京：中国书籍出版社，2017.

[21] 高时良. 学记[M]. 北京：人民教育出版社，2018.

[22] 贾培基. 陶行知[M]. 2版. 重庆：重庆出版社，2015.

[23] 尤·鲁金. 马卡连柯[M]. 单锦蓉，译. 上海：上海文艺出版社，1962.

[24] 湖北省教育学院教育教研组. 赞可夫的教学论思想[M]. 武汉：湖北省教育学院，1980.

[25] 耿书丽. 班主任道德素养修炼策略[M]. 长春：东北师范大学出版社，2010.

[26] 张文辉.《普通高等学校辅导员队伍建设规定》贯彻实施与辅导员职能、培训、聘任及考核测评手册：上[M]. 北京：中国高等教育出版社，2006.

[27] 刘昌明. 远程教育纵横谈[M]. 成都：电子科技大学出版社，2008.

[28] 加里宁. 正确地教育培养青年一代[M]. 北京：中国青年出版社，1953.

[29] 肖祥. 伦理学教程[M]. 成都：电子科技大学出版社，2009.

[30] 毛姆. 月亮与六便士[M]. 方华文，译. 郑州：河南文艺出版社，2021.

[31] 奥特弗里德·赫费. 亚里士多德[M]. 王俊，译. 北京：研究出版社，2022.

[32] 傅乐安. 托马斯·阿奎那传[M]. 石家庄：河北人民出版社，1997.

[33] 管健，杭宁. 知情意行：四维一体铸牢中华民族共同体意识[J]. 南开学报（哲学社会科学版），2021（6）：53-67.

[34] 李晓燕. 中小学教师法律素养在法治教育中的师表作用及其实现[J]. 中国教育学刊，2018，299（3）：7-10，21.

[35] 叶飞. 教师角色与权威的合法性探析[J]. 中国教育学刊，2008，179（3）：31-34.

[36] 郭立强，梁莹. 关于当前教师课堂权力问题的探讨[J]. 教学与管理，2015，634（21）：54-56.

[37] 王晓锐. 中小学校园人身伤害事故中的学校民事责任[D]. 兰州：兰州大学，2008.

[38] 佚名. 人民日报社论：加强和改进未成年人思想道德建设的重大举措[EB/OL].（2004-03-22）[2023-05-26]. https://www.chinacourt.org/article/detail/2004/03/id/ 109414.shtml.

[39] 益小青，团中央权益部. 新《预防未成年人犯罪法》的方向、思路与展望|新法解读③[EB/OL].（2020-12-27）[2023-05-26]. https://m.thepaper.cn/baijiahao_10561871.

[40] 马小华，杨吉春. 学校体育伤害事故法律问题研究[J]. 首都体育学院学报，2003，15（1）：13-16.

[41] 佚名. 什么是法律责任？[EB/OL].（2022-04-28）[2023-05-26]. http://www.npc.gov.cn/npc/c12434/c1793/c1859/c2244/c2431/201905/t20190522_3302.html.

[42] 王涛，庞尔江. 学校体育中意外事故的法律分析[J]. 当代体育科技，2014，4（19）：166，168.

[43] 周西宽. 现代"体育"概念几个问题的探讨[J]. 成都体育学院学报，2004，30（4）：1-6.

[44] 中国体育科学学会，香港体育学院. 体育科学词典[M]. 北京：高等教育出版社，2000.

[45] 石岩. 我国优势项目高水平运动员参赛风险的识别、评估与应对[M]. 北京：北京体育大学出版社，2005.

[46] 温必潜. 用人单位应重视和履行法定的"告知"义务[J]. 中国物业管理，2007（9）：46-47.

[47] 包秀荣. 试论教师的法律地位[J]. 内蒙古民族师院学报（哲学社会科学版），1998（1）：77-81.

[48] 平原春好，牧柾名. 教育学[M]. 东京：学阳书房，1994.

[49] 李晓燕. 中国教师权利和义务及其实现保障论纲[J]. 国家教育行政学院学报，2006（6）：26-31.

[50] 程雁雷，廖伟伟. 教师权利义务体系的重构——以教师法律地位为视角[J]. 国家教育行政学院学报，2006（6）：18-25.

[51] 余雅风，劳凯声. 科学认识教师职业特性 构建教师职业法律制度[J]. 教育研究，2015，36（12）：36-42.

[52] 劳凯声. 教师职业的专业性和教师的专业权力[J]. 教育研究，2008，29（2）：7-14.

[53] 余雅风，张颖. 论教育惩戒权的法律边界[J]. 新疆师范大学学报（哲学社会科学版），2019，40（6）：96-102，2.

[54] 方益权，闫静. 关于完善我国产教融合制度建设的思考[J]. 高等工程教育研究，2021（5）：113-120.

[55] 陈鹏，王君妍. 从权利到地位：学生法律地位的法律追溯与权利保障[J]. 华东师范大学学报（教育科学版），2021，39（1）：59-68.

[56] 刘冬梅. 对教师教育权的法律探讨[J]. 中国教育学刊，2004（8）：49-52.

[57] 布赖恩·克里滕登. 父母、国家与教育权[M]. 秦惠民，张东辉，张卫国，译. 北京：教育科学出版社，2009.

[58] 靳晓燕.《全国家庭教育状况调查报告（2018）》发布——合格父母是怎样炼成的[N]. 光明日报，2018-10-11（8）.

[59] 丁显阳. 中国父母进入"依法带娃"时代！[EB/OL].（2022-01-04）[2023-05-26]. http://www.npc.gov.cn/npc/c2/c30834/202201/t20220104_315744.html.